续篇

明清瓷器识真

耿宝昌题

李臣 著

学苑出版社

图书在版编目（CIP）数据

明清瓷器识真.续篇/李臣著.—北京：学苑出版社，2024.3

ISBN 978-7-5077-6857-2

Ⅰ.①明… Ⅱ.①李… Ⅲ.①瓷器(考古)—鉴赏—中国—明清时代 Ⅳ.①K876.34

中国国家版本馆CIP数据核字（2024）第036130号

责任编辑：齐立娟　郭人杰
封面设计：罗家洋
出版发行：学苑出版社
社　　址：北京市丰台区南方庄2号院1号楼
邮政编码：100079
网　　址：www.book001.com
电子邮箱：xueyuanpress@163.com
联系电话：010-67601101（营销部）010-67603091（总编室）
印 刷 厂：天津鑫旭阳印刷有限公司
开本尺寸：787 mm×1092 mm　1/16
印　　张：24
字　　数：570千字
版　　次：2024年3月第1版
印　　次：2024年3月第1次印刷
定　　价：345.00元

作 者 简 介

李臣，男，1941年出生于黑龙江省鸡西市，1964年定居北京，中共党员，大学本科，专业是搞运载火箭的，退休前在航天系统某单位任处长多年。在泰斗级瓷器专家故宫博物院耿宝昌老先生的指导下，从民间陶瓷爱好者成长为古瓷研究鉴赏家。2010年始任北大资源学院文物系特聘教授十余年；2011年始任北京电视台财经频道《拍宝》栏目专家组专家至今。2022年受聘于中央电视台财经频道、陕西卫视古陶瓷鉴定专家至今；同时受聘于"文化和旅游部人才中心人才资源库专家"。北京市价格认证中心古陶瓷专家。

著书有：《明清瓷器识真》《瓷道》《明末清初瓷笔筒辨伪识真》《明末清初民窑瓷识真》《民间寻瓷记录》《李臣说瓷》等。同时在各大报刊发表瓷器收藏鉴赏文章百余篇。参加国内外大型瓷器鉴定活动几十场。在景德镇等多家教学机构讲学多年至今。

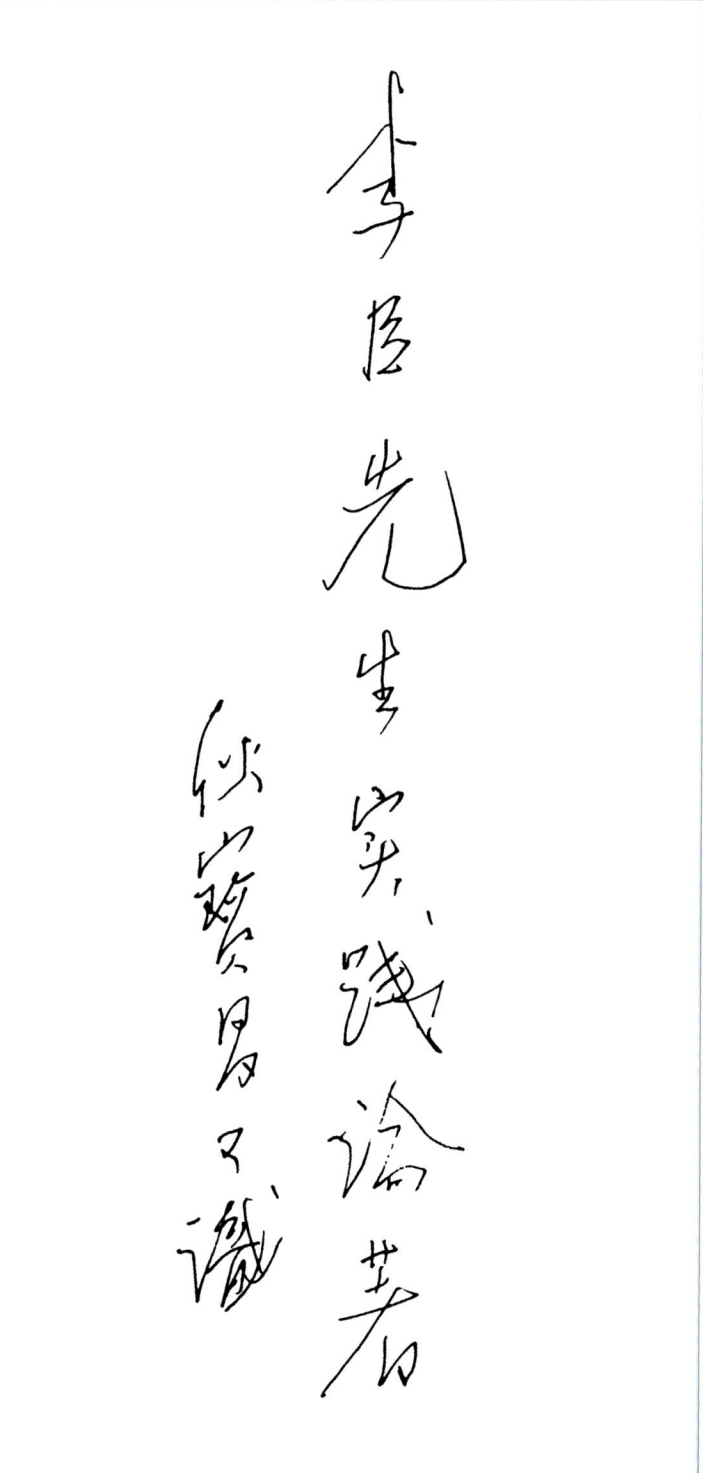

耿宝昌先生的题词

作者及夫人与两个外孙子豆豆、佳佳家中合照（2014年）

作者与耿宝昌先生赏兰草（2011年）

作者与耿宝昌先生在耿老书房合影（2013年）

作者参观景德镇制瓷工作室（2014年）

作者夫妇看望 99 岁耿宝昌先生（2021 年）

作者 80 寿辰与夫人合影（2021 年）

序

夕阳无限好，已是近黄昏；夕阳有诗情，黄昏有画意。这本书我认为不仅有我了解的知识，同时也糅进了我的个人感受、感情与我对古陶瓷的深爱。力争夕阳有"诗情"，黄昏有"画意"。当这本书出版面世时我已是82周岁了。这本书是我写的第七本书，我想该是我平生的收官之作了。

大家都叫我专家，说专家也可，但说来实际我就是个玩瓷器的草根，我想当草根接地气，谈瓷论瓷更有份，藏友间多过事，收藏鉴赏更有味。

专家有两种：一是学院派专家；二是实战派专家，我这个草根当不了学院派该列到实战派里啊。

我的部分履历是这样的：2010年起受聘于北大资源学院文物系任特聘教授近十年，给大二、大三的学生讲授"明清瓷器"课程；2011年被中国收藏家协会评选授予"陶瓷收藏鉴赏家"称号（有证书）；2011年起被北京电视台财经频道聘为《拍宝》栏目专家组专家；2022年被中央电视台财经频道、陕西卫视聘用为古陶瓷鉴定专家；2016年起受聘担任北京市价格认定与评估古陶瓷评估专家。2022年受聘于文化和旅游部人才资源库专家。

退休前，我一直在航天系统某单位从事航天军工工作。这期间，我却在古陶瓷研究上有所收获。那么，我在古陶瓷收藏与研究领域是怎样发展的呢？

首先是我对古陶瓷，特别是明清瓷器有着浓厚的兴趣，肯投入时间和精力。我认为，要想在古瓷收藏与鉴赏上有所成就，正如人们常说的，是要三更灯火五更鸡，满身汗水一脚泥地去干、去拼搏，是要在泥水里滚过，在汗水泪水里浸过。

其次，几十年来，我打拼在古玩行的地摊里，潘家园、报国寺、北方、亮马、爱家都是我的实践课堂，众多藏友、同行是我的老师。名人名师，如故宫博物院研究员耿宝昌老先生，更是我前行的指路老师。众多实战派专家也给我提供了很多帮助。"三人同行都是我师"，这是我的座右铭。我认为"摆地摊的和开店的店主们懂的、知道的，我不一定知道，不一定懂，从他们那里也常能学到我需要的深入浅出的古玩知识"。

本书主要收录了明清时期的瓷器，但考虑到古陶瓷知识的传承、延续与发展的特点，加之读者的需求，我把"明清"之外的少许内容放在了本书的首与尾。从元代、明洪武到崇祯、清顺治到宣统及民国多个品种的瓷器共320余件，还对高古瓷中的宋代八大窑系的有关知识参照实物做了简要的讲解。

明朝历时 276 年（1368—1644），先后 16 位皇帝在位。我认为明代瓷器可分为如下几个生产阶段：

①明初——洪武；②明早期——永乐、宣德；③空白期——正统、景泰、天顺；④明中期——成化、弘治、正德；⑤明晚期——嘉靖、隆庆、万历；⑥明末期——泰昌、天启、崇祯。

明洪武时期是元代瓷器向明代瓷器的过渡时期，也是明代瓷器风格逐渐形成的时期。

明早期永乐、宣德朝，历时 33 年，明代瓷器风格已经形成，是明清瓷器生产的第一个高峰，是青花瓷的黄金时代，居明代之冠。

空白期，历时 29 年，三朝两帝，朝野动荡，加上灾荒，瓷器生产也不正常，几乎没有带年款的青花瓷存世。以往对这三朝瓷器的研究接近空白，因此叫它"空白期"。后来人们利用考古发掘，通过排比研究，基本搞清楚了这三朝瓷器的面貌。

明中期，历时 57 年，以成化瓷为代表，是明代瓷器也是明清瓷器发展史上的第二个高峰，上承空白期，下启明代晚期。

明晚期与明末期，历时 123 年，是瓷器的"粗大明"年代。虽然瓷器产量大，但质量多粗糙。明末崇祯时期，因外销与国内的个别需求，生产出一批好的青花瓷，并传世遗存至今。

清王朝历经 267 年（1644—1911），康熙、雍正、乾隆三朝的瓷器烧造达到了明清瓷器烧造的最高水平，也是明清瓷器的第三个高峰期（第一个是永宣，第二个是成弘）。

人们通常把清代瓷器分为清初、清早期、清中期和清晚期四个阶段。

清初指顺治时期，行里亦称为明末清初或过渡期（过渡期指明天启、崇祯、清顺治）。

清早期指康熙、雍正、乾隆（早、中期）时期，这个时期亦称"清三代"。清中期指乾隆（晚期）、嘉庆、道光时期。

清晚期指咸丰、同治、光绪、宣统时期。

本书收录的瓷器包括三大类，即釉下彩瓷、釉上彩瓷和颜色釉瓷。既有民窑瓷器，也有官窑瓷器，既有传世品，也有窖藏或出水的实物。书中更多的是我在实践中个人体会的提炼、归纳与总结。如清康熙时期创烧的冰梅纹青花瓷，这种青花瓷清早、中、晚期都有烧制，但三个时期冰梅纹的画法却有所不同。对于这一问题，我在本书中根据自己实践中的归纳总结做了较为清晰的阐述。再比如，清代卷缸有多种缸沿——板沿、绳沿、角沿、无沿，如何用不同的缸沿进行瓷器断代，我在本书中也做了相关表述。

对于我们玩明清瓷器，收藏明清瓷器，研究明清瓷器的收藏爱好者、学者来说，对高古瓷也应该有所了解和标本的采集收藏。我也是这样做的，对这方面我在实践中掌握的有关知识和收集的标本实物一并放在本书的后面内容中，以供读者学习参考。

本书是一本面向瓷器收藏爱好者的工具书，希望能给爱好瓷器收藏的朋友提供一点帮助。

李　臣

2020 年 1 月 20 日

于北京

目 录

一、元

元孔雀绿釉青花罐 / 003
元末明初蓝地白花龙纹盘 / 004
元末明初釉里红高足杯、瓷片 / 005
元末明初玉溪窑青花小罐 / 006
仿元青花"鬼谷子下山"大罐 / 007
仿元代青花匜 / 008

二、明早期

明洪武、宣德青花碗 / 011
明永乐白釉提梁水滴 / 012
清仿永乐青花鸡心碗 / 013
仿明宣德青花八棱蓝地白花龙纹鸟食罐 / 014
明"空白期"天顺青花人物故事纹大罐 / 015
明"空白期"天顺青花"八仙祝寿"纹三足炉 / 016
明"空白期"祭蓝釉大罐 / 017
明早期龙泉青瓷花口印花大盘 / 018

三、明中期

明成化青花人物故事纹大罐 / 021
明成化青花碗瓷片 / 022
明成化青花云龙纹罐 / 023
明成弘祭蓝罐 / 024
明弘治五彩龙纹小罐 / 025
明正德青花花卉纹大罐 / 026
明正德青花莲托八宝纹绣墩 / 027
明中期洒蓝釉三足炉 / 028

四、明晚期

明嘉靖青花人物故事纹八棱罐 / 031
明万历青花凤纹执壶 / 032
明万历青花花卉花栏纹大盘 / 033
明万历青花芦雁瑞兽纹罐 / 034
明万历青花人物故事葫芦壁瓶 / 035
明万历青花"乌龟驮经书"故事纹八棱罐 / 036

明万历青花"东方朔偷桃"故事纹瓷片 / 038

明万历青花人物故事纹大罐（一）/ 039

明万历青花人物故事纹大罐（二）/ 040

明万历青花瑞兽花卉纹胆瓶 / 041

明万历青花松鼠葡萄纹瓜棱罐 / 042

明万历青花五彩"五子登科"纹罐 / 043

明万历青花"渔家乐"纹罐 / 044

明万历青花杂宝纹军持 / 045

明万历松竹文字"福禄寿"纹青花罐 / 046

五、明末期

明天启青花鸳鸯池花鸟花口大碗 / 049

明崇祯青花山水人物故事纹大碗 / 050

明崇祯青花葫芦型花卉纹净水瓶 / 051

明崇祯青花花卉花鸟莲子罐 / 052

明崇祯青花人物故事纹莲子罐 / 053

明崇祯青花人物故事纹蒜头瓶 / 054

明崇祯青花"进戟图"纹筒瓶 / 055

明崇祯青花人物故事纹香炉 / 056

明崇祯青花"萧何月下追韩信"人物故事纹长颈瓶 / 057

明崇祯青花"竹林七贤"人物纹葫芦瓶 / 058

明末青花花卉碗 / 059

明末清初青花人物故事纹粥罐 / 060

明末清初青花五彩锦地开光花卉罐 / 061

明末清初青花五彩龙纹炉 / 062

明末清初青花折枝花卉器座 / 063

明末清初青花折枝花卉纹大莲子罐 / 064

六、清早期

清素三彩塑雕鹦鹉 / 067

清顺治青花缠枝花卉纹小炉 / 068

清顺治青花花卉碗 / 069

清顺治青花龙纹炉 / 070

清顺治青花五彩锦地花鸟纹罐 / 071

清顺治青花五彩麒麟纹炉 / 072

清顺治青花五彩人物纹筒瓶 / 073

清顺治五彩锦地开光花卉纹筒瓶 / 074

清顺治五彩庭院人物故事纹将军罐 / 075

清康熙冰梅纹凤尾尊 / 076

清康熙德化白瓷双龙壶 / 077

清康熙豆青地暗纹花卉琵琶尊 / 078

清康熙冬青青花描金花篮纹将军罐 / 079	清康熙青花龙纹瓷片（官）/ 108
清康熙珐琅彩牡丹纹大花觚 / 080	清康熙青花"麒麟送子"人物纹罐 / 109
清康熙红绿彩锦地牡丹纹梅瓶 / 081	清康熙青花人物"阿弥陀佛"纹香炉 / 110
清康熙红绿彩狮穿牡丹纹梅瓶 / 082	清康熙青花人物故事起弦长颈瓶 / 111
清康熙黄地素三彩蝠纹黄釉把杯 / 083	清康熙青花人物故事纹将军罐 / 112
清康熙黄釉梅瓶 / 084	清康熙青花"四美图"纹长颈瓶 / 113
清康熙虎皮三色碗 / 085	清康熙早期青花山石树木纹筒瓶 / 114
清康熙祭蓝小炉 / 086	清康熙青花山水楼阁棒槌瓶 / 115
清康熙蓝地开光五彩人物山水盖罐 / 087	清康熙青花山水人物纹观音瓶 / 116
清康熙绿釉蒜头瓶 / 089	清康熙青花山水人物纹炉 / 117
清康熙茄皮紫釉耳尊（官）/ 090	清康熙青花山水人物纹瓶 / 118
清康熙茄皮紫盖与双耳尊 / 092	清康熙青花山水人物纹香炉 / 119
清康熙青花八方花鸟将军盖罐 / 094	清康熙青花山水诗文方棒槌瓶 / 120
清康熙青花吹拉弹唱仕女图纹碗 / 095	清康熙青花四妃十六子将军盖罐 / 122
清康熙青花大披肩留白花卉纹将军罐 / 096	清康熙青花松鼠葡萄纹鸡腿罐 / 124
清康熙青花荷塘博古纹花觚 / 097	清康熙青花庭院人物纹粥罐 / 125
清康熙青花花卉立式瓶一组四件 / 098	清康熙青花五彩花卉纹莲子罐 / 126
清康熙青花花卉蒜头瓶 / 099	清康熙青花五彩花卉小盘 / 127
清康熙青花花卉纹号筒尊 / 100	清康熙青花五彩人物故事纹将军罐 / 128
清康熙青花花间寿字罐 / 101	清康熙青花五彩人物故事纹将军罐 / 129
清康熙青花花鸟纹八方盘 / 102	清康熙青花五彩人物梅瓶 / 130
清康熙青花花鸟纹凤尾尊 / 103	清康熙青花五彩人物纹将军罐 / 131
清康熙青花开光人物小尊式瓶 / 104	清康熙青花五彩瑞兽纹将军罐 / 132
清康熙青花莲托云间寿字大莲子罐 / 105	清康熙青花五彩"四鱼图"纹将军盖罐 / 133
清康熙青花留白花卉纹大莲子罐 / 106	清康熙青花云龙纹胆式瓶 / 134
清康熙青花留白菊纹四系罐 / 107	清康熙青花长颈葫芦瓶 / 135

清康熙洒蓝开光青花人物瓶 / 136
清康熙素三彩花鸟方棒槌瓶 / 138
清康熙五彩花鸟纹圆形瓷板 / 139
清康熙五彩开光花卉纹橄榄瓶 / 140
清康熙五彩人物笔筒 / 141
清康熙五彩人物故事纹花觚 / 142
清康熙五彩人物纹将军盖罐 / 143
清康熙五彩"四美图"将军盖罐 / 144
清康熙五彩杂宝纹笔筒 / 145
清康熙五彩雉鸡牡丹纹凤尾尊 / 146
清康熙釉下三彩山水人物纹花觚 / 147
清康熙中式伊万里瓷花卉纹壶 / 148
清康熙中式伊万里瓷麒麟凤纹盖罐 / 149
清康熙中式伊万里瓷雉鸡牡丹纹凤尾尊 / 150
仿清康熙豆青地釉里三色青花人物纹双耳瓶 / 151
仿清康熙豇豆红摇铃尊 / 152
清雍正矾红模印龙纹盘 / 153
清雍正仿哥釉笔洗 / 154
清雍正仿哥釉双耳盘口瓶 / 155
清雍正哥釉双耳尊 / 156
清雍正粉彩白鹤牡丹纹大盘 / 157
清雍正粉彩龙纹炉 / 158
清雍正粉彩琴棋书画人物故事灯笼瓶 / 159
清雍正粉彩人物故事大盘 / 160
清雍正粉彩人物故事纹将军盖罐 / 161

清雍正粉彩人物纹方棒槌瓶 / 162
清雍正粉彩人物故事纹盘口瓶 / 164
清雍正粉彩人物纹碗一对 / 165
清雍正粉彩"婴戏图"将军盖罐 / 166
清雍正黄地粉彩绿龙纹香炉 / 167
清雍正青花"四鱼图"纹盘 / 168
清雍正青花蝠鹿松纹盘 / 169
清乾隆茶叶末瓜棱长颈瓶 / 170
清乾隆冬青堆白花鸟纹长颈瓶 / 171
清乾隆斗彩折枝花卉盘 / 172
清乾隆豆青暗螭龙纹双耳四方瓶 / 173
清乾隆豆青暗纹三足炉 / 174
清乾隆豆青地开光青花釉里红山水纹四方瓶 / 175
清乾隆豆青地开光人物故事纹双耳瓶 / 176
清乾隆豆青地浅浮雕花卉纹大口尊 / 177
清乾隆豆青地青花福字纹罐 / 178
清乾隆豆青釉暗纹三足炉 / 179
清乾隆仿哥釉大盘 / 180
清乾隆仿哥釉橄榄瓶 / 181
清乾隆仿哥釉双耳盘口瓶 / 182
清乾隆仿哥釉水仙盆 / 183
清乾隆仿哥釉太白尊 / 184
清乾隆仿官釉笔洗 / 185
清乾隆仿官釉多棱长颈瓶 / 186
清乾隆仿石釉异形笔筒（官）/ 187

清乾隆粉彩人物纹咖啡壶 / 188
清乾隆粉彩万字锦地开光花栏纹将军盖罐 / 189
清乾隆粉青釉堆白花卉纹双耳瓶 / 190
清乾隆粉彩花卉纹壁瓶（官）/ 191
清乾隆祭红釉盘（官）/ 192
清乾隆祭蓝金彩双耳瓶 / 193
清乾隆孔雀绿釉尊 / 194
清乾隆玲珑青花釉里红花卉蝠纹盘 / 195
清乾隆炉钧釉琮式瓶 / 196
清乾隆青花缠枝莲纹双耳盘口瓶 / 197
清乾隆青花缠枝菊纹小香炉 / 198
清乾隆青花缠枝莲纹尊 / 199
清乾隆青花矾红人物纹盘 / 200
清乾隆青花粉彩人物故事纹大碗 / 201

清乾隆青花凤纹长颈蒜头瓶 / 202
清乾隆青花人物纹葫芦瓶 / 203
清乾隆青花山水庭院人物纹奶壶 / 204
清乾隆青花釉里红山水人物双象耳尊 / 205
清乾隆青花釉里红小缸 / 206
清乾隆铁锈花釉撇口尊 / 207
清乾隆乌金釉胆式瓶 / 208
清乾隆窑变釉贯耳方瓶 / 209
清乾隆釉里三色安居乐业纹双耳尊 / 210
清乾隆紫金地开光粉彩花卉纹盖缸 / 211
清乾隆紫金釉大笔筒（官）/ 212
仿清乾隆哥釉三足小炉 / 214
清早期德化白"九思炉" / 215
清早期绿釉太白罐 / 216

七、清中期

清嘉庆祭蓝地童戏纹尊 / 219
清嘉庆青花留白狮纹铜提梁壶 / 220
清嘉庆青花镂空雕四方灯罩 / 221
清嘉庆青花四季花卉纹大口尊 / 222
清嘉庆青花松鹤纹长颈扁瓶 / 223
清道光粉彩花鸟纹大笔洗 / 224
清道光粉彩人物花卉腰形高足盘 / 225
清道光海水绿龙纹盘（官）/ 226

清道光黄地轧道粉彩花卉开光山水庭院碗（官）/ 227
清道光青花人物故事纹观音瓶 / 228
清道光青花釉里红一龙九现天球瓶 / 229
清中期白釉豆 / 230
清中期斗彩螭龙纹双耳尊 / 231
清中期豆青暗刻竹节地青花花鸟六方绣墩一对 / 232
清中期矾红十三太保狮纹大瓶一对 / 234
清中期仿哥釉花口洗 / 235

清中期仿石釉玉壶春瓶 / 236
清中期广彩人物故事纹双耳盘口罐 / 237
清中期孔雀蓝釉抱月瓶 / 238
清中期炉钧釉六方撇口瓶 / 239
清中晚期青花花卉纹竹节壶 / 240
清中期洒蓝五彩人物纹棒槌瓶一对 / 241
清中期洒蓝金彩万字锦地开光花鸟棒槌瓶 / 242

清中期天蓝地福寿纹双象耳大尊 / 244
清中期胭脂红罐 / 245
清中期窑变釉螭龙雕天球瓶一对 / 246
清中期窑变釉大尊 / 247
清中期窑变釉粉彩孔雀花卉纹长颈瓶 / 248
清中期窑变釉双耳炉 / 249
清中期青花粉彩人物故事纹鼻烟壶 / 250

八、清晚期

清咸丰矾红蝠寿万字纹筒觚 / 253
清咸丰粉彩锦地开光人物纹长颈瓶 / 254
清咸丰粉彩人物故事双象耳盘口瓶 / 255
清咸丰粉彩竹节席纹帽筒 / 256
清同治豆青地弦纹尊（官）/ 257
清同治粉彩草虫花卉调色格盒 / 258
清同治粉彩人物故事纹六方花盆 / 259
清同治粉彩人物六方镂空帽筒 / 260
清同治祭蓝双象耳琮式瓶（官）/ 261
清同治墨地素三彩"一路连科"纹盖罐 / 262
清同治青花对头凤纹盘（官）/ 263
清同治素三彩鹿纹鹿头尊 / 264
清同治窑变釉贯耳方瓶 / 265
清光绪斗彩"二龙戏珠"纹杯 / 266
清光绪粉彩"百花不落地"一品锅 / 267

清光绪粉彩荷叶形洗 / 268
清光绪粉彩花鸟纹梨形尊 / 269
清光绪粉彩锦地开光堆雕人物四方瓶 / 270
清光绪粉彩九桃双象耳尊 / 271
清光绪粉彩孔雀纹墨彩文字笔筒 / 272
清光绪粉彩莲托八宝纹大盘（官）/ 273
清光绪粉彩镂雕开光灯纹灯罩一对 / 274
清光绪粉彩秋操杯 / 275
清光绪粉彩人物花卉双耳大尊 / 276
清光绪粉彩人物狮纹多方方口长颈瓶 / 277
清光绪粉彩轧道雕龙纹笔筒 / 278
清光绪黄地暗纹绿里碗（官）/ 279
清光绪黄地粉彩九桃将军盖罐一对 / 280
清光绪黄地粉彩开光人物故事纹大尊 / 281
清光绪黄地粉彩描金皮球花纹碗（官）/ 282

清光绪黄釉双狮耳尊 / 283
清光绪祭蓝金彩皮球花纹赏瓶（官）/ 284
清光绪祭蓝金彩皮球花纹赏瓶 / 285
清光绪孔雀绿釉琮式瓶 / 286
清光绪白地绿龙暗刻海水纹盘（官）/ 287
清光绪两色瓷胭脂红龙纹摇铃尊 / 288
清光绪墨地粉彩花卉案缸 / 289
清光绪墨地素三彩人物纹棒槌瓶 / 290
清光绪浅绛彩人物纹双耳四方瓶 / 291
清光绪浅绛彩山水纹花瓣形盘 / 292
清光绪浅绛彩松鹿纹六方帽筒 / 293
清光绪青花八仙祝寿纹碗（官）/ 294
清光绪青花缠枝莲赏瓶（官）/ 295
清光绪青花粉彩桃纹大梅瓶 / 296
清光绪青花花卉鱼篓尊 / 297
清光绪青花九龙纹天球瓶 / 298
清光绪青花龙纹盘（官）/ 299
清光绪青花龙纹碗一对（官）/ 300
清光绪青花山水楼宇纹葫芦瓶 / 301

清光绪青花"五老观太极图"帽筒 / 302
清光绪素三彩南极仙翁塑雕像 / 303
清光绪王炳荣雕瓷笔筒 / 304
清光绪五彩凤凰牡丹纹太白罐 / 305
清中期五彩锦地开光山水纹棒槌瓶 / 306
清光绪五彩镂雕开光顽童纹灯罩 / 307
清光绪五彩绿锦地开光花鸟纹观音瓶 / 308
清光绪窑变釉贯耳方瓶（官）/ 309
清光绪紫金釉碗（官）/ 310
光绪民国斗彩缠枝花卉纹小天球瓶一对 / 311
光绪民国浅绛彩"九子图"攒盘一套 / 312
清光绪民国粉彩"五子摘桂"纹观音瓶一对 / 314
清宣统浅绛山水松树瓷板 / 315
清晚期粉彩开光人物故事葫芦瓶 / 316
清晚期孔雀绿釉长颈瓶 / 317
清晚期粉彩海水锦地三星人纹盘 / 318
晚清矾红金鱼纹胆式瓶 / 319
晚清民国粉彩锦地开光花鸟盖罐 / 320

九、民国时期

民国粉彩"八仙祝寿"天球瓶 / 323
民国粉彩草虫花卉李明亮瓷板 / 324
民国粉彩冲天耳三足炉 / 325

民国粉彩达摩瓷板插屏 / 326
民国粉彩大肚弥勒佛塑雕一尊 / 327
民国粉彩菱形小笔筒 / 328

民国粉彩菊纹赏瓶 / 329

民国粉彩"麻姑献寿"双耳大瓶 / 330

民国绿里红地粉彩葫芦瓶 / 331

民国豇豆红柳叶瓶 / 332

民国木纹开光粉彩人物故事辅首耳尊 / 333

民国浅绛彩人物故事双狮耳四方瓶 / 334

民国青花粉彩花鸟纹天球瓶 / 336

民国方形脉枕 / 337

民国鱼纹彩瓷盘 / 339

民国何许人墨彩雪景小罐 / 340

十、宋代八大窑系

定窑系 / 343

磁州窑系 / 345

耀州窑系 / 346

钧窑系 / 348

龙泉窑系 / 350

景德镇青白瓷窑系 / 352

越窑系 / 354

建窑黑瓷系 / 356

十一、其他

长沙窑 / 359

唐三彩、辽三彩 / 360

20世纪70年代毛主席"咏梅"诗句图纹茶壶 / 362

2016年徐德亮为作者画瓷——花鸟杯 / 363

后记 / 365

一

元

元孔雀绿釉青花罐

高：9 厘米　　口径：7.2 厘米　　足径：4.8 厘米

孔雀绿釉青花瓷创烧于元代的磁州窑，而景德镇元代也开始了孔雀绿釉青花瓷的烧制，有出土文物为证。

这件孔雀绿釉青花小罐就是元代的，那么，是磁州窑烧制的还是景德镇的制品呢？区别并不难，从器物的胎上就能区别开，磁州窑的胎是香灰黄色，较疏松；而景德镇的胎质是白色或白中泛黄，硬朗细密，这件小罐的胎是磁州窑的。

孔雀绿釉青花罐，青花呈现出黑花，这是由其制作工艺过程造成的。制作方法是在瓷坯上用青花料绘出纹饰并在纹饰上（不是全部）涂上透明釉，入窑高温烧成涩胎青花瓷，然后再在器物整体表面罩涂孔雀绿釉后，二次入窑低温烧成。由于有一层孔雀绿釉涂在青花纹饰上，使青花变成黑花。

由于是在涩胎上涂孔雀绿釉，所以孔雀绿釉多有脱落，从这小罐上就可看到明显的脱釉。故宫博物院的展品也脱釉。

说它是元代的，主要从器型及其制作工艺上可看出：足尖平切，底心有一凸起；釉面不够平整，粗糙，有颗粒感。

综上所述，此件孔雀绿釉青花罐是元代磁州窑民窑制品，是一件很好的学习标本。

微观图

一、元　　003

元末明初蓝地白花龙纹盘

高: 4.2 厘米　　**口径**: 25.2 厘米　　**足径**: 18 厘米

这种蓝地白花瓷创烧于元代，明永宣时成为一款名瓷。在当代收藏界，它也是收藏家们追逐的亮点之一。大家都知道在扬州博物馆的那件元代蓝地白龙纹梅瓶，它的出处，当初是一个孩童背着大人从家里拿出，18元卖给了一个古玩店，后这个梅瓶落脚到了扬州博物馆，一段时间在扬州博物馆都被认为是清雍正时期的，后经故宫博物院专家看后认定是元代的，也就更轰动了（当然这些都是藏界的传说，一听而过吧）。

由于是"亮点"，所以当今仿品也是太多太多。所以遇到这样的瓷器时，要格外小心。即宁买真似假，不买假似真，别让赝品误了我们收藏人。

这件蓝地白花龙纹盘，经几位知名专家看过，也还存有争议。有的说是真品，有的说是仿品。我个人的看法趋向于是真品，其理由有五：其一，盘的内壁，紧靠龙纹外侧有一圈暗刻的弦纹，这个特征是只有永乐之前的盘子上才有的，这是景德镇古陶瓷考古研究所的专家们在对地层出土的永乐盘子研究中发现总结出来的，是在景德镇，其中的专家亲自向我讲述的。这件盘子这位专家也看过，并做了肯定，说这件盘子是元末明初的。其二，我认为这件盘子的平砂底与圈足的胎是老的，有那个时代的瓷胎特征。有微微泛黄的火石红呈现。另则圈足是明早期的矮圈足，足的形状呈梯形，足的里墙外斜，外墙内倾（见底足图），足尖不是清代多有的泥鳅背，而近于平切。其三，口沿的灯草口是烧制中自然形成的。其四，龙纹的绘画，线条苍劲有力，龙头、龙身、龙爪与空间的云纹的绘画都有其时代风范与纹饰特征。整个画面布局疏朗，格调庄重，用笔刚劲、自然、流畅，仿品是难以做到这一点的。其五，釉面、胎面、龙纹彩面都有古旧感、熟旧感。

综上所述，该件蓝地白花龙纹盘，我认为是元末明初制品（定论有待藏家、鉴赏家们共同探讨）。

盘底足图

盘底足图

元末明初釉里红高足杯、瓷片

杯高：9厘米　　口径：8厘米　　瓷片长：24.4厘米　　宽：14厘米

这件元釉里红高足杯和洪武釉里红大块瓷片，可谓一叶知秋，通过这两件器物能了解到元末明初釉里红瓷的全貌。

有资料记载，元末明初，特别是洪武时期，瓷都景德镇瓷器生产的主流是釉里红，而不是青花瓷。但是，那时的釉里红生产工艺不过关。釉里红的主要成分是氧化铜，在瓷器烧制中，这种材料的火候很不好控制，不好掌握，温度高了烧飞了，温度低了烧黑了，故此烧出来的釉里红常常都是釉里黑或者釉里灰。这两件中的洪武大瓷片就是其典型代表。

说这件大瓷片是洪武时期的，不仅因为它是釉里黑、釉里灰，而且从其瓷片的断面上可看到其气孔是长形的，而不是圆形的，大家应该知道用麻仓土烧制出来的瓷器，瓷胎断面看到的气孔是长形的（见瓷片截面图），高岭土的气孔多是圆形的。

而麻仓土多是在明早期使用，明中期以后麻仓土用尽了，开始用高岭土了。

另一件高足杯是元代的器型，有元代的特征，做工是元代的工艺技法，把杯拿在手上，高足可与杯体相对转动，但没脱开，这是因高足与杯体是湿接，二者对接时，用手指在高足杯内将突出的湿的凸钮按扁，烧好后，即固定了。时间一久，高足脱落而不掉下来。

这件高足杯的釉里红发色尚好，较那块洪武釉里灰的大瓷片好多了。这两件标本都是我讲课用的实物，是我自己的收藏品，都是20世纪八九十年代在报国寺地摊上淘到的。

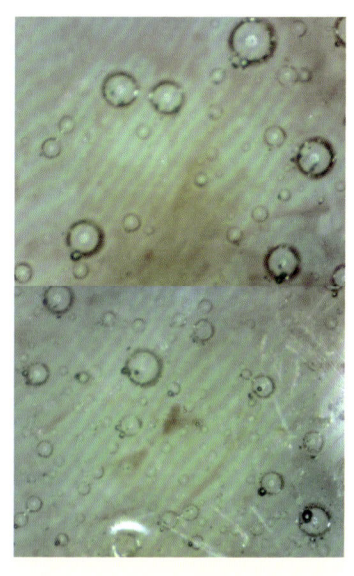

高足杯微观图

一、元　　005

元末明初玉溪窑青花小罐

高：5.7 厘米　　**口径**：2.7 厘米　　**足径**：4.2 厘米

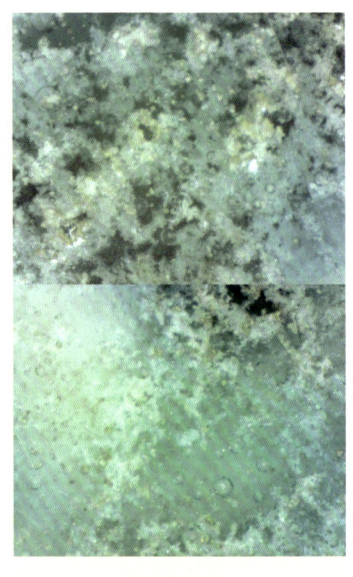

微观图

　　这件青花小罐与众不同，它不是景德镇生产的，也不是河北磁州窑、山西浑源窑等北方窑口，而是云南的玉溪窑生产的。玉溪窑始烧于宋，停烧于明。前后烧窑约600年的历史，多生活用瓷。停烧的原因主要是它烧制的青花瓷质量差，明末清初景德镇的瓷器大量输入，相比之下，只好停烧了。玉溪的重要窑口有三处，都是以烧青瓷与青花瓷为主。

　　玉溪青花瓷的特点是，青花发色深暗，多黑蓝或灰黑色，由于其胎土是泛黄的香灰色，故而釉色也是呈乳浊香灰黄色，从这件小罐即可认证。由于年代久远，釉面多有冰裂纹呈现。

　　从罐的底足看，此件小罐是砂底足，而且圈足是平切，这与景德镇元代器足类同。

　　综上所述，该件青花小罐是云南玉溪窑元末明初民窑制品，可作学习鉴赏标本。

仿元青花"鬼谷子下山"大罐

高: 28 厘米　　**口径**: 22.8 厘米　　**足径**: 20.3 厘米

这两件元青花"鬼谷子下山"大罐，一真一假。真品图来自 2012 年上海博物馆出版的《元青花瓷器特集》一书，该书汇集了 2012 年上海博物馆为其建馆 60 周年举办的一期展览中国内外 30 余家的实物样本展品。展品包括伊朗、英国、美国、日本、俄罗斯等国及国内文博、考古机构和上海博物馆的收藏，展品总数 90 余件。这件元青花鬼谷子下山大罐是英国提供的展品。

从一真一假两件元青花大罐的对比中显而易见假的假在哪儿：胎就不对。真品没有火石红，呈白色，这种胎色从其他的宋元瓷器上就能看到。我有一件宋元时期的影青瓷执壶，就是这样的底，胎质一样，颜色一样。真假二者的绘画精度、风格也截然不同，真品纹饰中人物景物的绘画结构严谨、气韵盎然，淳厚透出秀雅，显凝重华贵，而仿品上的人物景物的绘画用笔随意、草率、绵软，人物神情呆滞，色彩浅淡，与真品不能相提并论。

仿品图二

仿品图一

真品图一

真品图二

一、元

仿元代青花匜

高：4.2 厘米　　口径：12.8 厘米　　长：16 厘米

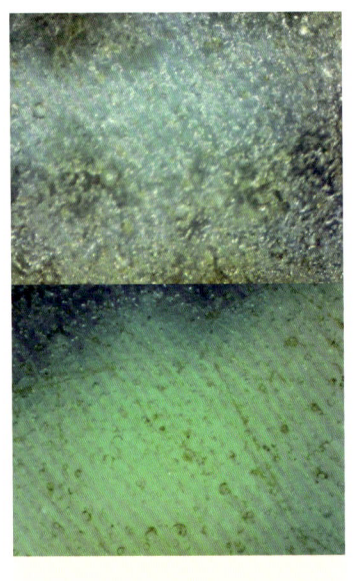

微观图

这件元代青花匜是我的一个朋友从市场上淘到的，他对古陶瓷或者说明清瓷玩到了一定深度，但对元代以前的高古瓷接触少些，几千块钱把这件元青花瓷买下了。

元青花的特征在这件"匜"上都有表现，如苏料的晕散，微微泛紫铁锈斑与凝聚斑都有，而且铁锈斑在凝聚斑之上有凹陷。卷草纹是单个画后连在一起，纹饰的绘画是一笔点画和单边涂抹，都是元青花的特征特点。口沿的胎质也很像。唯有两点让人生疑：一是底足面上的胎似有做旧的痕迹；二是整体釉面没有使用痕迹。

按照古瓷鉴定多采用一票否决法，这件元代青花匜被几位专家否了，说是仿品。这里将图展示给大家，供大家鉴赏研讨，我个人的观点也与多数人的意见相同，此件元代青花匜是仿品。

二

明早期

明洪武、宣德青花碗

高：5.5 厘米　　**口径**：12 厘米　　**足径**：4.8 厘米

　　这两件平民百姓吃饭用的盘碗，是残器，为啥还要纳入此书中呢？因为它们身上有我们实用的知识点，需要我跟大家交代。

　　第一个知识点：盘心、碗心都有个"福"字，但写法不同。宣德青花碗心上的"福"字是隶书；洪武青花盘心的"福"字是草书。这就是给宣德和洪武瓷盘碗断代的依据之一。一般情况下，宣德时期的盘碗的"福"字都不是草书，而是用隶书写。相反，洪武时期的盘碗都是用草书写。

　　第二个知识点：洪武盘的圈足多做成外斜、里倾、足尖上削一刀，底心又有元代遗风中心有小凸起。洪武与永乐宣德时期的大盘的圈足还是多梯形及外直里斜形。

　　第三个知识点：这个时期的青花瓷的绘画技法多是单边涂抹与一笔点画，从这两种器物上都可见到。明清瓷中的青花瓷的绘画技法有：一笔点画、单边涂抹、双勾填色与双勾不填色（线描、淡描）四种。

　　另外，两件青花盘碗用的青花料是土青。现在古玩行里或说是学术界有一种观点是：元青花，洪武、永宣青花瓷所用的青花料都是进口的苏料（苏麻离青），不承认有土青的存在。我不赞同或说很难接受这种观点，我认为在现有的资料中，特别是耿宝昌老先生，冯先铭、孙瀛洲等老前辈的书上都讲到这个时期的青花料有三种，即：进口苏料、土青与混合料。不过，对这种不同观点我也在想，新观点可能是新发现，可能有它的根据，没关系，学术不都是在争论中前行的吗？

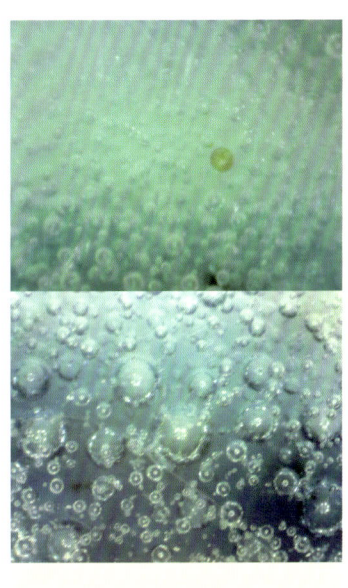

微观图

二、明早期　　011

明永乐白釉提梁水滴

高：10.6 厘米   **口径**：3.5 厘米   **足径**：4.1 厘米

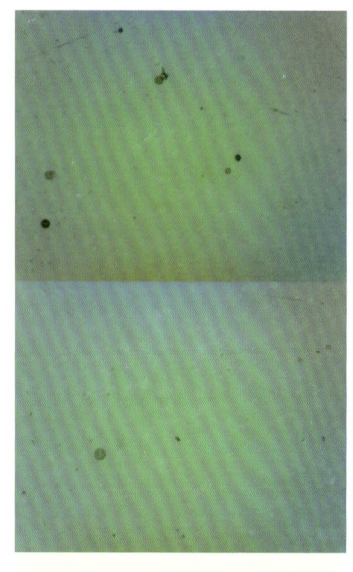

微观图

其微观图中有老化的死亡气泡生成。这一点不仅说明它是老的真品，同时也说明该器物已出土后传世百年以上。传世百年以上才有死亡气泡生成。

贾岛：鸟宿池边树，僧敲月下门。"推敲"二字的来历有一典故，即僧人在月下推门。僧人月下敲门，是推门合适，还是敲门合适？我拿这件白瓷提梁水滴跟大家一块"推敲"其真伪与年代。

这件白釉提梁水滴入过土，入土痕难以去除。虽入过土，但仍不失其久远年代的古旧感，有永乐白釉的肥润、厚重、光洁的釉面，提梁有元末明初的装饰特征，明晚期与清代很少见这样的提梁。壶体秀美且有瓜棱。圈足浅矮，有明永乐瓷器圈足的特征，足的外墙直立，内墙外倾，成◢状。胎质硬朗细白密致，有永乐白釉瓷胎质特点。壶流的形状是明早期的制式，略短成弧状。

这样一件物品蕴含仙气，透出古人寄情，单色淡雅，溢满古意古香，见证其时代特色与文化氛围。这样精美的白釉提梁水滴，在传世品中少见。

然而，我在景德镇一次研修班讲课时，遇到景德镇古陶瓷研究所的专家，他们说在开采御窑厂的地层中，发现永乐地层中90%是白瓷瓷片。永乐朝白瓷最受欢迎，宫廷里多用白瓷，这因为有个典故，永乐皇帝还是燕王时，他手下一谋士告诉他，"王"字上边加个白字，不就是"皇"吗？燕王即可成为皇帝呀。后来竟成为了现实，永乐当了皇帝。

这件白釉提梁水滴就是那个时期的制品。

清仿永乐青花鸡心碗

高：8.3 厘米　　口径：13.5 厘米　　足径：5 厘米

　　鸡心碗创烧于明永宣时期，碗外底圈足内有鸡心状凸起而得名（或叫鸡心出脐）。碗腹较深，圈足较小，侈口，弧壁，内外壁绘多种边饰，外口沿绘半钱纹，足上方绘实心菊瓣纹，里口沿绘回纹一周，碗心绘六瓣团花，外围以卷枝纹围绕。有异域纹饰风格。是朝廷为了外贸需要特意仿制阿拉伯民族器物风格而生产的。鸡心碗是永乐、宣德时期有代表性的器物。一说鸡心碗瓷器，收藏人就知道是永乐鸡心碗。

　　这件鸡心碗，完全是按照永乐鸡心碗仿烧的，其器型、纹饰特征都与永乐真品略同，只不过永乐时青花料是用的进口苏麻离青，这件也相仿，但其青花没有苏料的效果。泛绿的亮青釉，底足的胎都有清代的时代特征。

　　综上所述，此件鸡心碗是清仿永乐青花鸡心碗之作。

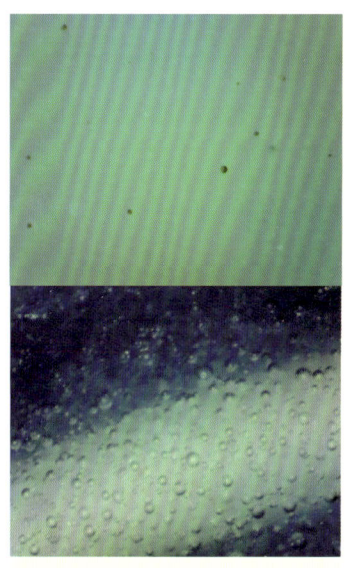

微观图

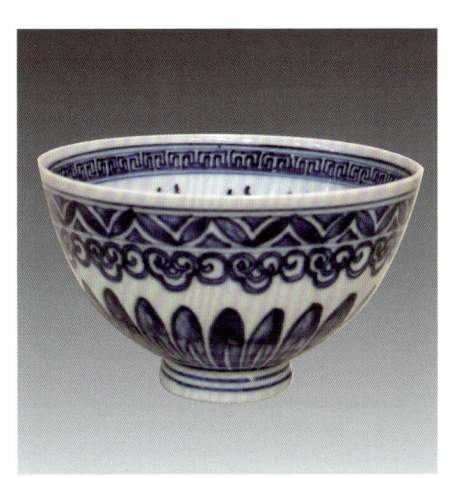  

二、明早期　　013

仿明宣德青花八棱蓝地白花龙纹鸟食罐

高: 4.3 厘米　　**口径**: 3.2 厘米　　**长**: 5.3 厘米

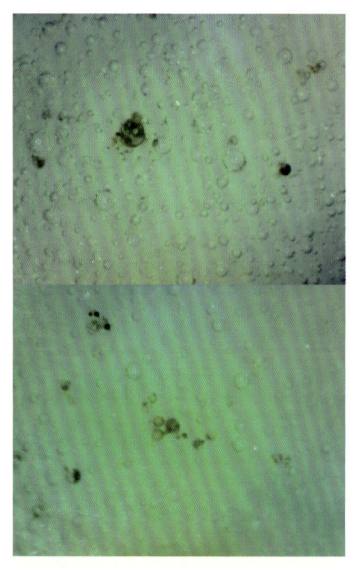

微观图

从外观上看，这件蓝地白花龙纹鸟食罐，器型是明宣德时期的。蓝地白花瓷也是宣德青花瓷中一款高档品种，款写在口沿上也是宣德时期多有的，青花的色彩也有宣德青花瓷的特点，胎质硬朗，且有老化痕。

这件鸟食罐，一些人断它是老的，是真品。除上述几点有宣德青花瓷的特点外，其龙纹是明代龙的画法，猪嘴龙、比目眼。口沿的边饰，几笔竖道自然流畅，简洁大方，起落笔有深浅顿笔。

特别是在微观显微镜下，有棕色的死亡气泡生成，一般情况下，釉面中有死亡气泡生成，老的器物才有的。

但这件青花鸟食罐经我认真研究是现代仿品。理由是：其一，青花料不是苏麻离青。这件鸟食罐如果是老的，应是官窑器，必用苏料绘制，而这件鸟食罐的青花有苏料特征，但是仿的，如青花料微微泛紫，有凝聚斑和铁锈斑，铁锈斑也是在凝聚斑之上，但真品铁锈斑该有凹陷，而这件上面的铁锈斑是浮在凝聚斑表面的，没有凹陷下去。

其二，釉面里的死亡气泡是人工造出的，不是自然生成的。虽然很像，但与真品的死亡气泡有较大差别，单个气泡应有立体感，即色彩由深到浅，它不是。且在单个死亡气泡的周边还有星星点点的黑色点状物。由此可见现在的造假仿伪者，对死亡气泡也有研究，有较高的造假手段。因此，我说收藏者们要仔细对照真假死亡气泡的特点，而我个人意见鉴定一件瓷器的真伪年代，要综合多方面去看，把微观只作为参考。而且有的老的真品器物不一定都有死亡气泡。

综上所述，该件青花八棱蓝地白花龙纹鸟食罐是现代仿品（仿明宣德）。

明"空白期"天顺青花人物故事纹大罐

高：35 厘米　　口径：22.5 厘米　　足径：22 厘米

这件青花大罐是明"空白期"的。"空白期"历时 29 年（1436—1464），两位皇帝三个年号（正统、景泰、天顺）。正统皇帝朱祁镇是宣德皇帝的长子，继位后 14 年在与北方匈奴征战的"土木堡之战"中被匈奴掠走。国不能一日无主，其弟朱祁钰继位。八年后，朱祁镇被匈奴放回，把其弟赶下台，改元天顺。这就是有名的"夺门之变"。

明"空白期"，由于严重的自然灾害与战乱，景德镇瓷器生产处于低落期，至今没有发现有款的官窑器，墓葬出土的器物都是民窑器。从耿宝昌老先生所著《明清瓷器鉴定》（紫禁城出版社，1993）一书第 76 页到第 84 页上，"空白期"青花瓷图例中，能找到跟这件青花罐酷似的青花人物大罐。

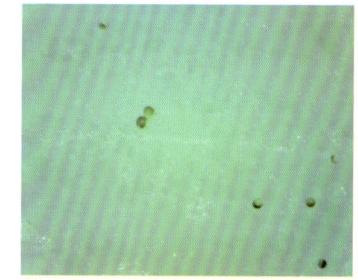

微观图

从青花发色上看，这件青花人物故事纹大罐应该是"天顺时期"的，因为正统时期的青花颜色色深，近似于宣德青花，天顺青花色泽淡雅，这件青花罐，色泽既很清淡又很淡雅。

耿老书第 84 页的一青花大罐上有官员骑马奔跑画面，与此罐上的绘画极其相似，再看二者罐上的云彩纹饰的画法一样，耿老书上第 76 页"空白期"的青花大罐上的上下边饰也与我们的这件大罐一样，是卷草纹和蕉叶纹。特别是二者器型完全一样。

这件青花大罐釉面、青花彩面与底面的露胎处都是古旧感强烈，有足够的熟旧感与陈旧感，釉面上的使用痕即牛毛纹自然。因此这件青花人物故事纹大罐是老的，是明"空白期"制品，微观图也证明了这一点。

二、明早期

明"空白期"天顺青花"八仙祝寿"纹三足炉

高: 17 厘米　　**口径**: 26 厘米　　**底径**: 19.5 厘米

  这件青花人物三足香炉就是"空白期"的。其青花发色接近成化时期的，较淡雅，该是天顺时期的。如果色重，接近宣德时期的特征，较浓深，就是正统的了。如果很草率，就是景泰时期的。从这件青花炉的底面胎质和包浆上看也是"空白期"的，很粗糙，有较重的火石红和糊米底现象。炉的口部烧制中被压扁，是明瓷的特征。其纹饰是"八仙祝寿"，八仙是道教的八位神仙，明清瓷器上多有这一纹饰。这幅八仙人物的绘画在"空白期"里算是精细之作了。

  综上所述，因该件青花"八仙祝寿"纹三足炉有"空白期"瓷作的时代特征，所以推断其是明天顺朝民窑制品。

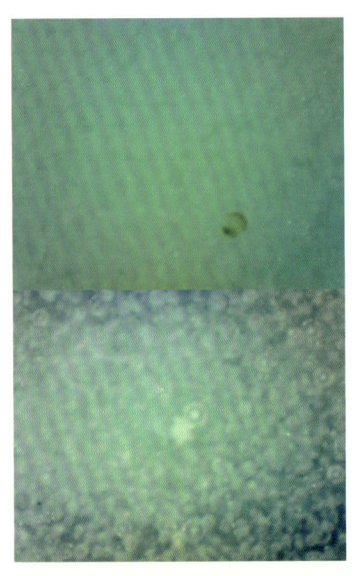

微观图

明"空白期"祭蓝釉大罐

高：36.4厘米　　口径：21.2厘米　　足径：20.8厘米

这件祭蓝釉大罐是明空白期的，可谓器型硕大，高36.4厘米，足径20.8厘米，口径21.2厘米。

说它是"空白期"的，有这么几点：器型是明早期的，仔细看，是"空白期"的，比永宣时期的罐收腰急些大些，脱底（或叫掉底）是"空白期"大罐的特征，底面有近于成化的糊米底，又是"空白期"到明中期多有的浅圈足。底面火石红比成化的颜色深。

祭蓝釉也称积蓝釉，有时也写成"霁蓝釉"。祭蓝釉创烧于元代，是高温单色釉，一种高温石灰碱釉，是生坯施釉，人们常说它是釉下彩，实际上它是釉中彩，在许之衡的《饮流斋说瓷》一书中提到，祭蓝釉的施釉方法是将蓝料与釉相混后涂在瓷坯上，彩在釉中，所以应称其为釉中彩。蓝料与青花料相同，都是氧化钴，因此某个时期的祭蓝与同时期的青花色泽大体一致，就是这个原因。

从这件祭蓝釉大罐的微观图上看不到有死亡气泡生成，应该这样看这个问题：老的瓷器微观图上不一定都有死亡气泡。因为它们所处的环境不一样，只有在干燥的环境下才能生成死亡气泡。微观图只能作为判断瓷器新老的一个参考。

这件祭蓝釉大罐罐体上的牛毛纹众多，形态自然，古旧光泽沉稳，底面老旧痕明显。

综上所述，判定该罐是明"空白期"时期的民窑制品。

微观图

二、明早期

明早期龙泉青瓷花口印花大盘

直径：32厘米　　**足径**：17厘米　　**高**：8.2厘米

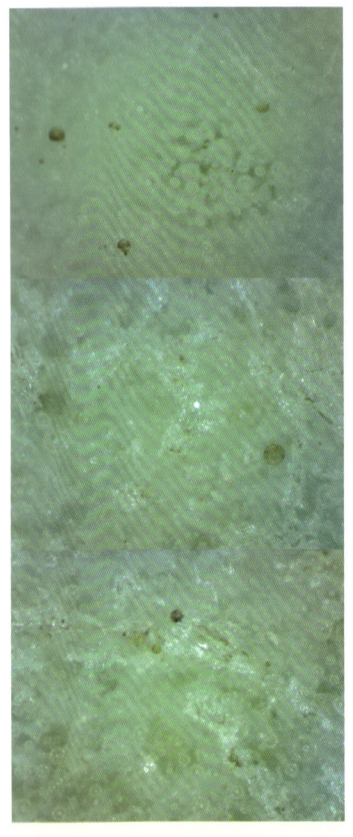

微观图

有明代龙泉青瓷特征，特别是已有死亡气泡生成。

　　龙泉青瓷窑址在浙江龙泉县境内，也称处窑、处州窑，因宋代时龙泉窑属处州。有金村窑、溪口窑、大窑、松溪窑、大白岸、小白岸、笔架山、梧桐口等300余处窑址。

　　龙泉青瓷创烧于晚唐五代，也有创烧于北宋之说，也有学者资料中说龙泉窑与越窑一样在商周时期就有原始青瓷生产。龙泉青瓷的烧制宋末元初达到鼎盛，明晚走向衰落。清康熙时期主要窑口停烧，在这期间江西吉州窑、福建泉州窑也烧制龙泉青瓷，形成龙泉窑系。宋代龙泉窑虽不在五大名窑之列，但其名气也不在其之下。龙泉青瓷也有送朝廷之贡器，即龙泉窑制品也有官窑。

　　龙泉青瓷的特点：体重、釉厚、釉面莹润如玉。最好的釉色是宋代的梅子青，其纹饰以刻划印为主，但印花为多见，也有浅浮雕工艺，盘体多硕大且花口。如这件明代大盘，足内有垫烧痕。北宋早期多支钉烧，中期晚期至元代垫饼垫烧。

　　此件龙泉青瓷花口印花大盘整体外表有明显的古旧感、熟旧感，特别是使用划痕明显，遍布周身，即学名中的牛毛纹自然明显，釉面亮青，与元代的黄龙泉有显著区别。

三

明中期

明成化青花人物故事纹大罐

高： 30 厘米　　**口径：** 17.8 厘米　　**足径：** 18.3 厘米

在古玩行里学术界都有"明看成化清看雍正"之说，这说明人们对成化瓷的赞誉与评说。学术界对明清瓷的归纳总结有这样的说法：明清瓷的三个鼎盛时期——永宣、成弘、康雍乾。是的，有一段话是这样写的："尽收眼底瓷圣康雍乾，青花之神明永宣，成化一件小小的鸡缸卖到二亿八千万。"真是画龙点睛，一句话概述了这三个时期瓷器生产成就的全貌。

该件成化青花人物故事纹大罐，市面上少见，个人有这样的收藏也是难能可贵。

从全图罐体上看，一目了然：青花是用平等青料绘制，正蓝不泛紫，与回青料、浙青料截然不同。成化青花瓷的釉面有两种釉色，一是偏青、一是偏白，即人们说的亮青釉与粉白釉。这件是亮青釉，而且有成化青花瓷的特点，釉肥厚且莹润如玉。

这件罐体的上下边饰如肩部的如意云头纹，足上方的变形大莲瓣纹都是明中期多有的。图中人物的绘画有动感，神情各异，其中的一个故事是携琴访友高仕图。足底的露胎处已有包浆和微微泛黄的火石红。特别是有成化瓷多有的黏砂和少许的煳米底。

微观图中的气泡老化痕明显，有死亡气泡生成，死亡气泡在百年以上的老瓷中才有生成，而又是在传世品的干燥环境下生成，入土器物是不会有死亡气泡生成的。大家应该知道多数瓷片都没有死亡气泡，因为瓷片多是从土里挖出来的。

综上所述，此件青花人物故事纹大罐是明成化时期民窑精品器。

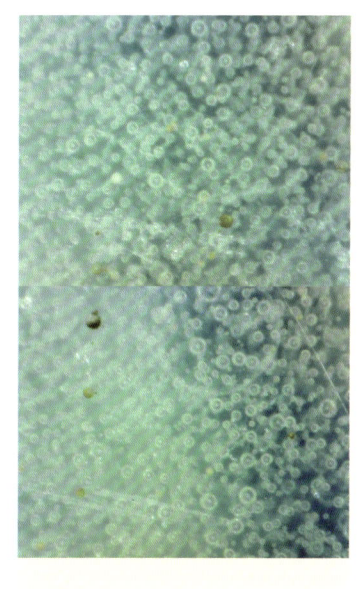

微观图

气泡有破损，有死亡气泡生成。

明成化青花碗瓷片

高：7厘米　　长：10.5厘米　　口径：6厘米

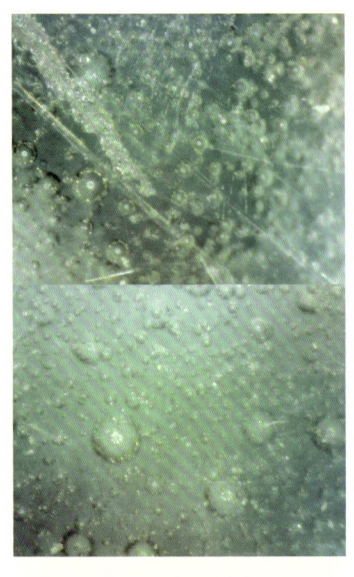

微观图

把这两块成化青花碗瓷片放进书里，并不是它们的价值，而是它们能带给我们的知识点。

成化青花碗的瓷片上可见到其釉面肥厚、莹润如玉般。更重要的是其釉面有两种颜色，一粉白，二亮青（见图一），它们代表了成化青花瓷的釉面颜色的全貌，这是要大家记住的第一点。第二点，是碗的挖足特征或叫特点：多"挖足过肩"。何谓"挖足过肩"（见图二），碗的圈足底面低于碗足外墙的下墙脚。成这个"⌒"形状。第三点，圈足外墙有两道青花弦纹线，并有一道多靠近足尖。（见图三）。

成化瓷器的完整器不好找，瓷片还是多见的，为学习提高眼力可从瓷片上下手。

图一

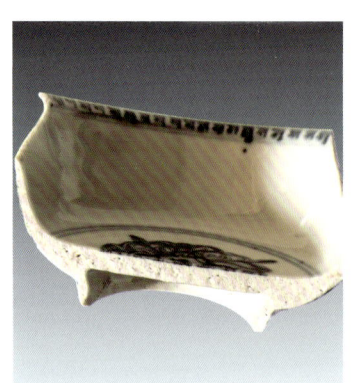

图二

图三

图四

明成化青花云龙纹罐

高：26 厘米　　口径：11.5 厘米　　足径：14 厘米

　　这件青花罐说它是明中期成化的，主要根据是它的青花用料是"平等青"。平等青料是景德镇在成化到正德年间烧制青花瓷用的。平等青料的特点是：正蓝，不泛紫，一般常用的平等青料，还有点蓝中泛灰。我主张玩瓷人，能用青花料给瓷器断代。明清瓷器景德镇就用这么几种青花料：苏麻离青，土青、平等青、回青、石子青、浙青、珠明料，晚清光绪、民国时期还有洋蓝（化学料），掌握了这些不同青花料的特征，又知道景德镇窑口是什么时间段用哪种料，不就好给瓷器断代了吗？（这里不详说）。

　　这件青花罐的龙纹画的是明代的猪嘴龙、风车爪。云是明中晚期多用的壬字云、人字云，底有少许的成弘时期多有的糊米底斑痕。底包浆厚重，且有磨损的使用痕。微观图里的死亡气泡众多，从一个大气泡上可看到死亡气泡的立体成像，由浅到深。仿品是仿不出来的。

　　综上所述，该件青花云龙纹罐是明成化时期的民窑制品。

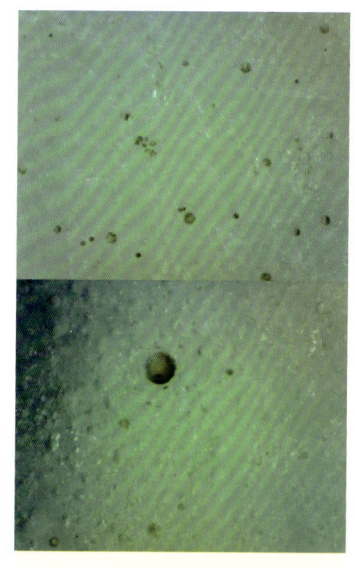

微观图

三、明中期

明成弘祭蓝罐

高：15.2 厘米　　**口径**：7.2 厘米　　**足径**：9.5 厘米

微观图

　　我之所以把这件祭蓝釉破罐纳入本书，是为让大家跟本书的另一件祭蓝罐比较，那件大罐是明早期的（见第17页明"空白期"祭蓝釉大罐），这两件都是我的个人收藏品。

　　这件祭蓝罐与那件明早期的祭蓝罐，首先是器型不同，这件矮胖些，那件下收腰很大，是明早期永宣到"空白期"祭的罐型。另则蓝色深浅不一样，底足与底面二者也有不同。

　　这件有明显的突出浅圈足而与那件大罐的斜坡式圈足不同，色略浅些，即火石红色浅。若到了万历时期的就是白色砂底品多，没有火石红色呈现。上口的内里不像那件大罐是一个色亮青釉，这件的内口里有流淌的蓝釉在上，这也是明中晚期这种罐的特点。腹部的接口明显，里外表都能看到痕迹，特别是里表有横接竖裂。釉面蓝色深重沉稳。

　　为学习用，像这件破祭蓝罐，该买时也得买。我手中的藏品多数是有残的，但都是老的，有档次有品位的，我的第五本书里的275件器物有我自己的210件，多为有残，但几乎是完整不缺肉的，做标本学习用很好，特别是初学者或搞研究用的，要借鉴我的做法。

　　综上所述，该件祭蓝罐是明中期成弘时期的器物，有学习研究价值。

明弘治五彩龙纹小罐

高：11.8 厘米　　口径：5.5 厘米　　足径：6.7 厘米

这件明弘治五彩龙纹小罐最重要的一个知识点是：红绿黄彩纹饰，也就是其全部纹饰都不用黑彩描边，都是用红彩描边。五彩瓷纹饰用黑彩描边是从明嘉靖时开始的，这之前都不用黑彩描边。这里还出示一件元代五彩玉壶春瓶和"空白期"的青花五彩莲座香炉，纹饰都是没有黑彩描边，而明嘉靖以后五彩纹饰都用黑彩描边。这个知识点很重要，可作为断代的依据之一。这一点我在别的资料书籍上还没见到，是我实践观察与总结的。

这件五彩龙纹小罐的龙纹是猪嘴龙、比目眼、风车爪，明代龙纹特点十分突出，特别是底面的圈足是成弘时期多有的浅圈足，与其他时期有明显不同。露胎处的火石红明显，亮青釉面，且肥厚莹润如玉般，腹部的接口从内里可见横接竖裂，这些都是明中期成弘瓷罐的特征。

综上所述，该件五彩龙纹小罐是明中期弘治民窑制品，有独特的收藏研究价值。

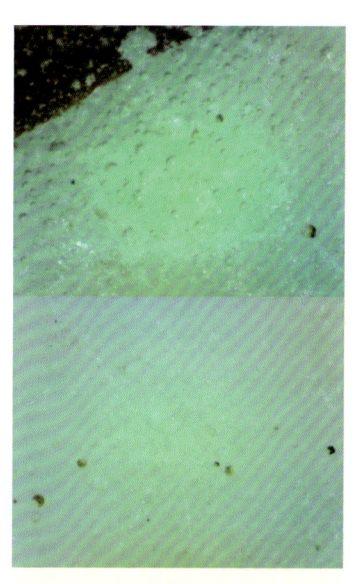

微观图

摘自耿宝昌《明清瓷器鉴定》（紫禁城出版社，1993）一书彩图

三、明中期　025

明正德青花花卉纹大罐

高: 27.5 厘米　　口径: 15.5 厘米　　足径: 19 厘米

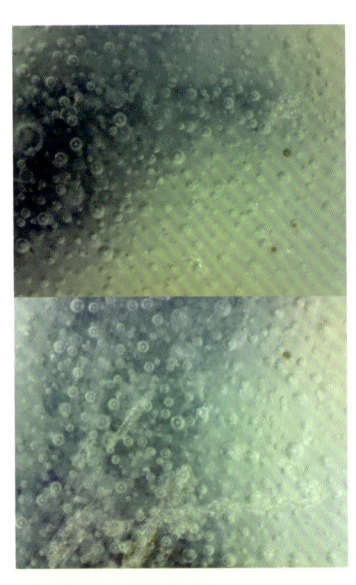

微观图

　　这件青花花卉纹大罐有其独有的特征，仅颈部和足上方有青花边饰，整个罐体素面，这种装饰的青花罐只有明中期正德时有。分析该罐的青花、釉色及胎质的特征都可将其归类于正德时期。比如，此罐青花用料已是采用回青料，与嘉靖时期青花用料相同，可见其微微泛紫，并有粗大明的绘画风格。菊花绘画中勾边后的填色是整体大笔涂抹，多有给人以模糊的感觉。白釉青中闪灰，罐的上下半体接痕明显。

　　这件大罐尺寸较大，这种装饰的青花罐有大中小三种，此罐属大号的。

　　从罐的光泽可见其强烈的古旧感、陈旧感，该罐是明正德时期民窑制品。

明正德青花莲托八宝纹绣墩

高：40 厘米　　**座面径**：21.5 厘米　　**足径**：20 厘米

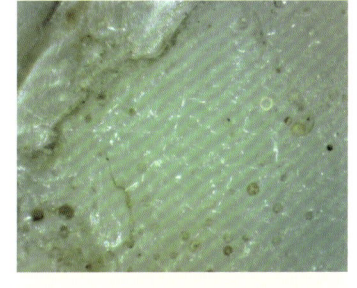

微观图

　　这件青花莲托八宝纹绣墩就是收藏中要力挺我们的收藏之器，我在我写的前本书里写过这件正德青花绣墩，为什么在这本书里又写呢？其原因是在前本书里，我说绣墩创烧于明正德，我收藏的这件绣墩是绣墩的祖师爷。我这样说有据可查，在耿宝昌先生《明清瓷器鉴定》一书的第123页有说，绣墩是这时新创烧的。我认为耿老这样说是有根据的，是对的。但近一两年里有我的两个学生前后对我讲，在某展览会上看到展出，有"空白期"的绣墩瓷片。学生听我的课时听我讲过，绣墩是明正德时创烧的。我听了学生这样一说，觉得此问题该是一个新课题，值得研究，今天把这一问题在这里写出来也是让大家参与研讨。事物都是在不断向前发展，我相信大家在研讨中会有一个正确的结论。

　　这件青花绣墩是明中期多用的"平等青"料绘制的，呈正蓝色不泛紫。明正德青花瓷采用三种青花料：一是平等青；二是江西上高县的"石子青"；三是正德晚期的回青料。

　　该绣墩的主体纹饰是莲托八宝，用的平等青料，其花卉的叶子画成个字形鸡爪状，上方的璎珞纹，下方的海浪江崖纹，都有明中期的绘画技法与特征。器底部的空心圈足上，已有明显的点状火石红，这件青花绣墩是明正德民窑细路精品之作。

　　这件正德青花绣墩是我从一个收藏家手里买过来的，20世纪90年代，我花了整整3000元钱，距今20年前的3000元可是个大数目。可看到顶部和一个虎头是我买后修复的，原伤残挺大的。我很看好这件有伤残的正德绣墩，有伤残也是不多见的，有研究与收藏的价值。

三、明中期　　027

明中期洒蓝釉三足炉

高：9 厘米　　**口径**：17.7 厘米　　**足径**：17.7 厘米

微观图

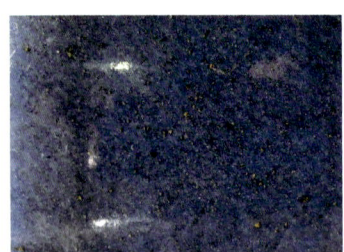

釉面放大图

　　这件明中期的洒蓝釉三足炉实属少见，多见的是祭蓝釉炉，洒蓝釉也是仅见清代的，明代的几乎不见有。

　　说它是洒蓝不是祭蓝得有根据，洒蓝和祭蓝上釉方法不同，一个是蘸釉，一个是吹釉，都是生坯施釉，1280℃～1300℃高温一次烧成。洒蓝釉是以钴为呈色剂的石灰碱釉，它与祭蓝釉的区别是蓝釉釉面中自然分布着白色的斑点，如同雪花洒落，故名洒蓝，又称雪花蓝、青金蓝、盖雪蓝。

　　洒蓝创烧于明宣德时期，宣德洒蓝器存世实物很少，耿宝昌老先生说他只见过两件，国内仅见首都博物馆收藏一件"钵"。其外壁施洒蓝，内壁施白釉，内底书写"大明宣德年制"款。

　　这件蓝色三足炉的外壁表面，我做了个放大图，图中可见其釉面布满白色斑点。再看书中的明"空白期"的祭蓝釉大罐，我也做了其釉面的放大图，两个釉面放大图一比较，就可分辨出洒蓝与祭蓝釉面的区别了。

　　说这件洒蓝釉三足炉是明中期的，我主要是从其器型上看，这种器型是明中期多有的，其他时期没有。再者从其底的制作工艺手法、胎质，老化程度都可看到明中期（成化）。

　　综上所述，该件洒蓝釉三足炉是十分少见的明中期（成化）时期的民窑制品。

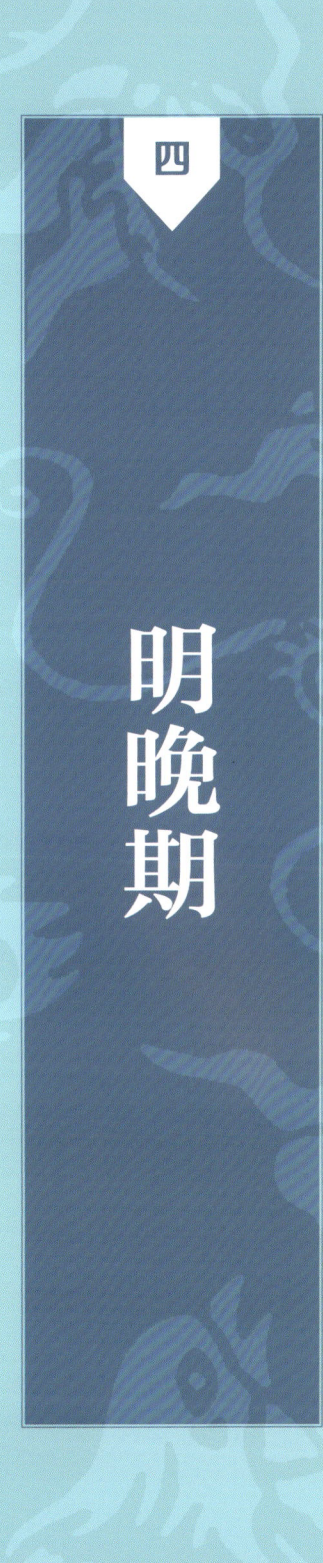

四

明晚期

明嘉靖青花人物故事纹八棱罐

高：22厘米　　口径（对角）：9厘米　　足径（对角）：12.5厘米

这件青花人物故事纹八棱罐是明嘉万时期的景德镇瓷窑制品。这种器型只有明晚、明末时期有，早没有，晚也没有。

这件青花八棱罐有明显的明嘉万粗大明的风格，与崇祯时期的截然不同，崇祯时期的这种八棱罐做工很细腻，是崇祯时期民窑细路精品瓷，本书中有一件万历时期的这种八棱罐，大家可翻看对比之。

这件八棱罐的肩部也如耿宝昌老先生书中说的是覆莲瓣中青花留白花卉纹。说是覆莲瓣，更准确地说是如意云头更合适。

此罐的平砂底有明晚期手工刀削痕，而不是清代的旋削式跳刀痕。且有老化的火石红生成。

综上所述，此件青花人物故事纹八棱罐是明嘉靖民窑制品。

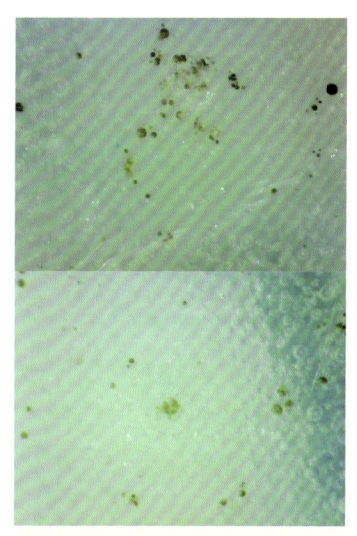

微观图

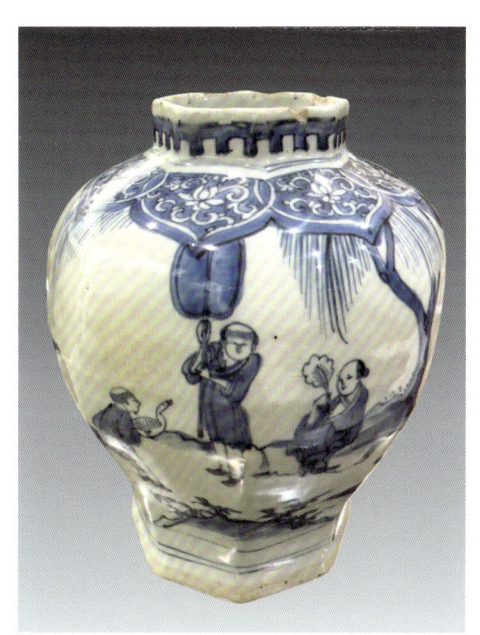

四、明晚期

明万历青花凤纹执壶

高：31 厘米　　**口径**：5 厘米　　**足径**：9.5 厘米

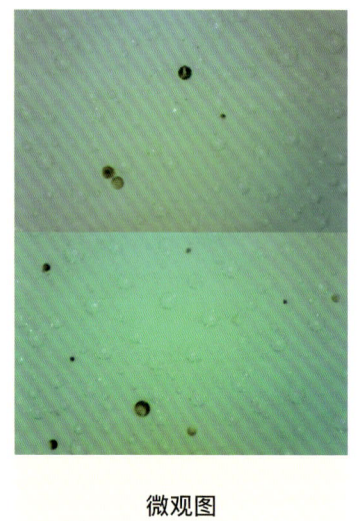

微观图

　　这是一件执壶，执壶是明代多有的器型，从明早到明末都有烧造。这件是明晚期的青花执壶，该是万历二十四年（1596）以前的，即万历早期的。万历在位48年，是明代在位时间最长的皇帝。其次是嘉靖，在位45年。在位时间最短的是万历的儿子泰昌，仅一个月。

　　这件执壶说它是万历二十四年以前的理由其一是，青花用料是回青料，万历二十四年以后就改用浙青料了（指瓷都景德镇而言）。

　　说这件青花凤纹执壶是万历时期的，从其云的画法也可以说明，"云"在不同时期有各自的画法。云纹最早出现在瓷器上是唐长沙窑、越窑。历代云纹多有这些形状：如意云纹、蝌蚪云、壬字云、人字云、品字云、卍字云、括号云、锦带祥云、山字形火云纹，还有蝙蝠状简笔云纹，弘治的弹簧状云纹，成化的双勾云纹，等等。这件青花执壶上的云是嘉万时期多用的壬字云。这一点与青花用回青料都证明了此件执壶的年代。再看它圈足上胎质特征也是万历时期的。

　　综上所述，该件青花执壶是明万历时期的民窑细路制品。

明万历青花花卉花栏纹大盘

高: 6.8 厘米　　口径: 37.5 厘米　　足径: 20 厘米

这件口径尺寸在 37.5 厘米的大盘是明代外销瓷，又叫"克拉克"瓷。名字的由来是葡萄牙语"巨舶"的意思。汉语发音"克拉克"，"克拉克"瓷都是欧洲人定制的，其风格特点是欧洲的，但工艺及绘画技法是中国的。从这件大盘中可以看得出。

说这件大盘是明万历的有这样的理由：其一，青花用料是回青加石子青，明晚期万历二十四年（1596）前是用这种料；其二，其底足是明代的做法平切足，不是清代的泥鳅背；其三，从底面上可看到明代的放射性跳刀痕；其四，釉面泛灰，是泛灰的亮青釉；其五，从其微观图上可以看到老化痕、死亡气泡。绘画上克拉克与粗大明风格明显。

综上所述，该青花花卉花栏纹大盘是明万历时期的出口瓷"克拉克"瓷。

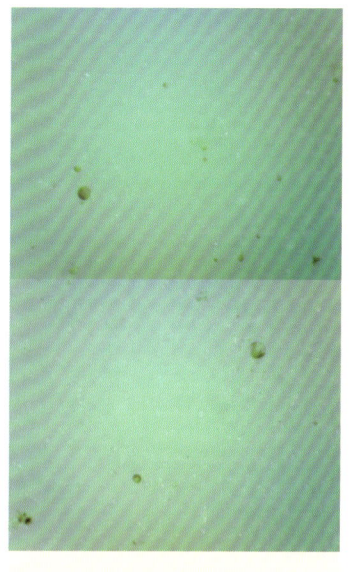

微观图

四、明晚期

明万历青花芦雁瑞兽纹罐

高：39.5 厘米　　足径：20.5 厘米　　口径：22 厘米

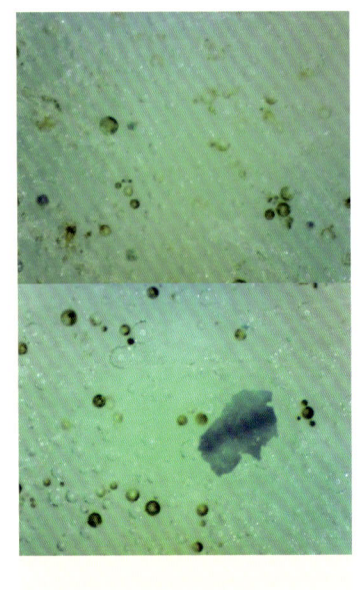

微观图

确实如此，收藏中有捡漏也少不了打眼，当然尽量多捡漏少打眼，更别掉进陷阱。

这件青花残罐是万历年间的，整体呈现粗大明的风格。粗大明是从明晚期嘉靖到明末期崇祯四朝，加上嘉万之间的隆庆就是五朝，历时122年。

这件器物青花用回青料加石子青料的特征，微微泛紫，是万历二十四年（1596）以前的器物，万历二十四年以后，即用浙青料了。

主纹饰是芦雁图，芦雁图是描绘出没在芦苇塘中的飞雁，芦雁图是幅名画，画中展示出秋水碧波、芦花似雪的苇塘，鸿雁嬉戏飞舞。扬州八怪中的边寿民是诗文书画大家，尤以画芦雁驰名于世，被称"边芦雁"。现在他流传于世的作品价格不菲。

明末清初八大山人——朱耷所画《芦雁图》最有名，也出现在清中晚期的瓷器绘画中。

罐体上下两边饰是海马与锦地开光内的狮纹。绘画粗犷豪放，别具粗大明的风范。再见器物底足包浆灿然，有万历时期器底特征，微见一线红。

此器尽管是残品，但可谓好标本，是初学者的标本选项。

明万历青花人物故事葫芦壁瓶

高：33.7厘米　　**下肚宽**：16厘米　　**口径**：4厘米

葫芦瓶是瓷器中的高档器型，唐代晚期开始出现在瓷器的烧造中。而陶器烧造中早在远古的新石器时期，就有葫芦瓶的造型，距今已经6000多年之久。明清瓷器的烧造中葫芦瓶更为多见，而且有多种多样的瓷器品种，如青花、五彩、粉彩及各种单色釉等。

此件器物是青花人物故事葫芦壁瓶，更为少见，其年代是明万历时期的，且是官窑器。

说它是万历时期的理由有四：其一，青花用料是回青料加石子青料。其二，绘画风格与绘画技法都是粗大明时期的。我们知道粗大明年代，是从嘉万开始到天启崇祯。其三，年款是标准的万历朝官款写法特征。"厯"字多写成"林"字上边有一横，即写成"厯"。"萬"字的草字头多写成"⺾"或"⺾"，即"萬"或"萬"，而一般不这样写"萬"。其四，青花绘画仅有墨分两色，没有康熙时期的墨分五色，特别是没有披麻皴与斧劈皴画法。

微观图

气泡有破损，连片，同时有死亡气泡生成，可见有老器物的微观特征，还可以见到老器物使用的划痕。

明万历青花"乌龟驮经书"故事纹八棱罐

高：31 厘米　　**口径**：10 厘米　　**足径（对角）**：15.5 厘米

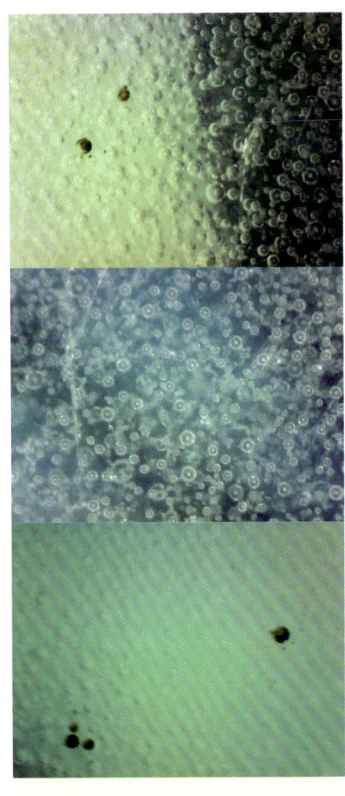

微观图

让收藏的希望都如愿，让收藏的期盼都出现，

让收藏的梦想都实现，让收藏的付出都兑现，这一切眼力功夫是关键。

我们看这件收藏品是否让这位藏家都实现了上述希望、期盼、梦想、付出了呢？是否体现收藏家的眼力功夫是关键了呢？

这件青花八棱罐的器型在耿宝昌老先生的《明清瓷器鉴定》一书第164页有展示。此罐的肩部正如耿老在书中说的："是一周硕大的覆莲瓣纹，覆莲瓣纹中，以青花为地留出空白折枝莲花，这与英国苏富比公司出版的《太仓仇氏抗希齐曾藏珍品图录》第一辑中的崇祯官窑款青花图盒工艺及画风一致，应为同期作品。"

这件青花"乌龟驮经书"故事纹八棱罐实践中我们也看到，是明晚嘉万到明末天启、崇祯时期独有的器型，明早中期、清代各时期都不见有这种器型的罐。

我们观其形，赏其工，品其内涵，确有其独到之处，有其极高的艺术欣赏水平，有难得的现实收藏价值。

罐上青花纹饰画的是古时候的"乌龟驮经书"的故事，据《月唐演义》载：这是唐兵马大元帅郭子仪南征讨伐安禄山时出现的故事。现在南京老山有乌龟驮经书景观（山石图形似"乌龟驮经书"）也是一大景点。

该罐的青花发色有回青料加石子青料的特征，凸显微微泛紫，特别是肩部的留白如意云纹的青花发色更明显，有回青料的特征。另则，底面的平砂底有刀削痕且没有火石红，也是万历瓷胎的特点。

综上所述，该罐是明万历时期的民窑细路制品，有较高的收藏价值。

明万历青花"东方朔偷桃"故事纹瓷片

最长：14厘米　　**最宽**：12.5厘米　　**足径**：9.5厘米

微观图

　　这件瓷片画的是"东方朔偷桃"的故事。传说天上的神女西王母曾降临汉武帝的宫殿，汉武帝在大殿设宴款待西王母。西王母也带来了七只鲜桃，拿出五只给汉武帝品尝。汉武帝吃后确觉味道甘甜无比，想留核种植，但西王母说中原大地不易种此桃，此桃树三千年生一次果，吃了这桃可长寿万年，你朝的东方朔曾在天上三次偷吃了我的桃，他能活一万八千岁。这就有了"东方朔偷桃"的故事。

　　瓷片上的画面中东方朔双手捧桃在右，脸部低垂向左，真似一个偷儿的架势，逼真传神。然而我们还可看到整个画面的绘画有粗大明的风格，仅用三笔两笔即勾勒出整个画面。此作品应该是万历二十四年（1596）以后之作，因为其青花用料已是浙青料，因万历二十四年前是用回青料，回青料是微微泛紫的。

　　从其圈足的胎质看也是明代的，圈足外边缘的"一线红"与圈足足面微微泛浅棕色的点状火石红都可断定其年代该是明晚期万历时期的制品（这种宽厚斜圈足是康熙时期多有的，明代万历时期不多见，但也偶有出现）。

　　另外，从瓷片断裂的断面可看到其断面特征是明万历的。

 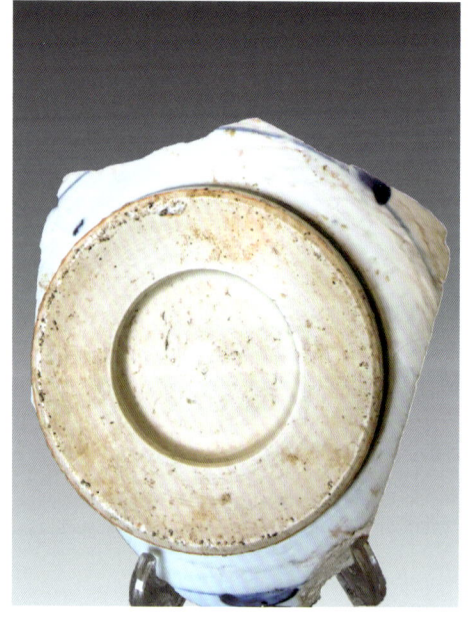

明万历青花人物故事纹大罐（一）

高：43 厘米　　口径：17.6 厘米　　足径：21.2 厘米

　　此件大罐高 43 厘米，可见器物硕大，年代为明万历时期，距今已有 440 多年，年代久远仍保存像这样基本完好，实为不易。

　　说它是明万历而不是明末的，理由是其青花用料有回青料加石子青料的特征，色泽微微泛紫，我见到了实物，实物比图中的泛紫更明显。万历二十四年（1596）以后用的是浙青料，浙青料与回青料两种青花色泽明显不同。

　　此罐绘画精细：如每片花叶的填色都不是大笔涂抹，叶片内的色泽都是用硬笔道，一笔一笔填充而成。其人物的脸庞、服饰的衣着都是一笔一笔画成。绘画技法虽没有康熙时期的墨分五色，也有了浓淡之分，并初显墨分五色。幅面多层纹饰几乎无空白处。此罐该是粗大明时期的精品。

　　底面与圈足古旧老到，陈旧感、熟旧感十足，微观图中可见老瓷的特征。

　　综上所述，此青花人物故事纹大罐是明万历民窑制品中的精品。

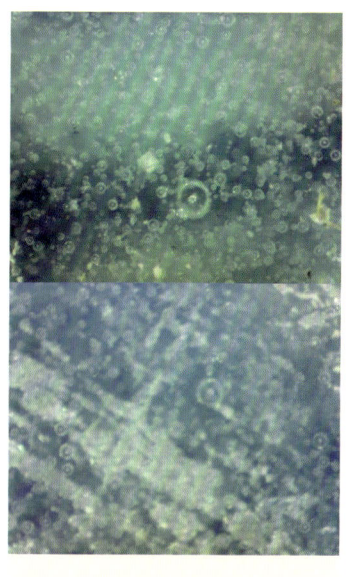

微观图

这样的气泡是矿物质才能形成的，化工料是不会有这样气泡的，特别是老器物有擦伤划痕，透视器物表面才有这样的微观。

四、明晚期　　039

明万历青花人物故事纹大罐（二）

高：35.2 厘米　　**口径**：14.4 厘米　　**足径**：18 厘米

微观图

　　该件青花人物故事纹大罐是明代的器型，是明早、中、晚哪一时期的呢？从器型上看与明早永宣、"空白期"，明中成弘正的都不一样。与万历时期的青花大罐一样，这在耿宝昌老先生的《明清瓷器鉴定》一书第 147 页的图 266 万历器型示意图上可以得到验证。可称其为将军盖罐，与清代的将军盖罐略有区别。不多见。

　　另外万历青花瓷的胎，常有不带火石红的胎，胎质显白润，细密硬朗，从图上可见我们的这件大罐正是这样的胎。其青花是用浙青料绘制的，因青花发色有浙青料的特点，可见此大罐是万历二十四年（1596）以后的制品，万历二十四年以前是用回青料。上下边饰是大朵的如意云纹和云中飞马图，这都是明中晚期多有的。整个器物包浆厚重、古旧感强烈，是明万历时期的民窑制品。

明万历青花瑞兽花卉纹胆瓶

高：24 厘米　　口径：4.8 厘米　　足径：8.2 厘米

　　这件青花瑞兽花卉纹胆瓶，年份好，是明万历时期的器型高雅的胆式瓶。看它的微观图，是绝老无疑。深棕色的死亡气泡遍布器身，其年代久远，微观里才有这样的气泡生成。

　　从图中器物圈足上看是老胎，有微微泛黄的火石红生成，纹饰绘画有万历时期粗大明的风格，三笔两笔就是一幅画面。青花发色有回青料和石子青混用的特征。底有烧制中自然生成的缩釉点即棕眼，亮青釉面，这些都是万历古瓷的特征。

　　综上所述，此件青花胆式瓶是明万历时期民窑制品。

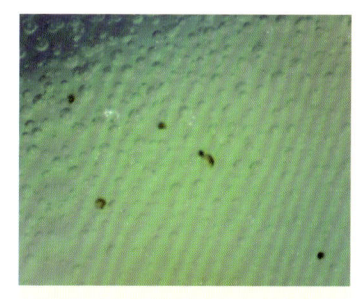

微观图

四、明晚期

明万历青花松鼠葡萄纹瓜棱罐

高: 19 厘米　　**口径:** 11 厘米　　**足径:** 14 厘米

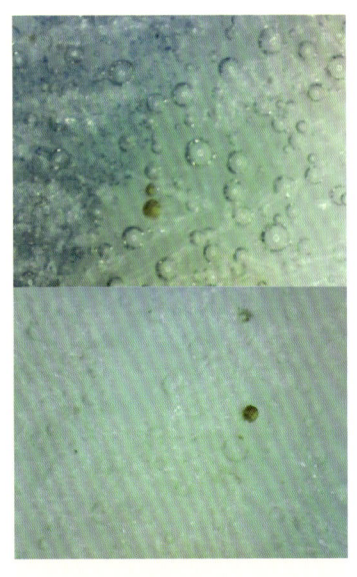

微观图

　　是的,眼睛可以看得很远,在古陶瓷上可以穿越历史,感受国宝,感受国宝所属的那个时代的文化内涵和它的社会属性。

　　这件青花罐是万历时期的瓜棱罐,这种瓜棱罐,只有明晚嘉万时期到明末天启崇祯时期有这种器型,之前之后都没有。要了解这些,就必须在实践中一步一步地走,一点一点地了解。了解它,掌握它,看准它。

　　这件是万历青花瓜棱罐的真品,在古玩市场里常能见到万历瓜棱罐仿品,真品仿品一对照,哪个真哪个假就出来了。真假面前不回避,是真是假拿依据。

　　真品不仅其腹部有瓜棱,口沿也该有瓜棱。纹饰绘画用笔自然,线条流畅。色彩绵软柔和,造型秀美;而仿品呢,线条生硬,笔触绵软乏力,造型呆板,色彩死气沉沉。真品的胎质没有火石红,这也是万历时期多有的胎质特征。而仿品是故意人造的火石红圈足。

　　这件真品的纹饰是松鼠、葡萄,这种纹饰是这个时期青花瓜棱罐的代表纹饰,是多见的。而其次还有松竹梅纹的,人物纹的极少。

　　综上所述,该件青花松鼠葡萄纹瓜棱罐是明万历时期的民窑制品,是明万历时期民窑细路制品中有代表性的器型,很有收藏价值。

明万历青花五彩"五子登科"纹罐

高: 20 厘米　　**口径:** 7.6 厘米　　**足径:** 11 厘米

微观图

　　这件青花五彩"五子登科"纹罐,有明显的明末的特征。但也要打破砂锅问到底,为什么说它是明末的,木头不钻不透嘛,为了解究竟,就得跟大家说清楚。看罐肩部的锦地小开光是明晚万历时期多有的,有这样几句小格言:空白期不空白,承上启下,青花之神宣德青花,万历的锦地开光不是虚夸,康熙的人物刀马。兔款是万历,特别是天启罐类青花瓷上多见的,这件青花罐是兔款。明末的绛釉口,这罐上可见到,青花发色沉稳亮丽,比康熙青花更深沉,色偏重些,是上好的浙料绘制。其纹饰是"五子登科",这纹饰是明末多用的。五子登科来源于民间故事,是五代后周时期燕山府有个窦姓人家(窦禹钧),5个儿子都品学兼优,先后科考及第上皇榜,所以有了"五子登科"这一典故。

　　这个时期"五子登科"纹饰的罐青花的多,像这件既有青花又加五彩的少见。其胎质是万历时期的,其微观图可见老化很深的死亡气泡,且古旧感强烈。据此,此罐是明晚万历时期的民窑制品。

明万历青花"渔家乐"纹罐

高： 19.8 厘米　　**口径：** 9 厘米　　**足径：** 12.2 厘米

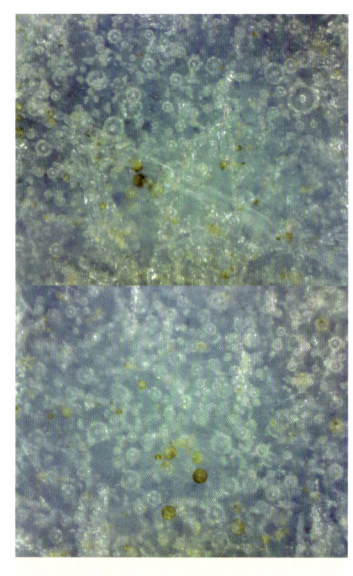

微观图

　　这件青花罐该是万历时期的，有这么几点可以说明它。肩部的锦地开光不是有这样的说法吗？"空白期"不"空白"承上启下；成化花叶画得像鸡爪；嘉靖云鹤杂宝八卦；万历多肩部开光不是虚夸；康熙博古人物刀马；雍乾讲究一意一画。其中说了万历时期的肩部开光，这也是收藏人的实践总结。这件罐上的肩部的锦地开光又是万字锦。寓意好，与金钱锦、星光锦都是常见的有美好寓意的锦地纹饰。

　　这件青花罐的主纹饰是"渔家乐"。"渔家乐"反映了民间生活情趣，即多有的渔樵耕读的生活内容之一，也是明清瓷纹饰中多有的。主纹饰有粗大明的风格，粗大明指明嘉万到明末天启、崇祯这个年代。其青花发色也有回青料加石子青料的特征。口沿有爆釉，圈足有一线红，这些都是万历青花瓷多有的特征。

　　综上所述，该青花渔家乐纹罐是明万历时期民窑制品。

明万历青花杂宝纹军持

高：15 厘米　　口径：3 厘米　　足径：7.5 厘米

这是一件器型不多见的青花瓷，叫军持。"军持"这个名字源于梵语，意思是"水瓶"。"水瓶"为僧人十八物之一，用以饮水和净手之用。

这件器物似壶又没有把，行里人常说："没有把有嘴的叫军持；有把没嘴的叫花浇。"这都是指明代青花瓷中的两个器型。

这件军持是外销瓷，也是万历时期的出口瓷，"克拉克"瓷的瓷器之一。从纹饰绘画上看有明显的粗大明的风格：三笔两笔就是一幅纹饰，粗犷豪放。

看其青花用料是"回青"料，回青料是从明正德后期到万历二十四年（1596）以前，这段时间景德镇生产用的青花料。蓝中泛紫，是与石子青料合用的。勾边是 10∶4，涂色是 10∶1；从图上看其圈足的胎有明万历的特征，有浅棕色的火石红，釉面是微微泛灰的亮青釉。

综上所述，该件青花瓷是明万历时期的外销瓷军持，"克拉克"瓷之一。

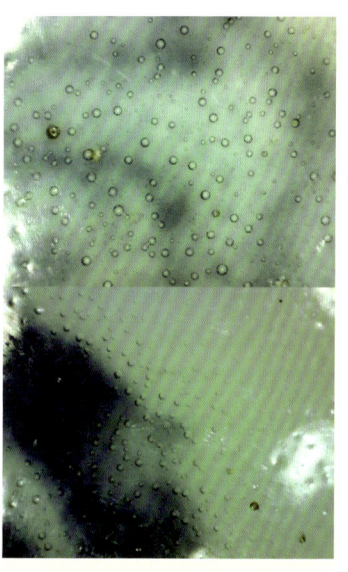

微观图

四、明晚期　　045

明万历松竹文字"福禄寿"纹青花罐

高：24.7 厘米　　口径：5.3 厘米　　足径：10.4 厘米

微观图

微观图中可见明代微观图中气泡多大个的，而清代则不然，清中多大气泡，清早晚多小气泡。

　　用松枝做字呈现在松竹图中是明嘉靖、万历时期独有的，其他朝代很少见或是不见，这一点也是青花瓷断代的一个亮点。

　　青花用料有回青料加石子青料的特征，即微微泛紫，由于加进石子青料的多少不同，其回青泛紫的特征也有不同，这一点如多上手多观察即可得知。特别要多与浙青青花瓷器物比对，找出浙青与回青的不同。万历二十四年（1596）以后都用浙青料了。

　　从其圈足的制作、纹饰的绘画风格与绘画技法都有粗大明的特征。应注意的是从圈足的胎质看几乎没有火石红，这也符合万历瓷器的特点，明清瓷器中，万历、康熙两朝常能见到露胎处的胎上没有火石红。

　　器物底面书写的"大明万历年制"是标准的万历朝官窑款识，"厤"字写成"厤"，萬字写成"萬"而不是这样写"萬"。仿品不注意这些，都写成"厤"、"萬"。因此，这件松竹文字"福禄寿"纹青花罐是明万历本朝官窑制品无疑。

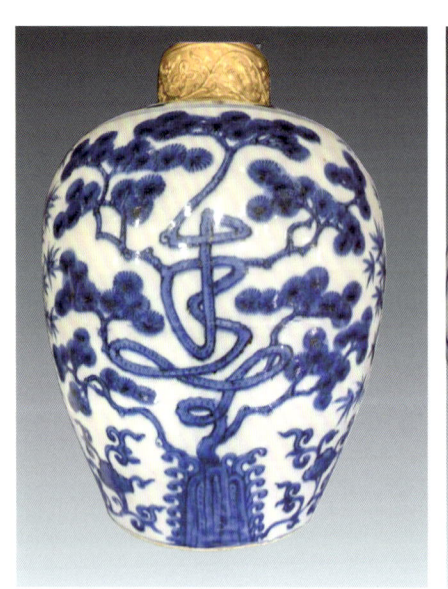

五

明末期

明天启青花鸳鸯池花鸟花口大碗

高: 8 厘米　　**口径**: 24 厘米　　**足径**: 13 厘米

　　碗是生活实用器,造型与纹饰一般没什么太多的讲究。可这只碗不同,器型讲究,纹饰非同一般,碗的主纹饰是"荷塘鸳鸯",碗外墙的纹饰是白鹭配莲花,寓意"一路连科"。而且纹饰绘画十分讲究,碗口是花口,外墙有上边饰下边饰。可谓古朴典雅的造型,多姿多彩的纹饰,晶莹艳丽的釉色。整个器物深沉多姿,凝重华贵,纹饰绘画笔道刚劲有力。都是采用双勾填色的绘画技法。水面是明末清初多用的硬笔道,而不是平涂。

　　碗底面有明末天启多用的青花兔款,平切圈足,而不是清早康熙雍乾时期的泥鳅背。青花发色微微泛灰,这都是明末天启青花瓷的特征。

　　综上所述,该件青花鸳鸯池花鸟花口大碗是明末天启时期的民窑制品,属精品细路瓷。

微观图

明崇祯青花山水人物故事纹大碗

高：16厘米　　口径：36厘米　　足径：18厘米

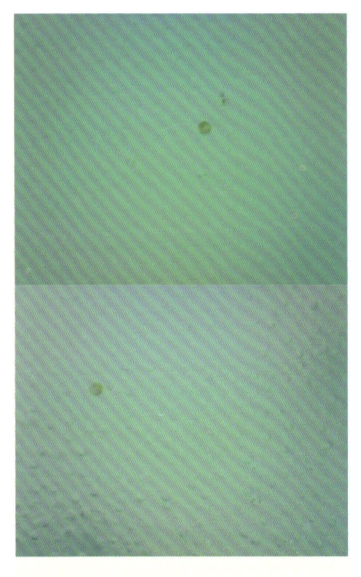

微观图

　　这件青花山水人物故事纹碗最大的亮点是硕大，口径达到36厘米。从图上看，可见其壮观。且绘画之精细，器物之完整，这么薄的薄胎，难保存之器，距今已将近400年，仍还完整，实属少见。

　　画面中的远山近水，小船在水中荡漾，高士骑驴，山间行走，随从挑担跟随其后，柳荫之下，小桥旁几位老者坐地席饮，畅谈人生事。碗心里有鱼藻纹。一鲤鱼缓慢游动，自由自在，这一切都甚有生活情趣。

　　青花发色虽不是很艳丽，但很淡雅，温故知新。绘画技法虽无康熙时期的墨分五色，但也有深浅的层次感。

　　说它是崇祯的，重要的是从绘画技法上，从圈足的胎体色泽上看，比清初清早期早些，是明末的。

　　综上所述，此硕大型青花碗是明末崇祯时期的民窑细路制品。

明崇祯青花葫芦型花卉纹净水瓶

高：19.5 厘米　　**口径**：3.5 厘米　　**足径**：6.3 厘米

　　这件青花瓷有其特殊点：特殊点之一是器型呈葫芦状，又是净水器，也可称净水瓶。特殊点之二是"正"字款，据有关资料记载，"正"字款的青花器是明代中期弘治、正德，晚期天启、崇祯时期都有的，而在耿宝昌老先生的《明清瓷器鉴定》一书第377页上载：崇祯的青花山石海水杯上有"正"字款，别无其他朝代有此款的记载。

　　同时我们用高倍显微镜、电脑等设备拍摄了这件净水瓶的微观图，有较多的老化死亡气泡，说明此瓶是老的。

　　再者看其青花用料是上等浙青料绘制，按照青花用料，可知弘治、正德时期的青花用料该是平等青料，只有天启崇祯时期用"浙料"。

　　我个人看法此青花葫芦型花卉纹净水瓶应是明崇祯时期的外销瓷。

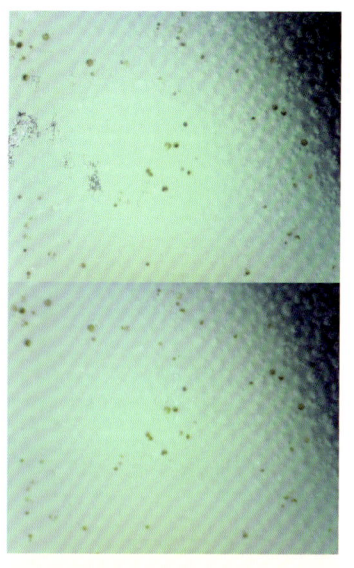

微观图

五、明末期　　051

明崇祯青花花卉花鸟莲子罐

高：15.5 厘米　　口径：7.5 厘米　　足径：6.4 厘米

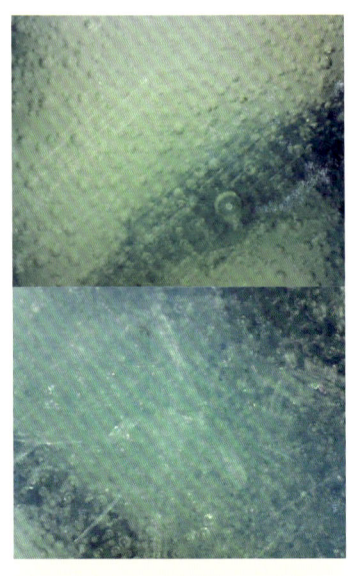

微观图

　　莲子罐是明清瓷器中高档的器型，因其形状像莲子而得名，"莲子"寓意多子多孙，所以备受喜欢而流行。莲子罐创烧于崇祯时期，流行于明末清初，康熙时最盛，特别是青花莲子罐式样多种。莲子罐这种器型官、民窑都有烧造。百姓喜欢，宫廷里也多有。这件图上展示的莲子罐是一件莲子罐的标准形。之外还有变异形莲子罐，如鼓形莲子罐，不多见，档次略高。还有上小下大形制的矮胖的等也都称莲子罐。

　　莲子罐说是明末清初多有，实际准确地说多在崇祯和康熙。其青花发色、形状很难区分，但行里人有一个不成文的习惯分法：即上肩部、口沿下方和足上方有暗刻的都归类到明崇祯。实则有时看其崇祯和康熙的青花发色也有不同而可以区分开。

　　这件莲子罐肩部和足上方都有暗刻，所以该罐该是明崇祯时期的。同时我们看其青花发色也有崇祯时期的特征，比康熙青花更沉稳，比康熙翠毛蓝色略深些。

　　再看该罐的胎质硬朗细密，已有陈旧包浆，釉表及青花彩面都有温润的古旧感。因此该件器物首先说它是老的，并是明崇祯民窑细路制品。

明崇祯青花人物故事纹莲子罐

高：25厘米　　口径：14厘米　　足径：11.4厘米

这件莲子罐说它是崇祯时期的，有以下几点依据。其颈下、足上有暗刻纹，行里人都把有无暗刻作为区分崇祯与康熙的最重要的依据，有暗刻的定为崇祯，无暗刻的定为康熙，事实上崇祯时期这种青花瓷也有无暗刻的，那就要从其他方面来判断了。这件青花人物莲子罐有暗刻，实物我上手看了（图上暗刻纹看不清楚），因此说它是崇祯时期的。

另外，其青花发色也是崇祯时期的，比康熙时的色略深，更沉稳、深重些。器物纹饰的地面上有崇祯时期才有的竹编草，也叫鱼鳞草。从其圈足的胎质上看有明末清初的特征。

综上所述，这件青花人物故事纹莲子罐是明崇祯时期那批档次较高的民窑细路瓷的制品。

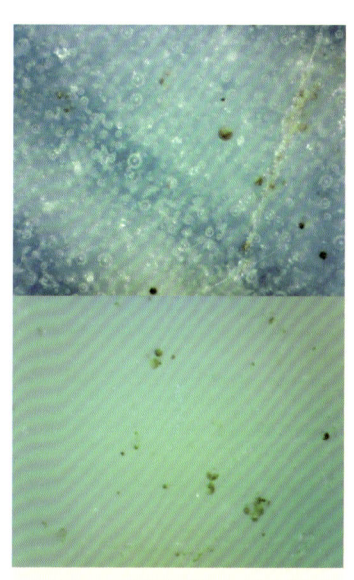

微观图

明崇祯青花人物故事纹蒜头瓶

高：36.5 厘米　　**口径**：5.5 厘米　　**足径**：12.5 厘米

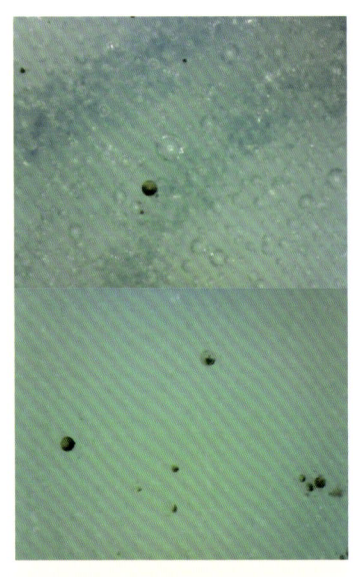

微观图

托尔斯泰有句名言："人生的价值并不是用时间，而是用深度衡量。"时间与深度即数量与质量的关系，人生是这样，收藏更该是这样，求深度，求质量。

我们仔细品味这件瓷器，就该是我们收藏中要追求的有深度有质量的藏品。

首先说其器型是一件高雅之器，蒜头瓶不仅高雅，存世量还少，也是受收藏人们赏识追求而求之难得之器型。

蒜头瓶是明清瓷器景德镇窑烧制的器型，仿造汉代青铜蒜头壶。瓷制蒜头瓶创烧于宋代，流行于明清。

这件青花人物蒜头瓶有明末清初青花瓷的特征，不仅从绘画技法、人物着装、青花发色都能判断其是这个时期的制品，特别是地面多有的竹编草，也叫鱼鳞草，竹编草从明崇祯时期开始出现在瓷绘上。

再看其瓷釉面的微观图，死亡气泡色深，形态自然，气泡边沿清楚，是明末清初瓷面微观的特征。

其釉面光亮平整呈现粉白色，再看其圈足胎质硬朗细密是明末清初的胎质。圈足上有四个黑色垫片，是欧洲回流器物。

综上所述，此青花人物故事纹蒜头瓶是明末清初的民窑细路精品瓷。

明崇祯青花"进戟图"纹筒瓶

高：46 厘米 **口径**：13 厘米 **足径**：14 厘米

　　这件硕大的筒瓶虽称不上奇绝，也可以说是难得、少见。高近半米，而且年份好，初步可断它是明末清初的，准确地说是崇祯时期的。

　　筒瓶是清初最时尚的器型，因寓意天下一统。从青花发色上看，应是明崇祯的。但崇祯时期的这类器物如筒瓶、莲子罐等多数的肩部、足上方都有暗刻花纹，少数也没有，这件就没有这样的暗刻花纹。

　　再者看它的底足平砂底的制作工艺，也是明末的，有刀的刮削痕，而到了清康熙时期多为旋削式跳刀痕。另者从绘画技法上说，墨分五色也不明显，康熙时期的山石的披麻皴、斧劈皴这上边都没有。但崇祯时期出现的鱼鳞草在这上边却很突出，遍地都是。

　　人物故事是崇祯时期多有的"进戟图"，寓意连升三级，进戟进的是三支戟。

　　综上所述，此青花"进戟图"纹筒瓶是明末清初崇祯时期的一件民窑精品瓷。

微观图

微观图上有老化的死亡气泡，器物表面有温润的古旧感、熟旧感。说明是件老器物是没问题的。

五、明末期　　055

明崇祯青花人物故事纹香炉

高：16.8 厘米　　口径：20.4 厘米　　足径：12.8 厘米

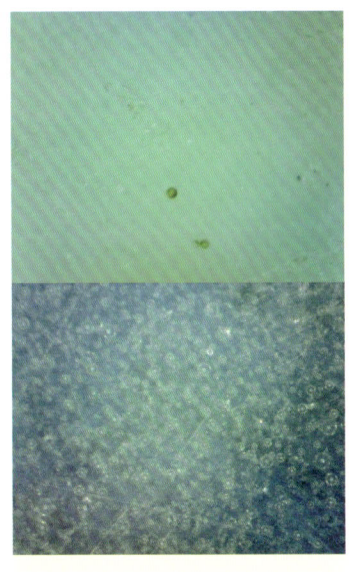

微观图

这件明崇祯青花人物故事纹香炉就是我在本书中谈另一件康熙青花山水人物炉时提到的其形状略高一点的崇祯青花炉，可翻到那一页做比较。确实这件比那一件是另外一种美。

两件炉是两个时期烧制的，都是用的上等浙青料，但由于烧制炉温和烧制工艺的不同，其青花色泽也有不同。

这件青花炉让行家一看就会说："开门，开门的老。是的，是开门的老。"从底图上看就显而易见，自然的缩釉点（棕眼），明末清初的胎质及老气十足的包浆。还有崇祯时期才有的鱼鳞草，而它的青花发色很接近康熙时期的，也许会有人说它是康熙时期的，这一点我是这样看的：首先器型不是康熙时期的，另外康熙时期，突显特有的分水法——披麻皴、斧劈皴它没有。当然也有共同点，而这炉上的瓷胎很像清康熙时期的。

朋友们，让我们都从实践中不断学习提高，要记住："虎行风，龙行雨，只要脚踏实地肯努力，你收藏圈儿里准有戏。"

综上所述，这件青花人物故事纹香炉是明崇祯时期的民窑精品瓷中的精品。因崇祯时期落款的官窑很少，或说很少有官窑落款，这件青花炉这么精细，至少是达官文人们使用的。

056　明清瓷器识真（续篇）

明崇祯青花"萧何月下追韩信"人物故事纹长颈瓶

高: 39.6 厘米　　**口径:** 6.2 厘米　　**足径:** 11.2 厘米

　　这件青花长颈瓶是明末清初的,从其青花发色上看,可把它归结到崇祯一朝。这器物上的人物故事值得一提,是"萧何月下追韩信"。这篇故事取自《西汉演义》一书,这出史书,也有民间版本。我按民间版本说给大家,说的是韩信本在项羽手下,他有勇有谋,是天下无双的军事家,但得不到重用,后来想投到刘邦麾下。有一天刘邦召见韩信,刘邦却在那边洗脚边与他说话,韩信一气之下拍马便走,打算放弃召见离开刘邦。萧何得知后,告诉刘邦说韩信可是你将来打天下、治理天下不可少之人。这时,刘邦命萧何去追回韩信,便有了这段"萧何月下追韩信"的故事。刘邦能得天下,也是注重营造人脉,抓住机遇手不软,且勤奋执着,才有了得天下的轰轰烈烈建立汉朝。

　　这件青花长颈瓶的青花是用上等浙青料绘制的,有崇祯时的绘画技法,特别是远处山上面的松树,有崇祯时期的独特绘画特征。柳树枝条的绘画更有崇祯时期的特点。不仅是"一叶知秋",而是一叶知时代,"一叶可断代"呀。

　　往往崇祯和康熙青花瓷很难区分,多是把上下有暗刻纹的归到崇祯,而有些是崇祯的,但却没有暗刻纹,那是多数有但不全有,那就要靠看其绘画技法上的特征和青花发色的特点与感觉来判断了。这件就是,凭这两点,我把它归结到崇祯时期的。

　　从该器物的微观图上,看到已有深棕色的死亡气泡生成,说明其年代久远。

　　综上所述,该青花"萧何月下追韩信"人物故事纹长颈瓶是明崇祯时期的民窑细路制品。

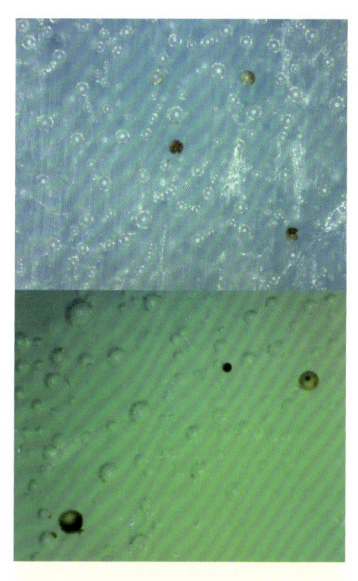

微观图

五、明末期

明崇祯青花"竹林七贤"人物纹葫芦瓶

高：33.5 厘米　　口径：4 厘米　　足径：11 厘米

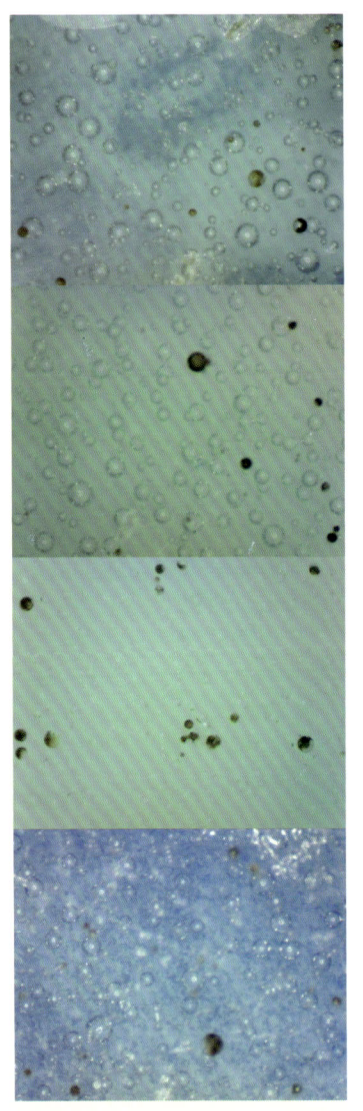

微观图

这件青花葫芦瓶，从其微观图上，可看到釉里有深棕色的死亡气泡生成，证明它年代久远，是老的。

这件青花葫芦瓶实物我上手看了，纹饰画的是"竹林七贤"，"竹林七贤"是说东汉灭亡后，魏晋时期名士集团里的七位文人贤士：阮籍、嵇康、阮咸、王戎、山涛、向秀、刘伶，史称"竹林七贤"，时常在竹林里饮酒作乐，痛饮吟诗，弹琴唱歌。他们的故事很多，这里不细说。"竹林七贤"是明清瓷器上多有的画片和故事题材。

这件青花葫芦瓶的青花发色沉稳，色深浓艳，有明崇祯青花色彩的特征。圈足有深重的包浆和传世品的使用痕。

特别是其器型"葫芦"寓意是"福禄"，自古即被认为是招财纳福的吉祥物，在家里放一葫芦能带来好财运，时来运转。

综上所述，该件青花"竹林七贤"人物纹葫芦瓶是明末崇祯时期的民窑精品瓷。

明末青花花卉碗

高：7.2 厘米　　口径：15.6 厘米　　足径：7 厘米

现在我跟藏友一块儿来玩"推敲"，推敲本文中这件瓷器的真伪美丑，还有年代。

我说这件青花花卉碗是明末清初的，又倾向于明末。首先说它是一件老瓷，一是有老相，有古旧感，表面的陈旧感、熟旧感，这是直观给我们视觉上的感觉。从仪器摄制的微观图上可看到釉面里有死亡气泡生成，说明此物年代久远。

说它是明末崇祯的有三点理由：一是青花深沉，比康熙时期的色深重些；二是釉面泛灰，非清代康熙时多泛绿；三是康熙这样的碗多高深圈足，这件这样的圈足多明末。

综上所述，此碗是明末崇祯时期民窑制品，是件生活实用器。

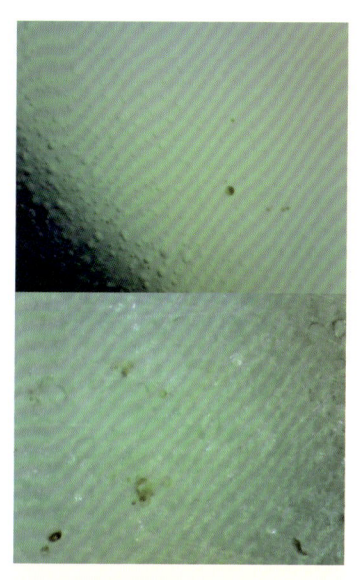

微观图

五、明末期　　059

明末清初青花人物故事纹粥罐

高：16厘米　　口径：15.5厘米　　足径：12厘米

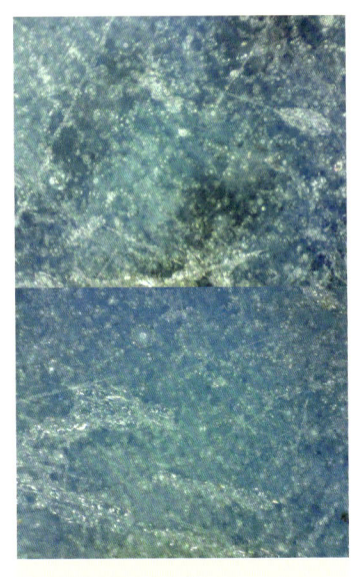

微观图

　　粥罐是明清瓷器的器型，始见于明晚期，现市面和藏界多见的是明末清初和以后的粥罐。这期间不同时期的粥罐器型又各不相同，这件青花人物故事纹粥罐显见是明末清初的。其明末清初的特征有五：其一，平砂底中心有小釉脐，是明末清初的特征。其二，罐的两侧上方各有两个孔是拴系用的，孔上固定金属件，金属件体上拴绳以便将粥罐提起。清中晚期都不是这样的。其三，口沿边饰是火焰纹点饰，是明末清初多有的。其四，亮青釉面，青花绘画仅有墨分两色，而不是康熙时期的墨分五色。其五，粥罐的器型也是明末清初时期的粥罐造型。

　　明末清初距今已有360余年，而这样一件百姓手中的生活实用器仍然保存这样完好实属不易。（应该有盖，盖已失群。没盖也难得。）

明末清初青花五彩锦地开光花卉罐

高：20 厘米　　口径：8.5 厘米　　足径：11 厘米

"罐"是陶瓷器的基础器型之一，我国在新石器时期已有带耳的带提梁的陶罐。

从陶过渡到瓷有个原始青瓷，原始青瓷创烧之初就印有凹弦纹、云雷纹等花纹的青瓷罐出现。往近了说，明清瓷器里"罐"更普遍，有各式各样的罐：如将军罐、太白罐、粥罐、壮罐、人头罐、冬瓜罐、围棋罐……

本文中的这件该叫"人头罐"，酷似人的脑袋而得名，明清瓷器里都有。这种又分砂口罐和釉口罐。砂口罐多是清代的，釉口罐多是明代的。

这件罐是釉口的，该是明代的吧？不，它是明末清初，不排除清初，我看说它是康熙早期也可以，但最准确地说还是明末清初吧。理由是这种锦地多在明末，其肩部和足上方的火焰形边饰也多在明末，青花发色也倾向于明末，同时牡丹的着色画法是清初也有的，胎质也是这个时候的。总之，明末清初的特征明显，任何人也不会说它是清中、清晚或嘉万时期的。

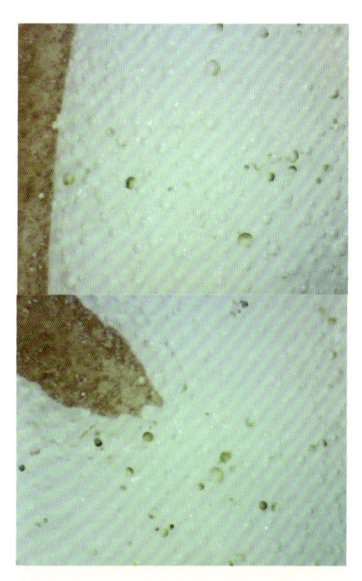

微观图

五、明末期

明末清初青花五彩龙纹炉

高: 13 厘米　　**口径**: 19.8 厘米　　**足径**: 11.2 厘米

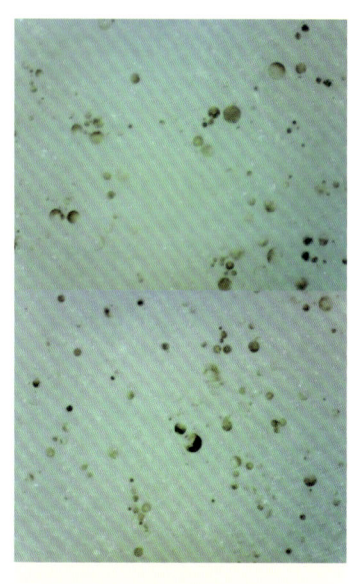

微观图

　　这件青花五彩龙纹炉可以说是：好马不用鞭催，好鼓不用重锤；好瓷光环在身，自会迎来好口碑。看这龙纹的绘画完美大气，笔墨线条，奔放流畅，龙的气势雄健，登云蹈雾，有一飞冲天之势。龙身有釉下青花绘画，又有釉上五彩装点，色彩艳丽，华贵、沉稳，不俗不躁。

　　说它是明末清初的，依据如下：圈足与底面的胎质细密硬朗，有一层莹润的包浆，是明末清初的胎质。底足有釉和无釉的相交处有一线红生成。这是明晚明末清初多有的。口沿的棕色酱釉口，也是明末清初多有的，绿色微微泛黄青花发色沉稳也是这个时期的特征。龙纹的绘画技法与龙纹特征也是这个时期的。

　　特别值得注意和重视的是其微观图里老化的死亡气泡甚多，密集色深，可见其年代久远。

　　综上所述，此件龙纹香炉是明末清初民窑细路制品，现市场上不多见。

明末清初青花折枝花卉器座

高：23.5 厘米　　**口径**：8.4 厘米　　**足径**：15 厘米

　　这件瓷器是一个藏友在南方一个地摊上淘到的，又被北京一个古玩店老板收购。这个古玩店老板是位玩古瓷资深的行家。在我心目中，开古玩店的老板，甚至地摊摊主，眼力都十分好，因为他们的眼力都是用钱买出来的，也可以说是用汗水、泪水换来的，我也经常跟他们交流，向他们学习。

　　这件青花瓷是件器座，这种器座我碰到的多是明代和清早期的，这件应该是明末清初的。从其器底上看是平砂底，有旋削式跳刀痕，已是清初了。又是二层台圈足，胎表已有火石红呈现，有康熙时期的特征。青花发色柔和，有深浅向背之分，折枝花卉绘画技法细腻，有康熙风格，不是明代的粗犷豪放，而是清代的富丽华贵感。

　　从微观图上可以看到多处有死亡气泡生成，而且是深棕色，气泡密集有破损痕。

　　综上所述，此青花折枝花卉器座是明末清初民窑制品。

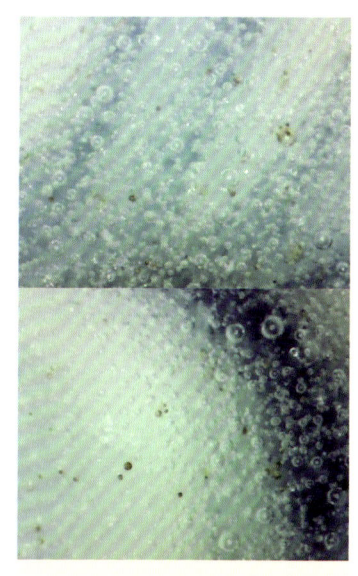

微观图

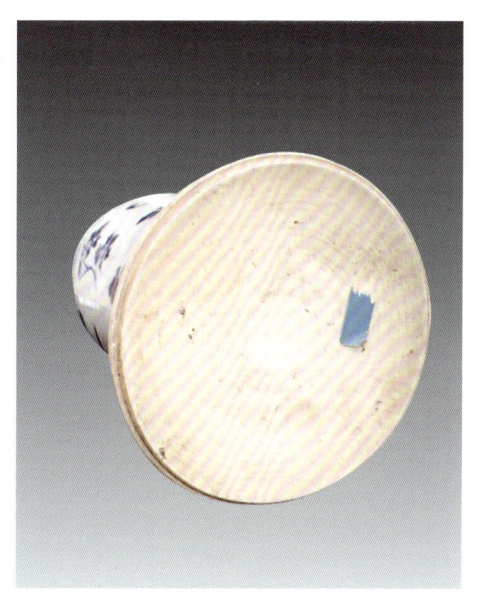

五、明末期

明末清初青花折枝花卉纹大莲子罐

高：25 厘米　　口径：15 厘米　　足径：13 厘米

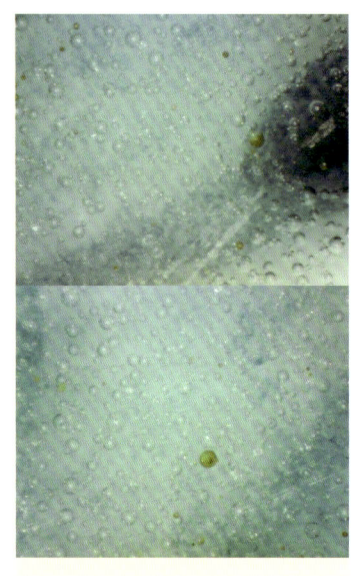

微观图

  这件器型较大、年头又好的青花折枝花卉纹大莲子罐是我从北京程田古玩城得到的素材。纳入此书的，也是藏友间多交流的成果。

  这件莲子罐该是崇祯、顺治时期的，其青花发色就给出了答案，微观图也证明了这一答案。与康熙时期的青花发色不同，没有康熙时期上等青花那么艳丽青翠淡雅。康熙时期的三种青花颜色是翠毛蓝、普蓝、深蓝，普蓝微微的泛灰。这件既不是翠毛蓝，也不是微微泛灰的普蓝，更不是深蓝，康熙的深蓝比这件的蓝色更深些。

  这件莲子罐的老气不仅在圈足上能看到，上口的内口沿露胎处也能说明问题，是老胎并有老的包浆。器表釉面有温润的古旧感。

  综上所述，此青花大莲子罐是一件档次较高的民窑制品。

六 清早期

清素三彩塑雕鹦鹉

高：21厘米　　**足径**：8厘米　　**长**：20厘米

　　该件瓷器是塑雕，又是素三彩，造型鹦鹉。鹦鹉别名鹦哥，是小型攀禽品种，对趾型足即其足上的两趾向前两趾向后，适合抓握。鹦鹉原产于澳大利亚，是一种爱叫的鸟，性情活泼且易于驯养，并有善学人语的技能，是中国民间最喜欢的宠物鸟之一。

　　市场上有各式色彩品种的鹦鹉塑雕制品，但如本件素三彩的少。本品制作精良，色彩淡雅，鸟儿形神皆备。

　　在古代，鹦鹉不仅民间大众喜欢，社会上层也很青睐。很多古代剧目中都有鹦鹉出现，比如说有"鹦鹉学舌"的故事，比如电视剧里和珅就把会说话的鹦鹉献给太后老佛爷。

　　这件素三彩塑雕鹦鹉的露胎处，可见胎质厚重与整体的包浆一样老到灿然。古旧感强烈，是件清代的欣赏把玩之物。

清顺治青花缠枝花卉纹小炉

高: 8.2 厘米　　**口径:** 15.8 厘米　　**足径:** 8.4 厘米

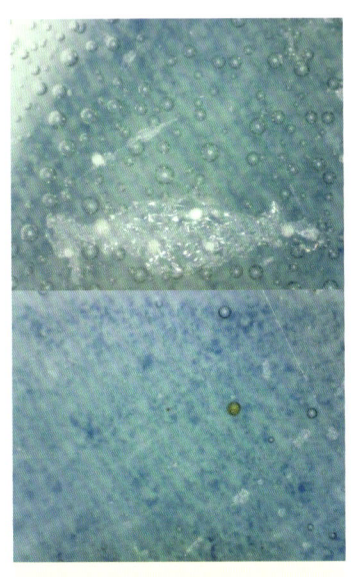

微观图

　　顺治时期的青花瓷器青花色彩大多是泛灰，像这件青花发色艳丽的很少，这样器型的小香炉是顺治时期多见的。从图上可看到花叶的填色的涂抹有阴阳向背色深色浅的变化。口沿下方的边饰是明末清初多有的火焰纹。釉面微微闪青，也是清早期青花瓷釉面的特征。如此一件普品，该是顺治时期的香炉中的一件典型器，收藏爱好者有机会该收藏。我们收藏爱好者的玩法是："从低级到高级，以多品种创格局，两者携手同行有如我和你，玩出小名家大手笔，慢慢来，别着急。"

　　此件青花缠枝花卉纹小炉，从整体的釉面、圈足，见到的胎面上都有了温润的包浆，有古旧感、熟旧感，是件老器物不容置疑。而且是顺治时期的民窑细路制品。

068　明清瓷器识真（续篇）

清顺治青花花卉碗

高：6.2 厘米　　　**口径**：12.2 厘米　　　**足径**：6.6 厘米

这件青花碗太普通了，是一件民间百姓的实用餐具。对这个碗冷眼一看，有人会说它是明早期洪武时期的。实则不然，差了一个朝代，它是清早期顺治时期的。

说它是明洪武时期的，有这样两点考虑：一是绘画技法是一笔点画；二是青花发色有明早期土青的特点。

确定它是清早顺治时期的理由：一是这件碗不是景德镇生产的，胎就不是景德镇的，是北方磁州窑系列的小窑口生产的，这些小窑口的工艺技法落后于时代，清早期还采用一笔点画的绘画技法。青花用料是采用下等浙青料近似于土青的青花料。因此，有人把这件清早期的看成是明早期的了。二是碗底面有黑色的纹饰，是青花纹饰没有上釉，烧出来都是黑色，碗底里的黑色纹饰就是这个原因。没有釉的青花纹饰就是黑色。

综上所述，该件青花花卉碗是清顺治时期的一件民间实用器。

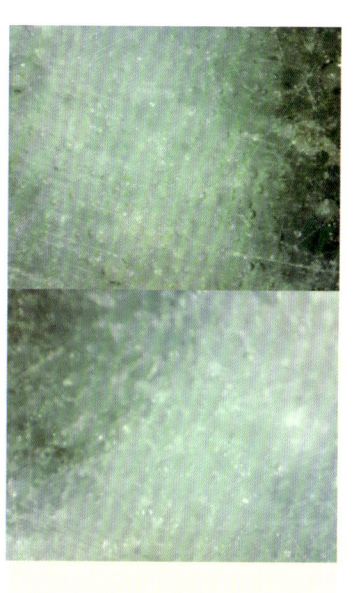

微观图

六、清早期　　069

清顺治青花龙纹炉

高： 23 厘米　　**口径：** 33.5 厘米　　**足径：** 20.8 厘米

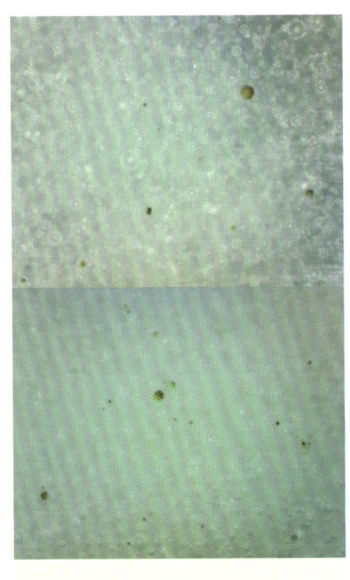

微观图

看到这件青花龙纹炉时，会更让你陶醉。我们说一件好的古瓷是无言的诗，是立体的画。该件青花炉上的龙凶猛矫健，有一飞冲天的感觉，确是一幅立体的画。让懂明清瓷器的人一看便知是清早期龙的姿态。而清中晚期绝不会有这样的龙出现在瓷器的纹饰中。小小的几片云，又把画面中的龙提升到蓝天云雾中，增添了龙的气势。龙的身下是大海的波涛，蓝天大海加飞龙，是一幅很有品位的立体的画，很富有诗意哟。

从该龙纹青花炉底面的平砂底和圈足上能看到硬朗细密的胎质和旋削式跳刀痕，还有圈足的泥鳅背，都是清早期瓷器底足的特征。

再看其微观图，有老化的死亡气泡生成，再加上炉口部的浆釉口都足以证明该炉的年代——清顺治时期的民窑精品瓷。

070　明清瓷器识真（续篇）

清顺治青花五彩锦地花鸟纹罐

高：27.2 厘米　　口径：8 厘米　　足径：12 厘米

这件青花五彩锦地花鸟纹罐的红色锦地，明末清初多有，又是砂口，应定其为明末清初天启、崇祯、顺治三朝中的顺治；罐上的其他特征也证明了它是清初顺治的，罐的器型是清初的，较瘦高，到了清中晚期，这种罐多矮胖、墩实些。明代的正与之相反，靠前一点的，明中期成弘的罐扁圆的多，而嘉万到天启、崇祯，瘦高的多。与清的区别，还有多釉口，清多砂口。

这件罐的釉上红彩是明末清初、清早多用的枣皮红，绿色微微泛黄，不是清晚多深绿，色深。再看它的底面是有刀削痕的平砂底，微微里凹，这是明末清初罐底的特征。清早以后不这样，而是有旋削跳刀痕。

微观图上的死亡气泡都是黑色了，比深棕色还重，说明其年代久远。

综上所述，该罐是明末清初顺治时期的民窑制品。有时代的代表性，有一定的收藏价值。

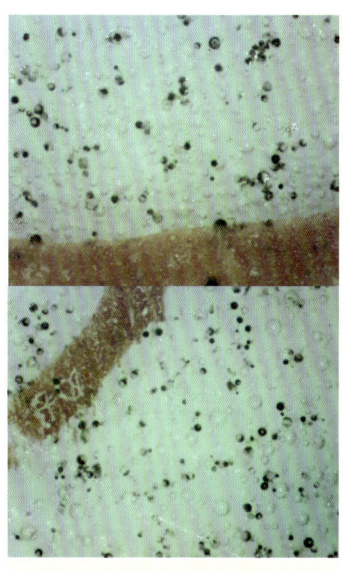

微观图

六、清早期　　071

清顺治青花五彩麒麟纹炉

高：11厘米　　口径：23.4厘米　　足径：11.5厘米

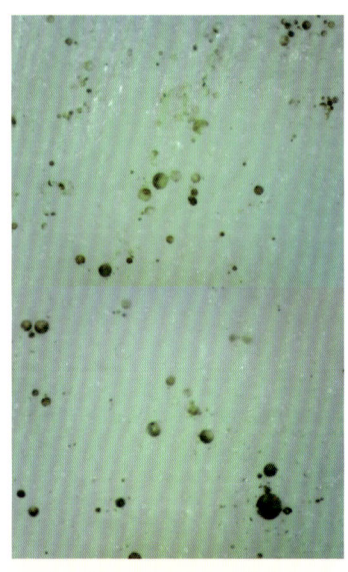

微观图

　　这件青花五彩麒麟纹炉老气挂相，微观图上深棕色的死亡气泡众多密集，该炉是件开门老的器物，能下定论。

　　至于年代，我认为是明末清初也叫过渡期的。过渡期包括天启、崇祯、顺治三朝。这件炉更准确地说是顺治时期的，理由是从底面的胎质看硬朗但粗糙，有泛黄的火石红生成。圈足和底面的做工也较粗糙，而到了康熙时期则很细致，胎质也细。崇祯时期的也比顺治时期的细致。青花有顺治时期的特点：泛灰。再者有酱釉口也是其特征之一。

　　综上所述，此炉是清顺治时期民窑制品。

清顺治青花五彩人物纹筒瓶

高：39 厘米　　**口径**：12 厘米　　**足径**：10 厘米

　　这件青花五彩人物纹筒瓶该是明末清初的，这三朝的瓷器特征大体相同。历时总共42年，其中天启7年，崇祯17年，顺治18年，三个朝代时间都不长。虽然时间不长，明末清初在明清瓷器里却有一定的位置，特别是崇祯的青花瓷，不可小视。还有这件筒瓶的青花五彩瓷，对当今藏界也有一定的影响力。

　　这件青花五彩筒瓶上的红色鱼鳞纹锦地是明末清初五彩瓷上多有的，有其时代特征。从这件筒瓶上还可看到其青花发色偏灰，这也是顺治青花的特点。再者深棕色的绛釉口，也是明末清初的特征。筒瓶是那个时代最时尚的器型，也是当今收藏玩瓷人们的青睐和追求。据这件瓷器上的古旧感与各项特征，可断其是清顺治时期民窑制品。

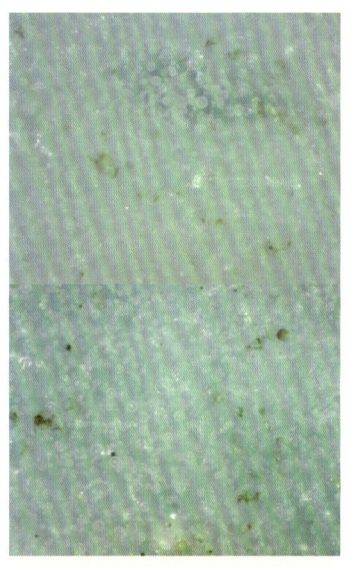

微观图

六、清早期

清顺治五彩锦地开光花卉纹筒瓶

高: 40.5 厘米　　**口径**: 11.2 厘米　　**足径**: 11 厘米

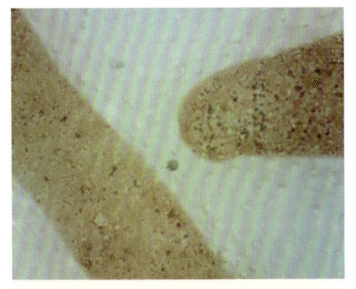

微观图

　　筒瓶是明末清初出现在瓷器生产中的，是清初最时尚的器型，因为寓意天下一统，也叫一统瓶。

　　筒瓶多为青花的，也有釉上彩瓷，少见单色釉的。这件五彩筒瓶是顺治时期的，这种顺治五彩筒瓶，光绪民国时期的仿品较多出现在当今的市场上。希望大家力辨真伪。

　　我曾在电视节目中说过这样一段话："到了秋天穿秋裤，谁也挡不住；一场秋雨一场寒，到了冬天要穿棉；假的会输给时间，真的会成为永远。"

　　这件顺治五彩筒瓶是一件真品，很开门。为什么这样说呢，理由有如下几点：首先看底足，制作方法是手工刮削，有刮削痕，胎质有明末清初胎质特点，老旧包浆厚重，纹饰绘画中的红色锦地是这个时期多有的，明末清初时期的立体或笔筒常在开光中画主纹饰，我手中就有几件这样的标本藏品；其次，红彩是呈枣皮红色，瓶口是明末清初多有的褐色绛釉口；最后，器物整体古旧感强烈，与光绪、民国时期的仿品光泽不一样。

　　综上所述，此筒瓶是清顺治时期民窑制品，很开门。

清顺治五彩庭院人物故事纹将军罐

高：26.5 厘米　　**口径**：13 厘米　　**足径**：13.5 厘米

　　这件青花五彩庭院人物故事纹将军罐，从其将军罐的器型上看，较之康熙的要早。青花发色蓝中泛灰，有顺治青花的特征，肩上方口沿下的边饰也是明末清初多有的边饰画法。众多仕女脚下的鱼鳞草（竹编草）也是崇祯时期开始有的，也是这个时期多画的。其红色是枣皮红，也是明末清初的特征。再者仕女头上的黑彩之上都涂有一层玻璃白，也是明末清初的特征，因其黑彩里不像清中晚期，加了铅粉之后，着色牢固不用再在黑彩上加玻璃白固定着色。罐的口沿涂有绛釉口，也是明末清初的特征。平砂底中间有一小釉脐也是这个时期的特征，而不像康熙以后平砂底上有旋削式跳刀痕。这个上也没有。画面人物众多，绘画典雅细腻，色彩温润。

　　综上所述，此件青花五彩庭院人物故事纹将军罐是明末清初顺治时期的民窑细路精品之作。

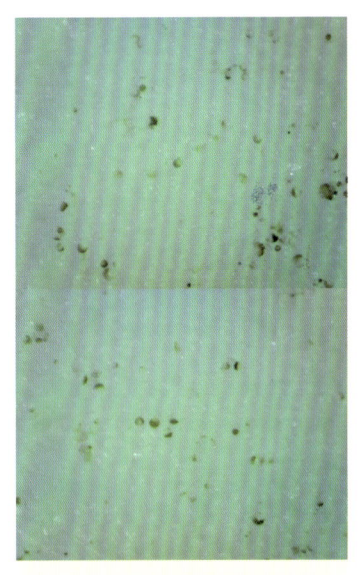

微观图

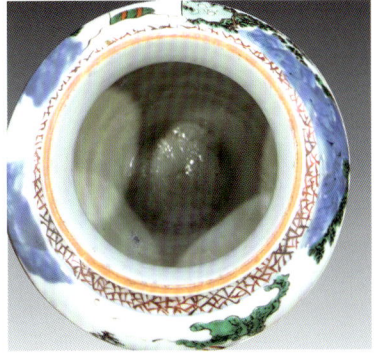

六、清早期　　075

清康熙冰梅纹凤尾尊

高: 35.7 厘米　　**口径**: 21.5 厘米　　**足径**: 14 厘米

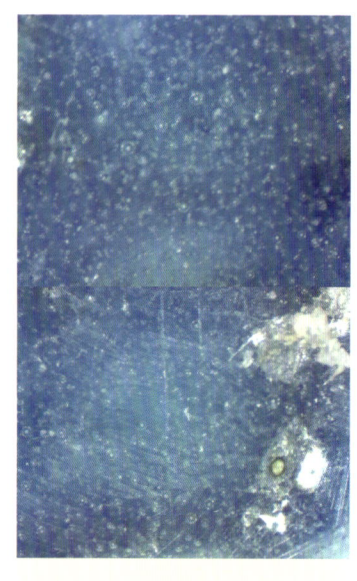

微观图

　　这件冰梅纹大立件叫花觚，也称它为凤尾尊，这样的器型只有在清代能见到，明代的花觚多有出戟。

　　还是说说冰梅纹吧。冰梅纹是蓝地白花瓷的一种，创烧于清康熙，而蓝地白花瓷最早见于元代，到了明宣德时期成为一款名瓷。有蓝地留白、蓝地堆白。蓝地堆白清代各个时期景德镇都有烧制。特别是蓝地白花的冰梅纹，清早、中、晚都有生产，而这三个时期的冰梅纹又有各自的特征、特点。希望藏友们能掌握这个特点给冰梅纹瓷器断代。

　　清早期的冰梅纹的冰裂是用蓝上蓝表现的，清中期冰梅纹的冰裂是用留白表现出来的，而清晚期的冰梅纹的冰裂是用色差表现的。这是其一；其二，这三个时期冰梅纹的不同点是冰梅纹上的花蕊的画法：清早康熙时期和清晚光绪时期是画成很规整的放射状；而清中期的花蕊画的是很随意地一甩一甩地画成的。

　　上述对清早、中、晚三个时期冰梅纹的鉴定与断代方法，是我在实践中总结出来的，之前我没有看到任何资料上有这样的讲述。

　　这件冰梅纹大花觚是康熙时期的，不仅冰梅纹有康熙冰梅纹的特征，它的胎质白润、细密、硬朗，二层台圈足双蓝圈，青花发色也有康熙时期青花特征。特别是花觚的器型是最标准的康熙时期花觚的器型，清中晚期都不这样了。

　　综上所述，该件冰梅纹凤尾尊是清康熙民窑细路精品瓷。

清康熙德化白瓷双龙壶

高：16.5 厘米　　**口径**：4 厘米　　**足径**：8.3 厘米

这件白瓷双龙壶会让人感动，而若知道感动从哪里来，必须研究它的来龙去脉。

这是一件德化白瓷，产自福建省德化县境内，德化白瓷创烧于宋代，兴于元、明时期，法国人称其为中国白，我们也叫它猪油白、象牙白、葱根白。其特点是瓷质致密，硬脆，透光性好，不像景德镇的瓷胎有颗粒感，它没有。而有玻璃一样的致密感，凝脂似玉。

德化白瓷以人物塑像最为著名，如观音、达摩塑像。其次是如这件双龙壶、香炉、烛台等供器，酒具、碗盘等实用器，还有少数的瓶罐等。

明代德化白瓷雕名家有：何朝宗、张寿山、林朝景等人。

这件德化白瓷双龙壶贵在珍奇，其壶把、壶嘴雕塑的是两条螭龙。釉光温润似玉，微微泛青，是清早期康熙时期的。从其微观图可看到深棕色的死亡气泡，可见年代久远。其他特征都符合上文所提的德化白瓷的特征。据此，该件德化白瓷双龙壶是清康熙时期民窑细路制品。

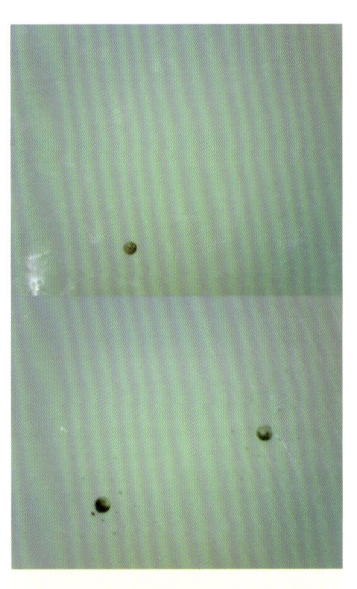

微观图

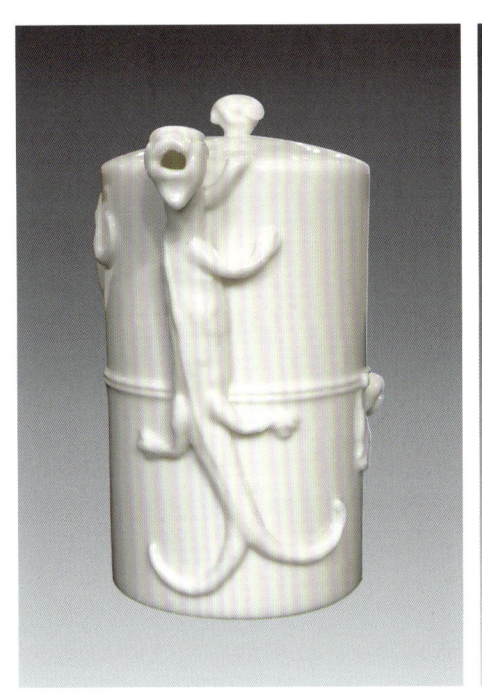

六、清早期

清康熙豆青地暗纹花卉琵琶尊

高: 19.5 厘米　　**口径**: 9.5 厘米　　**足径**: 7.8 厘米

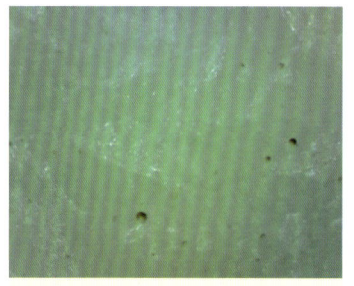

微观图

玩收藏最重要的是选准方向。宁买真似假，别买假似真，别让赝品误了收藏人。

这件豆青地暗纹花卉琵琶尊，器型高雅，有可谓古朴典雅的造型，晶莹艳丽的釉色。通体豆青，暗刻纹却是单色而不单调，低调而有内涵之器。

豆青釉是景德镇窑仿浙江龙泉窑青瓷的制品，起自明代早期，有豆青、冬青、粉青之别，由深浅而分的。清代豆青釉瓷景德镇烧制得更多。这件就是乾隆时期烧制的。

话说琵琶尊因形似乐器琵琶而得名，琵琶尊流行于清代，最早见于康熙。是一种高档器型，备受藏家喜爱，由于存世量少，属稀少之列。

这件琵琶尊是件老物件，从它的底足即可证明：胎质虽无火石红，但有深厚的老化痕，包浆灿然，没有火石红是因为胎里几乎没有杂质，胎土陶冶精制。另看其釉面有自然的牛毛纹和蛤蜊光，是件老瓷没疑问。

综上所述，此琵琶尊是清乾隆时期的民窑细路制品。

078　明清瓷器识真（续篇）

清康熙冬青青花描金花篮纹将军罐

高：44 厘米　　**口径**：11.5 厘米　　**足径**：19 厘米

这件庄重的将军罐器型硕大规整，纹饰绘画行笔流畅柔丽，胎体精细刚健，主纹饰大花篮精心写实。这件器物的另一个亮点是釉下冬青釉，釉上描金。描金是釉上，对釉下纹饰描金后二次入窑烧制，金彩的烧制温度仅600℃左右，低于釉上五彩、粉彩的烧制温度750℃～850℃。古代烧窑的温度都是靠人工经验掌握火候，难度很大，不管是釉上彩或釉下彩都有"温度高了烧飞了，温度低了烧黑了"的说法。

这件将军罐是海外回流的，保存使用痕轻微。釉上金彩几乎没有脱落，釉面划痕很少，没有一点损伤，康熙至今已近400年。实属不易。

这件将军罐的色地是冬青釉，不是豆青釉，也不是粉青釉，这三种釉都是景德镇仿龙泉青瓷的制品，其中粉青、冬青、豆青颜色依次渐深，豆青最深。这件是少见的冬青釉。这件将军罐上盖下足的胎质都是康熙时期十分硬朗细腻的胎质。又是康熙时期的二层台圈足，器型更是。

综上所述，该件冬青青花描金花篮纹将军罐是清康熙时期民窑精品瓷，有很好的收藏价值。

微观图

六、清早期　　079

清康熙珐琅彩牡丹纹大花觚

高：44.8 厘米　　口径：22.5 厘米　　足径：13.5 厘米

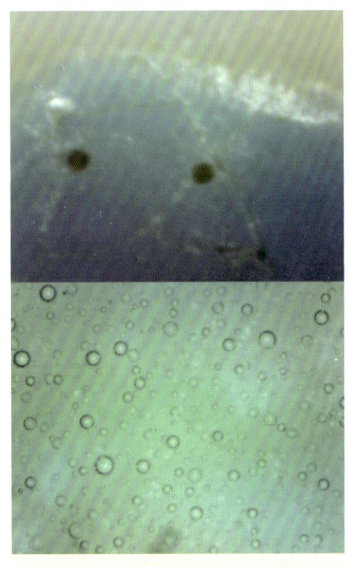

微观图

　　此件大花觚是珐琅彩彩绘之作。珐琅彩属釉上彩瓷的一种。彩瓷最早出现在隋唐，就有彩瓷的原始初型，亦称彩绘瓷。

　　如磁州窑、长沙窑的褐彩瓷。彩瓷分釉上彩瓷、釉下彩瓷两大类，釉上彩瓷是明清时期有的，如五彩、粉彩等。明成化斗彩是历史的沉淀光辉灿烂，可谓矗一峰之巅，清三代的珐琅彩瓷也绝唱一时，成为釉上彩瓷中的一枝独秀。

　　珐琅彩是康熙皇帝命清宫造办处把金属器上的画珐琅移置到瓷器上，成为瓷器上的珐琅彩。瓷胎画珐琅是珐琅彩瓷的正式名称，这种瓷器最早是清代宫廷御用而特制的，也有部分用作犒赏文武官员中的功臣，后来景德镇也有生产。

　　珐琅彩料里多有硼、硅化合物，有人也说就是玻璃粉末，加进不同的金属氧化物，使其烧制中形成不同的颜色。这种说法也没错。珐琅料里的成分多玻璃粉末，因而其制品彩面玻璃质感强。

　　此件大花觚的彩面有珐琅彩的特点，观看实物可见其与粉彩的不同。其胎质硬朗细密，是康熙时期的糯米胎。圈足是二层台圈足，也是康熙时期圈足的特征。特别是花觚的整体造型是清早康熙时期的，其整体有强烈的古旧感、熟旧感，因此该件珐琅彩牡丹纹大花觚是清康熙时期的民窑细路制品。

清康熙红绿彩锦地牡丹纹梅瓶

高：17.8 厘米　　口径：5.4 厘米　　足径：7.2 厘米

这件红绿彩锦地牡丹纹梅瓶，不仅色彩艳丽，年份好，器型也十分高雅。

说说梅瓶这器型，顾名思义，以口小，只能插一枝梅花而得名，短颈、丰肩、底瘦，瓶体修长。最早被称为"经瓶"，唐代开始出现，宋代时已很流行，直至元、明、清，都是上乘器型，更为现代人明清瓷器收藏品中的被青睐之物。

这件红绿彩锦地牡丹纹梅瓶，独特的一点是红绿彩，其一是五彩多见，大家知道三种以上的色彩被称作五彩，只有红绿二彩，则少见。但是，五彩来源于红绿彩，五彩是金代磁州窑创烧的，而磁州窑最早有的是红绿彩。

这件红绿彩锦地牡丹纹梅瓶说它是康熙的，有如下几点根据：一是，红彩是清早期多用的枣皮红，牡丹纹是清康熙时期的双犄牡丹；二是，其四种边饰与锦地的画法特征与风格都是康熙时期的；三是，底足看到的胎质是康熙时期的糯米胎，即细砂底，且没有火石红；四是，康熙时期的二层台圈足。

另外，釉表光泽温润，且有十足的古旧感。

综上所述，该件牡丹纹梅瓶是清康熙时期民窑制品，是一件细路精品瓷。

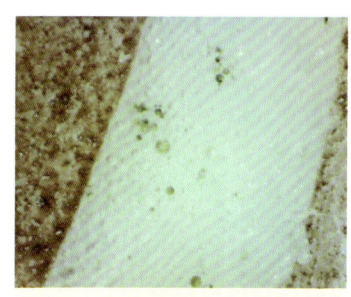

微观图

六、清早期　　081

清康熙红绿彩狮穿牡丹纹梅瓶

高: 18 厘米　　口径: 12.6 厘米　　足径: 7.5 厘米

微观图

　　这是一件红绿彩狮穿牡丹纹梅瓶，狮子是兽中之王，牡丹是百花之首，狮穿牡丹又是王又是首，与凤穿牡丹一样，都是富贵的象征。

　　这件梅瓶器型高雅，加上好的纹饰与好的色彩，同时器物又是清早期的，好的年代，更显器物之不一般了。

　　说它是清早期的理由是：一、红彩是枣皮红，绿彩微微泛黄，有康熙时期红绿彩的特点特征。二、牡丹的画法是双犄牡丹，双犄牡丹始于顺治，到了雍乾时期就变成圆形的了，不再有双犄。三、底足是二层台圈足，是康熙时多有的，底面的平砂底有康熙细砂底的特征。器表有自然使用痕和蛤蜊光。

　　综上所述，该件红绿彩狮穿牡丹纹梅瓶是清康熙时期民窑制品。

清康熙黄地素三彩蝠纹黄釉把杯

高：7.5 厘米　　**口径**：11 厘米　　**足径**：5.7 厘米

黄釉最早出现在汉代的釉陶上，黄釉瓷器始于唐代，成为一个成熟的瓷器的品种批量生产该是明清时期，而且色泽深浅精细程度有别，又有了娇黄、鸡油黄、鳝鱼黄、鹅黄、麦芽黄、蜜蜡黄等多个品种。

黄釉还分低温黄釉、高温黄釉。低温黄釉出现在明宣德时期，并多为官窑生产。而高温黄釉官民窑都有生产，相对民窑多些。

明弘治黄釉达到了历史最好水平，弘治黄釉颜色较浅，称为"娇黄"，而到了明正德、嘉靖时期黄釉变深，称为"鹅黄""麦芽黄"，较麦芽黄色略深一些的称"蜜蜡黄"。清康熙时期又有了"鸡油黄"。

这件康熙黄地素三彩蝠纹黄釉把杯是一位大收藏家郭克礼的收藏品。郭克礼（1920—2018）曾是东南亚陶瓷学会创始人之一，新加坡国立大学博物馆中国艺术馆藏顾问。是郭克礼的一位朋友在郭克礼去世后，其后人在他的藏品的拍卖会上买到的这件素三彩黄釉杯。

这件杯是康熙时期的柠檬黄釉，有强烈的古旧感，老气十足。釉面牛毛纹、蛤蜊光清晰、自然。从其圈足上可看到其胎质细密硬朗，特别是其造型秀美、苍劲、华贵，不俗不躁，体现出器物的雅趣与民俗。

被这样一位收藏家珍藏多年，有出处的藏品不仅有品位，也为其传承有序而增色。

微观图

清康熙黄釉梅瓶

高: 24 厘米　　口径: 4.8 厘米　　足径: 10 厘米

这件梅瓶比鸡油黄色深，是普通民窑器。

这件黄釉梅瓶器型秀美，整体线条流畅，给人以直观感觉的美。且釉表已有老化痕，老旧的开片，布局全身。微观图可见密集的死亡气泡，其底足的露胎处可见有清早期康熙时期的胎质，并有老旧包浆及岁月的沧桑痕。

综上所述，此件黄釉梅瓶是高温黄釉民窑器，可说是民窑精品细路瓷。

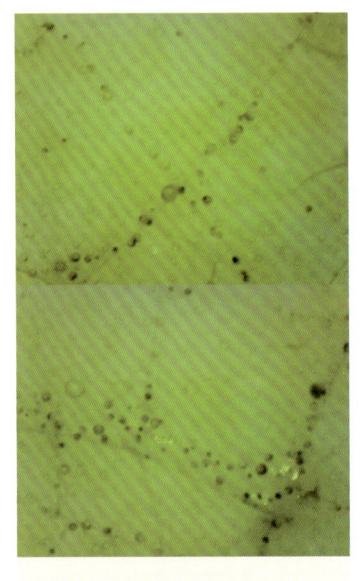

微观图

釉面有开片，同时有密集的老化气泡（死亡气泡）生成，老化气泡有立体感。

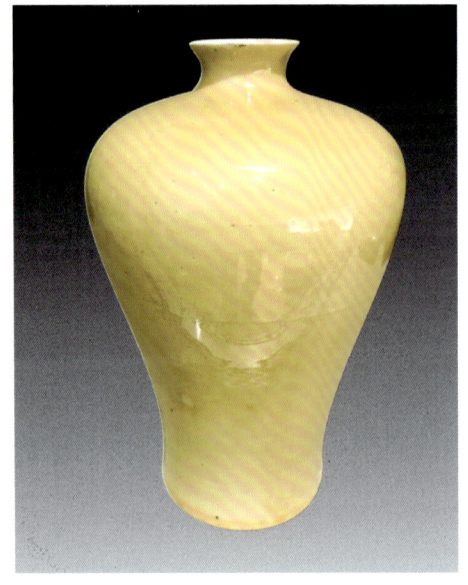

清康熙虎皮三色碗

高：6.5 厘米　　**口径**：21.2 厘米　　**足径**：7 厘米

康熙虎皮三色瓷是康熙三彩瓷的新颖品种，多有黄、绿、紫三色，因极像虎皮斑纹色彩而得名。

素三彩是釉上彩瓷，创烧于明宣德时期，之后及清代各朝都有生产。

这件虎皮三色碗，有陈旧感、古旧感，上手实物，能看到重重的使用痕，即自然的牛毛纹，特别是在显微镜下呈现的微观图可看到冰裂纹，这件肉眼看不到（见微观图）。这里还展示了一件康熙虎皮三色碗的瓷片（是我的收藏品），与本文这件整器碗微观图一致。这两件虎皮三色碗肉眼直观感也一致，彩绘斑片自然流畅，底足是双蓝圈花押款，亮青底面，圈足胎质硬朗细密，这些都有康熙时期的特征。

综上所述，该件虎皮三色碗是清康熙时期民窑制品。

微观图

康熙虎皮三色碗瓷片

康熙虎皮三色碗

六、清早期

清康熙祭蓝小炉

高：5.2 厘米　　**口径**：9.8 厘米　　**足径**：7 厘米

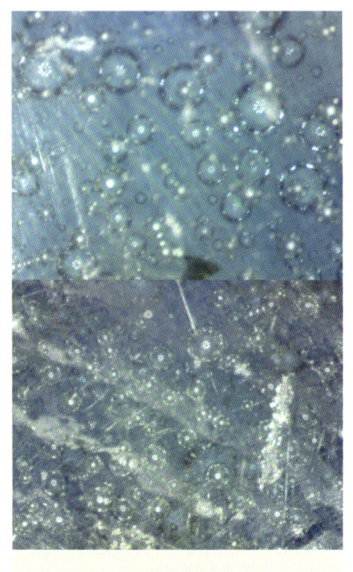

微观图

"是雅不在大，花香何须多。"这件炉小而乖巧，器型不大，线条却好，有线条流畅之美。一般同一时代的器物，单色釉的祭蓝与青花发色大体一致，这件祭蓝的蓝色与清早期康雍乾三朝的青花发色近同，色深沉稳亮丽。

器底窄圈足里边是平砂底，平砂底上有旋削式跳刀痕，有清早期的特征。小炉的口沿与器里是硬朗平滑的亮青釉面，有清早期康雍乾时期的特征，而不是清中晚期起伏不平的波浪釉面。

综上所述，该件祭蓝小炉是清康熙时期的民窑细路制品。

清康熙蓝地开光五彩人物山水盖罐

高：46 厘米　　口径：11.3 厘米　　足径：14.5 厘米

　　这件蓝地开光五彩人物山水盖罐，器型硕大，高达46厘米，从器型纹饰构图上说是一件档次很高的器物，而且年份又很好。从器型上说该是一件将军罐，器型庄重。特别是盖的形状，有清早期的特点，盖体直立是宝珠钮。

　　蓝地、色釉深沉有清早期的特征，一般说蓝釉的发色跟同时代的青花发色近同，从内口沿和底足上都可看到坚实细密的胎质，是康熙时期的糯米胎。微观图上可见到老化的釉面里已生成深棕色的气泡。

　　祭蓝创烧于元代，明清各朝都有生产，祭蓝也称积蓝、霁蓝，是高温单色釉。好的祭蓝釉釉色均匀，单色而不单调。蓝色釉最早出现在唐三彩上，只不过那是低温釉，而唐三彩是陶胎，唐三彩是彩陶。清代釉上低温蓝釉出现在清康熙晚期的五彩瓷器上。

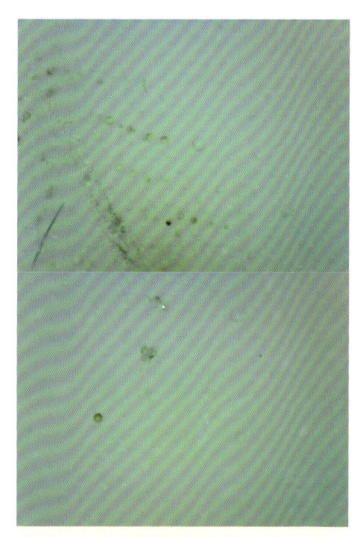

微观图

六、清早期

这件瓷器上的绘画技法有康熙时期的特征，如青花瓷分水法的斧劈皴也在这件五彩绘画中出现（见山水画面的山石画法上）。

综上所述，该件蓝地开光五彩人物山水盖罐是清康熙民窑精品瓷。

清康熙绿釉蒜头瓶

高：30 厘米   口径：6 厘米   足径：8.5 厘米

这件绿釉蒜头瓶能被传承、吸纳、认知，是它身上留下的岁月痕。我上手这个蒜头瓶实物，看到它身上的古旧感强烈，使用痕十分明显，在我看来，它是件老器物毫无疑问。因看到它的圈足形状，我只能把它定在清代。

在清代瓷器里，这样的绿釉瓷也唯有郎窑绿与其特征一致。因此我就叫它郎窑绿釉蒜头瓶了。

郎窑绿是康熙年间郎廷极兼任景德镇御窑厂督陶官时烧造的，有郎窑红、郎窑绿，郎廷极本是江西巡抚。由于酷爱瓷器，康熙皇帝为发挥其专长，在康熙四十四年（1705）至五十一年（1712），7 年间让他兼任督陶官一职，因而当时景德镇御窑厂的产品，都称其为郎窑。

这件绿釉蒜头瓶器型大气，盘口圆润，螭龙缠身，圈足泥鳅背光洁圆滑，可见胎质白洁，没有一点火石红，这些都是康瓷的特征。

综上所述，此件蒜头瓶是清康熙时期的民窑精品瓷。

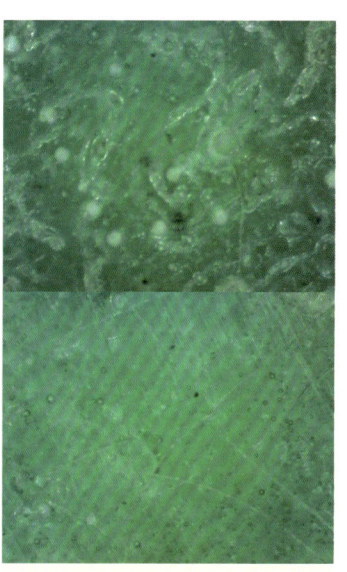

微观图

清康熙茄皮紫釉耳尊（官）

高： 36 厘米　　**口径：** 16.2 厘米　　**足径：** 14.3 厘米

　　茄皮紫釉器物是明弘治时期景德镇御窑厂创烧的。因其釉面颜色像食用的茄子皮而得名。多用作祭器、供器。

　　从很多资料上都能查到茄皮紫釉是一种低温单色釉，烧成温度是 800℃ ~ 850℃。

　　之所以它跟祭蓝不一样，它是蓝中泛紫，是因为蓝料中加了铅粉末和石末。在清蓝浦《景德镇陶录》卷三中载："紫色釉，黑铅粉末加石子青、石末合成。"紫釉的主要着色剂应为锰，釉料中的铁、铅起调色作用。蓝中泛紫就是这样形成的。

　　茄皮紫釉器物多素面，也有刻花、堆花釉面的品种。釉面一般无开片。其器型主要有牺尊、绶带双耳尊等，也有大盘、大碗及壶等出现。

　　清代茄皮紫釉自康熙始烧，雍乾也烧，但品质康熙时期为最好。雍正时期以小件居多。

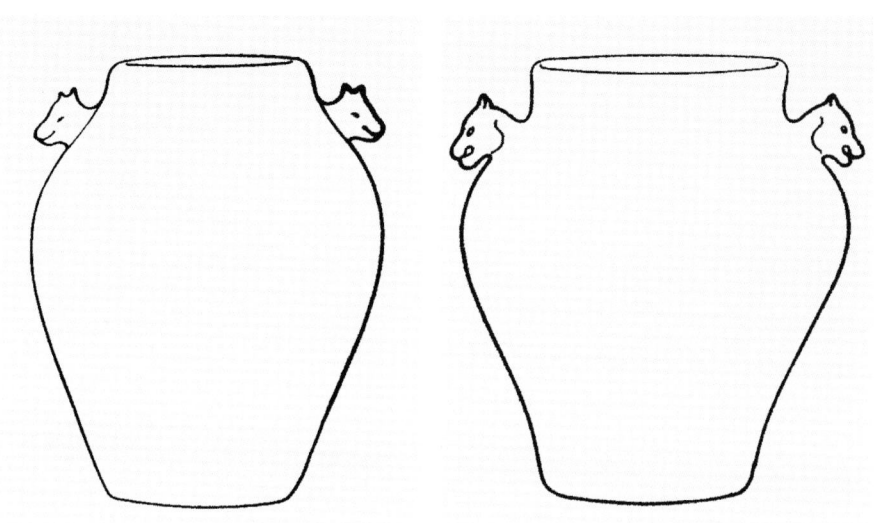

图片取自耿宝昌《明清瓷器鉴定》

有资料记载，茄皮紫釉明清时期是御窑厂烧制的皇家专用瓷，民间没有茄皮紫釉瓷器（此说仅供参考，因为我手中就有不像官窑器的笔筒、倒流壶等茄皮紫器物）。

茄皮紫釉牺尊，明弘治、清康熙时期都有生产烧造，为什么把这件（这样的）定为清康熙时期呢？其原因有二：其一是器型，弘治时期的牺尊如左图所示，肩部下溜，而康熙时期的如右图所示，肩部上抬；其二是实物的底足表面有旋削式跳刀痕，这种足底是清代的。

茄皮紫釉器物的最大弱点是脱釉。此件牺尊两兽耳都有严重脱釉，露出了底胎，从中可见到硬朗细腻洁白的康熙糯米胎（康熙真品一定是这样的）。

这件器物的器里釉面上釉是荡釉，因而均匀、釉层肥厚、涂层完整。而器物外表由于是刷釉（或是浸釉），造成涂釉不均，且有一处漏釉，但仍不失是景德镇御窑厂生产的官窑制品。

六、清早期

清康熙茄皮紫盖与双耳尊

高：36 厘米　　**足径**：14.3 厘米　　**口径**：16.2 厘米

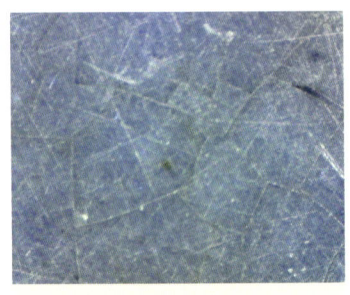

微观图

　　这件茄皮紫盖，是我 25 年前在市场上买一件茄皮紫双耳大尊时一起带回来的。当时我跟店家卖主说，这盖不是这上边的，店家说他们从农村收上来时就有这盖，是这上的。我也就拿来了，拿回来后把盖扔到了一边别处，罐的两个耳又掉了一些，不太喜欢。我是工薪阶层，为以藏养藏就把罐送拍卖会卖掉了（现在很后悔，不该卖）。2015 年我带学生去首都博物馆看故宫博物院办的"康熙御窑厂瓷展"，看到有一模一样的这件茄皮紫双耳尊（见第 93 页左下图），才知道它是官窑器，而且还有盖。才知道当时卖家说得对，盖就是这上边的，现在这盖还在我手上，而且又买到一个罐体。把图与实物盖都展示给大家。

　　茄皮紫创烧于明弘治时期，它与祭蓝的区别不单是颜色的不同，更重要的是，祭蓝是釉下高温一次烧成的，茄皮紫是釉上彩，是在烧好的白瓷或无釉的烧好的瓷坯上刷茄皮紫二次入窑低温 700℃~800℃ 烧成的。看我的这件盖的边沿已有脱落痕，脱釉是茄皮紫最大的特点或弱点。市场上能见到的茄皮紫双耳炉等物，多脱釉严重。我手中还有件乾隆茄皮紫笔筒，在我之前的书中有展示。

> **茄皮紫釉牺耳盖尊**　故宫博物院藏
>
> 该器内外施满釉。所用茄皮紫釉创烧于明代中期，以锰为呈色剂，经二次烧成的低温釉，釉中的铁、钴等金属元素起调色作用。釉色有深、浅之别，此件器物属深色。同样造型的器物亦见有黄釉等其他釉色，当同属祭祀用器。

故宫博物院藏"康熙御窑厂瓷展"器物介绍

本文中展示的这件盖和图中故宫博物院收藏的盖尊都是康熙本朝御窑厂生产的官窑器物。

对于官窑器，在人们思维中都是有款的才是官窑器，实际无款官窑器多于有款官窑器。在2015年首都博物馆展出的故宫藏"康熙御窑厂瓷展"上就有1/3~1/2的器物是没有款的，但都是官窑器。

故宫博物馆藏品图　　　我收藏的盖图

六、清早期　093

清康熙青花八方花鸟将军盖罐

高：42 厘米　　**口径**：12.5 厘米　　**足径**：17 厘米

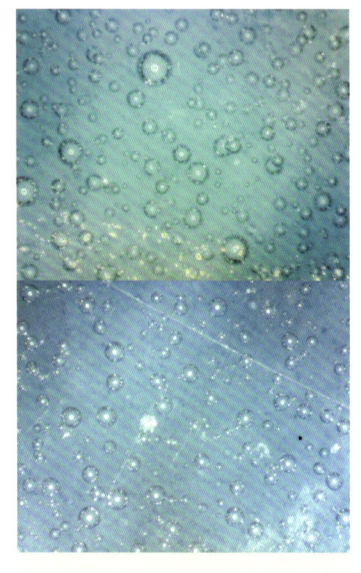

微观图

　　圆形将军罐，大家都会见得很多，但青花八方花鸟将军盖罐，实属不多见，因少有才少见啊。

　　这件青花八方花鸟将军盖罐青花发色好，绘画也有档次、有品位。圆形器物是手拉坯，而八方的是先做成八块板，然后粘贴成型，难度大，烧制中也易变形和窑裂。行里人不是常说一方顶几圆吗？我有这样几句话形容这件八方将军罐最合适了："这件古瓷不一般，青花纹饰艳丽凝重有深浅，意境莫测藏其间，看后让人生感叹，确有鬼斧神工的艺术魅力让人赞。"

　　将军罐在明晚期虽然已有雏形，但在瓷器收藏者心中，将军罐就是清代的器型，始于清早期。这件八方将军罐从以下几个方面都可以说它是清早期康熙时期的，一是青花发色沉稳浓深；二是胎是康熙时期的糯米胎；三是其釉面致密平整泛康熙中期的粉白色，可说是莹润如玉。这些都是清中晚期青花瓷没有的。据此，该将军罐是清康熙时期的民窑精品瓷。

明清瓷器识真（续篇）

清康熙青花吹拉弹唱仕女图纹碗

高: 7.6 厘米　　口径: 15.7 厘米　　足径: 6.8 厘米

　　仕女一身古装，绘画线条简练流畅，端凝秀雅，吹拉弹唱，姿态各异，蕴含古趣和生活的情趣。

　　从青花着色上可透视出康熙青花绘画的墨分五色，有色的深浅和阴阳向背之分，这样的青花着色是前朝所没有后朝也少见的。这样的绘画技法让图中人物似有吹拉弹唱的动感。

　　内口沿的几何纹边饰很庄重，给碗心与外墙的仕女托衬出极佳的视觉效果。碗内外壁都呈现出粉白色的釉面，因为是粉白釉面，可见这件瓷作是康熙中期的。

　　圈足是标准的泥鳅背，胎土没有杂质，因此没有火石红出现。有"大明成化年制"寄托款，双蓝圈的绘画有深浅的起落笔，碗的口沿有灯草口且是花口，这也是加分点。

　　综上所述，该件青花吹拉弹唱仕女图纹碗是清康熙时期的民窑细路制品，有一定的收藏价值，值得赏玩。

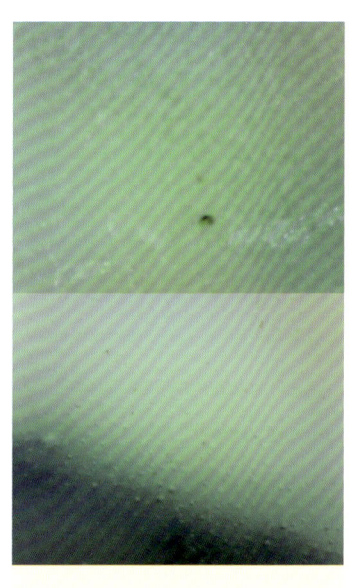

微观图

六、清早期

清康熙青花大披肩留白花卉纹将军罐

高：30.5 厘米　　口径：13.5 厘米　　足径：18.5 厘米

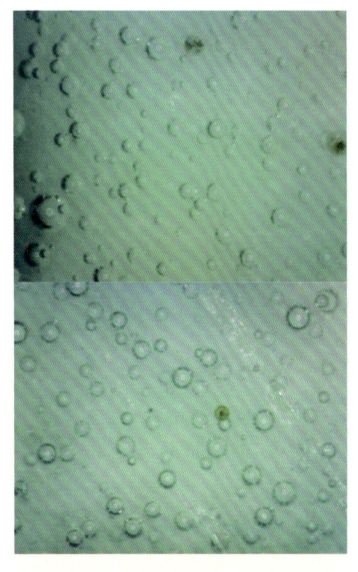

微观图

　　这件青花将军罐很有其独特的一面，即大披肩青花留白纹饰。这里说一下，青花留白与蓝地白花的区别。像这件瓷器上的纹饰就是青花留白，局部的纹饰用青花做地，把要表现的纹饰用留白表现出来。而蓝地白花是整个器物都用釉下蓝彩做地，把纹饰用留白表现出来。一个是局部蓝地，一个是全部蓝地。由于青花留白与蓝地白花工艺复杂，作品较少，传世也少，自然属于"少"之列。另要说明一点的是，蓝地白花有两种：一是蓝地留白；二是蓝地堆白。

　　这件将军罐的大披肩画法多在康熙时期有。再者，我们看罐的圈足是康熙时期的二层台，而且胎质细密硬朗没有火石红生成，说明胎土陶冶精致，杂质少。其青花发色沉稳，微观图见其釉面，老相十足，有死亡气泡生成。

　　综上所述，该青花大披肩留白花卉纹将军罐是清康熙时期的民窑精品瓷作。

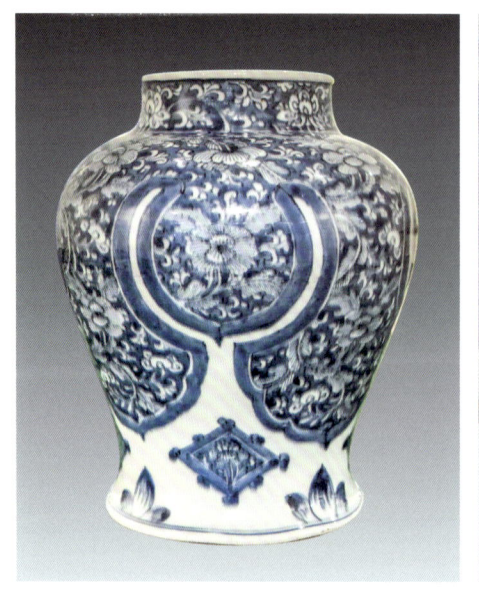

清康熙青花荷塘博古纹花觚

高：34厘米   口径：15.8厘米   足径：11厘米

　　花觚，也叫凤尾尊，都说它是清代的器型，实际明代晚期就有了，只不过明代的花觚多有击戟，又数量少，现在市面上或收藏界都少见。

　　这件花觚从器型上、青花发色上看都是清早期康熙时期的。青花发色是上等浙青料的色泽，不是清中期的泛灰，又不是翠毛蓝。其釉面光滑平整，细腻硬朗，可以说莹润如玉，从圈足的胎上一看便能判定是清早期的，胎质硬朗细密，是康熙的糯米胎，有康熙时期的二层台圈足。从其微观图上能看到棕色的死亡气泡，说明该器物年代久远。

　　器物上下纹饰是荷花，中间纹饰是杂宝，这两种纹饰都是明清瓷器上多有的纹饰。荷花是佛教圣洁的象征，一直被人们赞誉为出淤泥而不染的高贵形象，有着吉祥、洁白、富贵的寓意，民间也通常把它视为友谊的象征。有这样的诗句"接天莲叶无穷碧，映日荷花别样红"，对莲叶荷花的赞美。由此可见这件青花凤尾尊有古人的激情和对人生的感悟。

　　综上所述，该件青花荷塘博古纹凤尾尊是清康熙民窑细路制品。

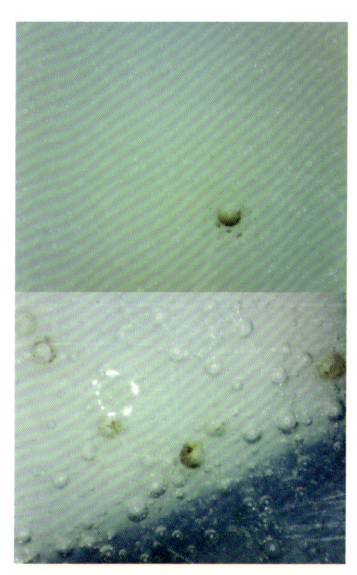

微观图

六、清早期　　097

清康熙青花花卉立式瓶一组四件

最高： 11.8 厘米　　**矮者高：** 10.3 厘米　　**足径：** 3.1 厘米

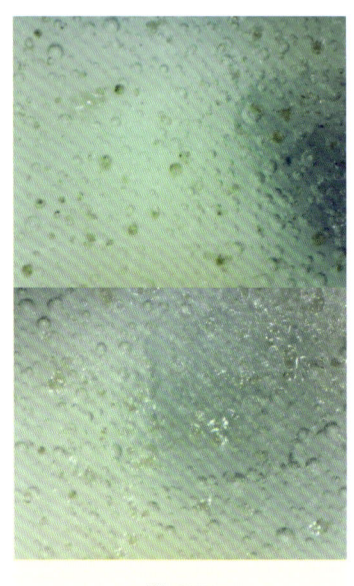

微观图

  这组青花瓷就是"尽收眼底瓷圣康雍乾"时期的，是康熙青花瓷。

  明清瓷器有三个黄金时段：一是明永宣；二是成弘；三是清康雍乾。明永宣以青花瓷著称，成弘以成化斗彩弘治黄釉瓷著称，清康雍乾以瓷器的多品种著称。康雍乾更全面，把明清瓷推向了巅峰。

  这组青花瓷是小立件，其中有大器小做的观音瓶、胆式瓶、长颈瓶，器型档次不俗。其青花发色沉稳色深亮丽，是上等浙青绘制的。从器物的底可见其绝对是康熙时期的，胎质可见其硬朗细密，包浆灿然。器物整体给人以端凝质重、淳厚苍古、典雅不俗不躁之美。

  据此，该组青花花卉立式瓶小立件是清康熙时期民窑细路制品，有很好的学习收藏价值。

清康熙青花花卉蒜头瓶

高：37 厘米　　口径：3.9 厘米　　足径：13.5 厘米

　　这件康熙时期的青花花卉蒜头瓶是件开门的珍品，看了让人开心、心动。因为它并非假似真，而是开门的真。

　　首先看它的底面，是典型的康熙时期的二层台式圈足，有旋削式跳刀痕和厚重的老化痕，即包浆生成。并可见胎质硬朗细密，有厚重感。其青花纹饰的绘画技法与整体纹饰布局都有康熙时期的明显特征。

　　此器物给人以直观上的美感，真是有整体的壮美，细微处的柔美，融壮美与柔美于一体，是件不可多得的收藏品。

微观图

六、清早期

清康熙青花花卉纹号筒尊

高：36 厘米　　**口径**：9.6 厘米　　**足径**：12.8 厘米

微观图

　　这件青花瓷的器型很少见，应叫号筒尊，从耿宝昌老先生的《明清瓷器鉴定》一书里可查到，耿老说它可能是供器。这样的器型，我过去只见过两件：一件是我自己的收藏品，在我写的书里有展示；另一件在广东省博物馆里见过；这件是我见过的第三件，是在北京古玩城A座四楼一个古玩店里见到的。因为口部有伤，现还没卖出去。

　　从它的底面看，从器物的纹饰彩面、釉面看，老相十足，是开门的老。看其底的加工方法，既无平砂底，又无旋削式跳刀痕，应是顺治时期的。但其纹饰上有冰梅纹，冰梅纹创烧于康熙，而且青花发色是康熙时期的，故而应断其年代是康熙早期的。

　　综上所述，该青花花卉纹号筒尊是清康熙时期民窑制品。

清康熙青花花间寿字罐

高：23.2 厘米   口径：9.5 厘米   足径：12.5 厘米

此件青花花间寿字罐是清代瓷器中寿字罐的一种，寿字罐在清代十分时尚，有百寿图罐、万寿字大尊。青花寿字的各种字形绘满罐体全身，寿字罐官民窑都有，是中国传统受赏识的寓意纹饰。

康熙青花万寿字大尊是康熙皇帝过万寿节景德镇敬献的礼品，此件大尊通体以一万个"寿"字布满罐体全身，寓意"万寿无疆"。现收藏于北京故宫博物院。

此件青花罐绘画技法如花叶的留白边画法是康熙时期的画法，肩部的如意云纹，足上方变形大莲瓣的画法，都是康熙时期青花瓷的绘画特征。其釉面是匀净的粉白釉面，可见此罐是康熙中期的青花瓷制品。因康早康晚都是多亮青釉，康中是粉白釉，其胎质硬朗细密，有微黄的火石红泛出，双蓝圈行笔自然，有深浅的起落笔痕，这都说明此罐是清康熙青花瓷真品，非仿制品。

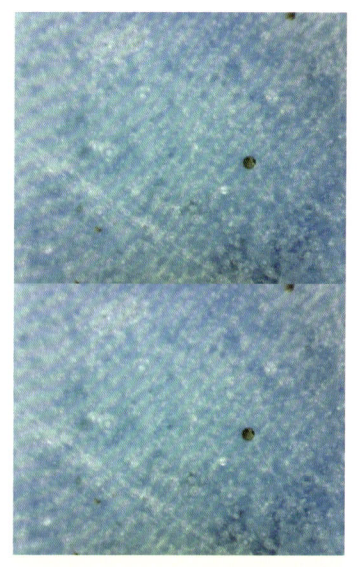

微观图

六、清早期　101

清康熙青花花鸟纹八方盘

高：4.5 厘米　　**口径**：27.5 厘米　　**足径**：17.8 厘米

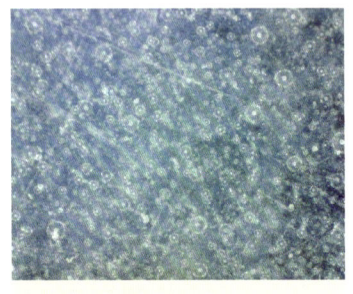

微观图

该青花盘青花发色艳丽，从其绘画技法、器型上看有外销风格，是一件外销瓷。

此盘是八方盘，从收藏这个角度上说比圆盘更可取，不仅是因为制作难度大，要加分，更是有其美感上的独特之处。

瓷器中的碗盘是生活中的实用器，但距今300余年之久乾隆时期的一件青花盘，却已不是实用器了，而是一件观赏器，是古玩收藏品。

此盘器型较大，直径27.5厘米，该是不算大号也是中型盘了，一般的实用器是15厘米，大到24厘米可称中号盘了。且此盘绘画精细，有的笔道细如丝线，画工是一笔一笔画上去的，可见用工之良苦。其青花用料是上等浙青料，凸显清中期的色泽与风格。乾隆早期的多重笔点染，色浓更沉稳，这件盘的青花更接近于嘉庆。

综上所述，此件青花花鸟纹八方盘是清中期的乾隆晚期民窑制瓷中的外销瓷。

清康熙青花花鸟纹凤尾尊

高：44.2 厘米　　　**口径**：20.5 厘米　　　**足径**：14.8 厘米

花觚也叫凤尾尊，是清代瓷器中的一个高档器型，是立件，也是陈设器、摆件。装饰房间很有品位，从它身上可看到古人寄情山水，潜心丹青之情怀，放在室内，它的一身傲气，定会迎来你房间的春暖。

此青花花鸟纹花觚的画面笔酣墨饱，自辟蹊径，画笔以干笔皴擦为主，有康熙时期的墨分五色的效果。纹饰之美、之秀、之润，让人陶醉在美的境界中。

从其圈足上可见到其胎质之坚硬细密，釉面莹润如玉，有岁月的痕迹牛毛纹、蛤蜊光，手头不轻不重适宜，绝对是清康熙时期的一件好瓷器。

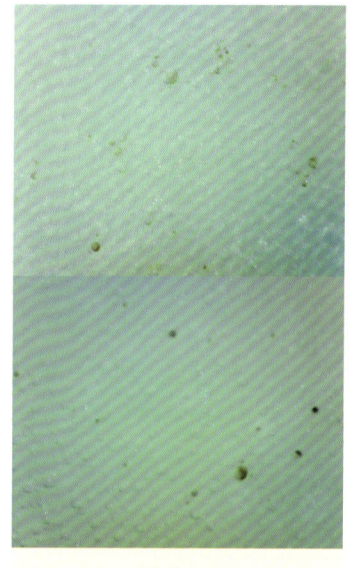

微观图

六、清早期　　103

清康熙青花开光人物小尊式瓶

高：12.5 厘米　　口径：2.8 厘米　　足径：4 厘米

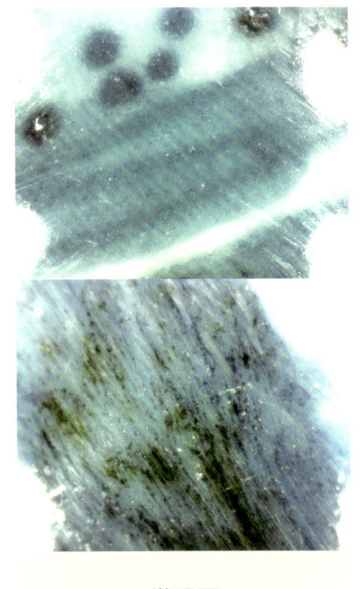

微观图

这件青花小立件尺寸高仅 12.5 厘米，不仅是观赏器也是把玩的好物件，确实是"是雅不在大"呀！

器物虽小，辈分还不低呢！它该是康熙时期的。看其青花发色浓重，色深沉稳有质感，有清早康熙青花的特征，是用上等浙青料绘制的。其釉面呈粉白色，该是康熙中期的，因为康熙早期、晚期多亮青釉，只有中期多粉白釉面。再看其圈足的胎质硬朗细密，是二层台圈足。还有它足上方、口沿下方的边饰都是清早期康雍乾多用的蝌蚪纹。

综上所述，该件青花开光人物小尊式瓶是清康熙时期的民窑制品。

清康熙青花莲托云间寿字大莲子罐

高：25.8 厘米　　口径：13.3 厘米　　足径：11.2 厘米

当你看到这件构图完美大气，笔墨线条奔放流畅，整体壮美，细微柔美，融壮美与柔美于一体，凝重古朴，色彩亮丽浓深的青花大莲子罐时，一定不会愁，而会顿时乐呵。

该件青花莲花云间寿字莲子罐在莲子罐中算是大号的，小的几厘米、十几厘米，这件高达 26 厘米，而且画风洗练雅致，色彩浓淡相映，构图虚实相生，如云间寿字文，在明清瓷器中花间寿字纹多见，这种虚实相生的云间寿字不多见。

纹饰绘画层次丰富，阴阳转折错落有致。我们知道，在明清瓷器青花纹饰绘画中有四种画法：一笔点画、单边涂抹、双勾填色、双勾不填色即淡描。这件是从明成化以后多用的双勾填色画法。

再看其圈足上的胎质硬朗细密，一点火石红都没有。火石红是什么？是胎中的杂质日久生成火石红的，可见这件瓷器瓷胎之精细。

底面是双蓝圈，寄托款"大明嘉靖年制"。从底面上可见到棕眼，双蓝圈有深浅的起落笔，清代瓷器釉面的亮青釉，微观图里有代表年代久远老化的死亡气泡。

综上所述，该件大号青花莲子罐是清康熙民窑细路精品瓷，有很好的收藏价值，特别是器物十分完整完美。

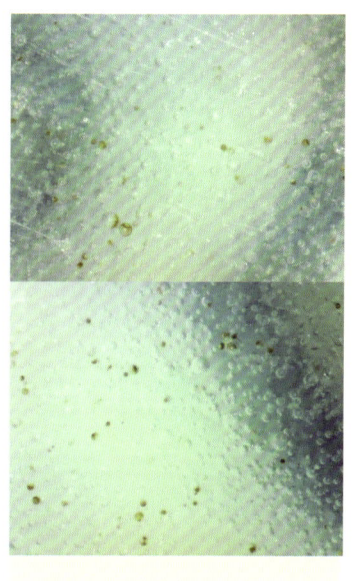

微观图

清康熙青花留白花卉纹大莲子罐

高：32 厘米　　**口径**：14 厘米　　**足径**：14 厘米

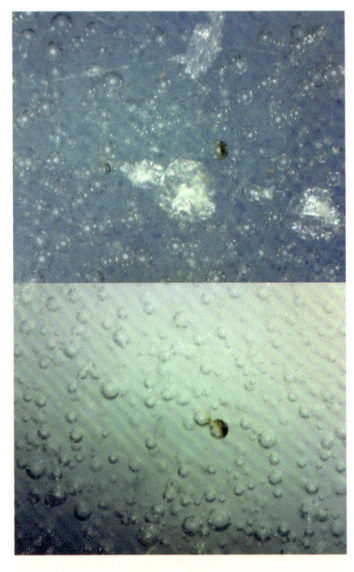

微观图

  这件青花大莲子罐就是本人在古玩店里淘来的，现已送给我外孙子了。收藏要特别重实践，店里走摊上转，看好了的东西买几件，实践实践再实践，实践就是入行上道的敲门砖。这一点我体会很深，可谓收获有加。

  这件大莲子罐是康熙时期的器型，这么大的莲子罐不多见，是我 25 年前买的，那是 20 世纪 90 年代了。罐的身上有一道大冲，还花了整整 2500 元，是我当时两个月的工资。

  说它是康熙时期的，有这么四点理由：其一，纹饰是青花留白，青花留白与蓝地白花是两个瓷器纹饰的品种，蓝地白花这种瓷器是器物的整个地都是蓝色，而青花留白是局部蓝地，用局部蓝色做地表现出白色纹饰，如这件纹饰是花卉，而整个器物的地是白色的。这种青花留白纹饰画法多在康熙时期有，其他时期少见。其二，底部的胎没有火石红。这种没有火石红的平砂底或圈足多在康熙或万历时期有，其他时期极少见。其三，硬朗光洁亮青釉，釉面上的青花是用上等浙青绘制的，两种边饰也是康熙时期多有的。其四，器物表面光泽有古旧感、熟旧感，有自然形成的传世品釉面的牛毛纹。

  综上所述，该青花留白花卉纹大莲子罐是清康熙时期的民窑细路制品。

清康熙青花留白菊纹四系罐

高：25.5 厘米　　口径：8.2 厘米　　足径：12.5 厘米

罐是陶瓷器物中最基本的器型之一，最早的陶罐在距今 5000～7000 年的河南仰韶文化，陕西西安的半坡文化，甘肃青海的马家窑文化，山东章丘的龙山文化，浙江余姚的河姆渡文化等处遗址里都有发现。如带耳带提梁的各式各种颜色的陶罐。进入瓷器时代，最早的可见于越窑的原始青瓷罐和后来的东汉瓷罐。进入元明清时代，瓷罐更是多式样多品种。一件鬼谷子下山元青花大罐卖到 2.3 亿元。

从该青花四系罐的外形上看可知是康熙时期的。特别是其青花发色有康熙时期的浙青料绘制的青花的淡翠闪灰的特点，纹饰是用青花留白绘画的菊纹。这件青花留白菊纹四系罐是清康熙时期的民窑细路瓷罐，是这个时期青花罐中少有的器型，有一定的收藏价值。

微观图

六、清早期　107

清康熙青花龙纹瓷片（官）

最宽： 13厘米　　**足径：** 6.8厘米　　**高：** 5厘米

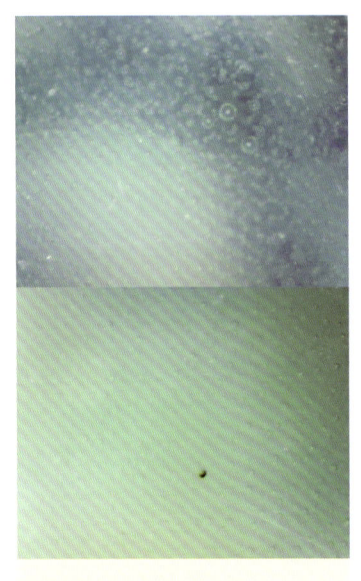

微观图

　　这是件瓷片，一叶知秋，从这件瓷片上能看到康熙青花官窑瓷的全貌。上边有纹饰，有款识，有亮丽的青花，能看到细密硬朗的胎质和莹润如玉的釉面。

　　这件瓷片底款是"大清康熙年制"，青花龙纹却画的是明代的"猪嘴龙"，而不是清代的"狮子头龙"，清早期却有一批画明代猪嘴龙的瓷器，官民窑里都有。

　　官窑瓷器多画龙凤纹，不仅其寓意好，而皇帝们都称自己是真龙天子。在民间百姓心中，龙是四灵（龙、凤、龟、麟）之一。四灵能驱邪、避灾、祈福。

　　这件盘心上的龙纹是明代的画法，云也是明代的画法，如其中的"蝌蚪云""人字云""一字云"等。云在瓷器上出现最早是唐代的长沙窑、越窑。云纹多有"如意云头纹""蝌蚪形云""壬字形云""人字云""品字云""卍字形云""括号云""一字云""锦带祥云""山字形火云纹"等，不同时期有不同云形的画法。

　　这件瓷片上的龙怒发竖立，很凶猛，有一飞冲天的感觉。青花是用清康熙中期多用的珠明料，而不是浙青料。其釉面也是康熙中期的粉白色。糯米胎格外突出，从圈足的胎、瓷片断面的胎上都能看到。

　　综上所述，此件青花龙纹瓷片是清康熙官窑盘的一部分，很有研究价值和收藏价值。

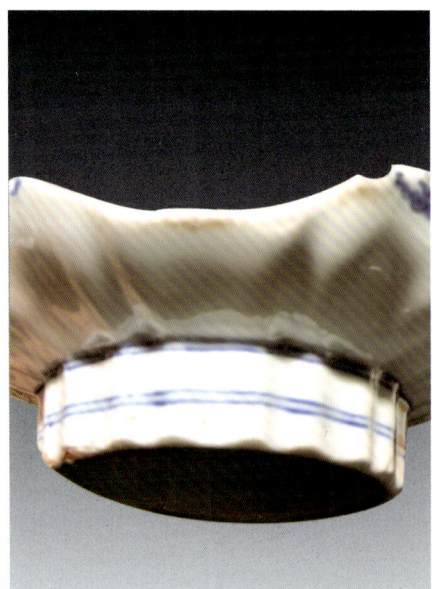

清康熙青花"麒麟送子"人物纹罐

高：22厘米　　口径：10.5厘米　　足径：12.3厘米

　　这件青花"麒麟送子"人物纹罐中的青花是"翠毛蓝"，是用上等浙青料绘制的。康熙时期的青花瓷色泽大体可归纳成三种颜色：一是翠毛蓝；二是普兰；三是偏深些的黑蓝。翠毛蓝是康熙中期多有的，而另外两种蓝色多在康早与康晚期。

　　此罐纹饰中的麒麟是中国古代汉族神话传说中的瑞兽。古人认为麒麟出现必有祥瑞；且麒麟在人们心目中的地位仅次于龙，麒麟乃送子神兽。麒麟送子图是民间祈子极其常见的吉祥图。

　　图中的青花纹饰绘画技法极具康熙时期的特征。如主饰中的山石可见披麻皴、斧劈皴绘画技法，口径及肩部边饰也是康熙时期多用的。露胎处的胎质有康熙时期浆胎特征，可见胎土淘炼极其纯净细腻，没有杂质，所以没有火石红生成，如同糯米一般细白且坚致。

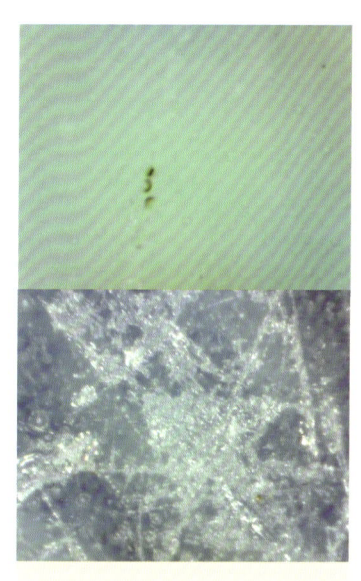

微观图

图中可见有死亡气泡生成，这种气泡是在干燥的条件下，经百年以上的时间生成的，可作为瓷器新老的鉴定参考依据之一；图中还可见挨泡破损连生。

六、清早期　　109

清康熙青花人物"阿弥陀佛"纹香炉

高: 8.5 厘米　　**口径**: 11.2 厘米　　**足径**: 7.2 厘米

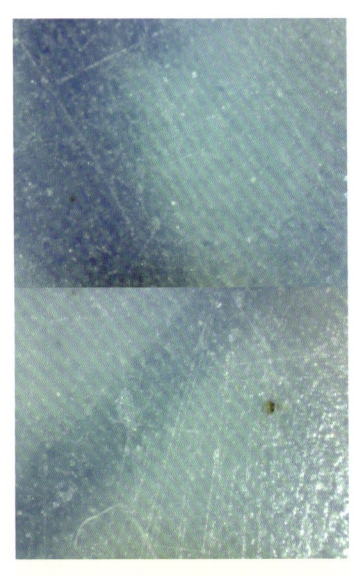

微观图

　　繁与简，疏与密，古意民俗雅趣为一体，继承古意要了解其真实含义。是的，"阿弥陀佛"是信仰佛教人们常挂在嘴上的一句话，"阿弥陀佛"是梵语，佛教从印度传到中国，"阿弥陀佛"随之而来。佛教中的佛指西方极乐世界中最大的佛，也称"无量寿佛"，信佛的人们口诵"阿弥陀佛"，表示祈祷或感谢神灵之意。临终念之都得往生。

　　该件青花小炉，有四尊坐佛，在做佛事，并在坐佛相间的有四个大字，组成佛经经语中的"阿弥陀佛"，明清瓷器画必有意，这件小炉纹饰意义深远，含意甚佳。

　　该件青花炉是康熙时期的，而且是康熙中期的。理由是：其一，青花用料是康熙中期多用的珠明料，珠明料能形成翠毛蓝，这件炉中纹饰的青花发色就是翠毛蓝。其二，其釉面是清康熙中期的粉白色，康早、康晚都是亮青釉，色泽泛微绿。说它是康熙的，还有其口沿多爆釉，是康熙青花瓷的一大特点。其三，底足是二层台圈足。

　　炉的整体釉面有温润的古旧感和自然形成的传世品多有的牛毛纹。其器型也是清早期康熙时期多有的钵式炉。

　　综上所述，该件青花人物"阿弥陀佛"纹香炉是清康熙时期翠毛蓝纹饰的民窑精品瓷。

清康熙青花人物故事起弦长颈瓶

高: 28.5 厘米　　**口径**: 7.7 厘米　　**足径**: 7.2 厘米

此件青花人物故事起弦长颈瓶器型秀美，口沿微微外撇，整体线条流畅，下腹似球非球似胆非胆，却给人以美感；有康熙时期的瓷器器型特征，这点从耿宝昌老先生的《明清瓷器鉴定》一书中可见证。

器物的青花纹饰是用上等浙青料绘制，当代收藏者追求青花瓷中的"翠毛蓝"，这件该是康熙翠毛蓝了，翠毛蓝的得名来自翠鸟身上的蓝色羽毛。"翠毛蓝"青花瓷多在康熙中期，另外，康熙中期青花瓷的釉面多是乳白色，而康早期、晚期都是亮青釉面，这件起弦长颈瓶正是乳白釉面。可见其是康熙中期制品。

从底足上可看到"二层台圈足"，二层台圈足是康熙瓷器特有的圈足之一；还可见圈足露胎处的胎质硬朗细密，与晚清光绪、粗大明时期的瓷器胎质截然不同。瓷瓶幅面不大，但有三幅绘画，是谈诗论画、携琴访友等高仕图，绘画的人物神态各异，动感十足，很传神，与粗大明时期的粗犷截然不同，而是典雅细腻有富贵华丽感。

底部双蓝圈内落有"大明成化年制"款，在康熙青花瓷中，官民窑制品都有此种落款。

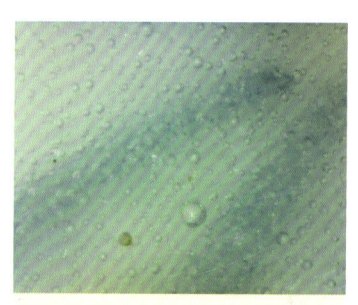

微观图

气泡以小的多，大的少，且有死亡气泡生成，有康熙时期瓷器微观图的特征。

六、清早期　　111

清康熙青花人物故事纹将军罐

高：27 厘米　　口径：11.6 厘米　　足径：15 厘米

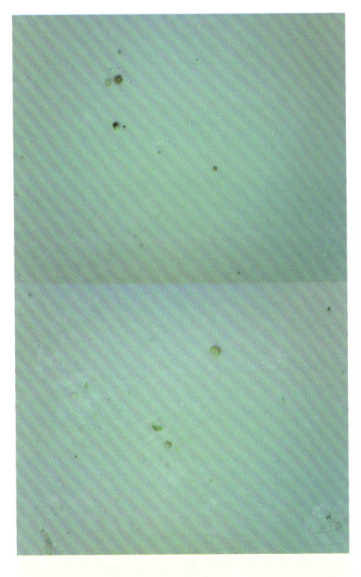

微观图

  青花瓷是中国的国瓷，青花瓷的始创有唐代说、宋代说、元代说，而最终现在学术界公认的说法是：成熟的青花瓷始于元代。青花瓷是景德镇四大名瓷之首，其他三种是粉彩瓷、玲珑瓷、色釉瓷。

  这件青花将军罐是用浙青料绘制，浙青料的特点是重者浓红、轻者淡翠，这件罐上的青花色泽属淡翠的一种，但也有浓红的画面处，如仕女的衣着，主人身后的玩童随从的衣着，都是色深显浓重。

  图中的仙女与众多孩童的绘画技法都是康熙时期的，云是以括号云绘出的，锦带祥云、山字形火云纹都是明末清初多有的。罐的口沿、圈足已泛微黄，且细润硬朗，透出时代感，也是康熙细路青花瓷所具有的。路边的鱼鳞草是崇祯时期开始有的，还有空中的小太阳、地面的三点石，也是这个时期多画的。

  综上所述，此青花人物故事纹将军罐是清康熙时期的民窑细路之作。

清康熙青花"四美图"纹长颈瓶

高: 9.8 厘米　　**口径:** 1.6 厘米　　**足径:** 2.8 厘米

这件典雅的长颈小瓶,确实雅,要珍惜,更值得珍藏。高不足 10 厘米,可谓繁与简、疏与密,古意民俗为一体。这样的器型,可在耿宝昌老先生的《明清瓷器鉴定》一书中的"康熙篇"查到叫"长颈荸荠扁瓶"。主纹饰是"四美图",古代四美指:西施、王昭君、貂蝉、杨玉环。她们有闭月、羞花、沉鱼、落雁之貌。六开光除有青花弦纹外,还有凹陷瓜棱,做工繁复细腻,有其制作难度。

这样的器物不仅是尚好的陈设器,也可供休闲把玩,赏心悦目。其青花用料是上等浙青料,呈现出翠毛蓝的色泽,其年代该是康熙中晚期的制品。

底有青花"玉"字款,有关资料显示,"玉"字款见于明万历、崇祯、康熙、光绪四朝,从该件青花长颈瓶的圈足胎质看,有康熙青花瓷的特征,洁白细腻,没有火石红生成。其釉面莹润、光洁平滑、硬朗,可说似玉一般。但已是微微泛青,该是康熙晚期制品,康熙中期多粉白。

另外,从其微观图中也可看到康熙时期具有的气泡特征,已有死亡气泡生成。

综上所述,此青花"四美图"纹长颈瓶是清康熙时期的民窑细路精品瓷。

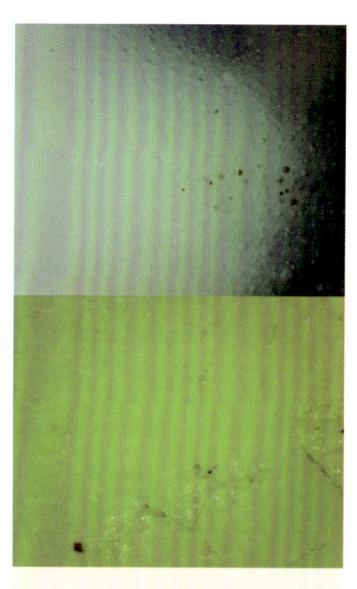

微观图

清康熙早期青花山石树木纹筒瓶

高：22 厘米　　口径：5 厘米　　足径：6.3 厘米

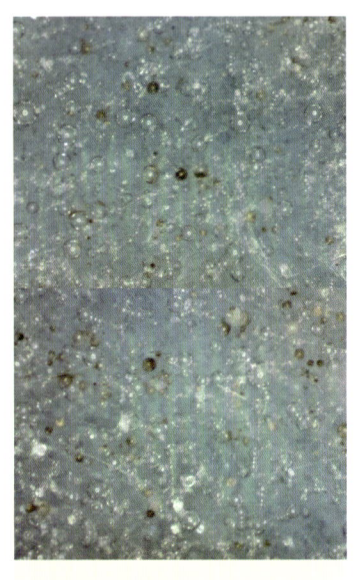

微观图

这是一件名曰象腿瓶，是明末清初多有的，也是当代最时尚的器型，因为它还有另外一个名字叫筒瓶，意寓天下一统。这正是清朝统治者最中听的一句话：清兵入关，中华大地，天下一统嘛。

这种筒瓶，大到半米，小到十几厘米，有青花、五彩及单色釉的。这件青花筒瓶该是清早期顺治到康熙早期的。理由是：其平砂底有老气，并有旋削式跳刀痕。口沿可见手工拉坯的明显痕迹。亮青釉似鸭蛋青色。纹饰绘画有些粗犷，但青花发色沉稳深重、色深，有清早的特征。特别是清早纹饰中的多有的枯枝这里有。地面是单线笔道，而不是平涂，这都是清早期的绘画技法与特点。有厚重的古旧感、熟旧感。

微观图可见很典型，是清早期的特征，死亡气泡成片。

综上所述，该件青花山石树木纹筒瓶是清康熙早期的民窑制品。

清康熙青花山水楼阁棒槌瓶

高：46.5 厘米　　口径：9.8 厘米　　足径：12.5 厘米

有人常常看一个人有些愚笨称其是棒槌。其并非真愚真笨，或许是低调肯吃苦，甘当枝叶。好，还说这件瓷器吧。瓷器中的棒槌瓶是明清瓷器中高档的器型。

棒槌瓶在明清瓷器中最早见于康熙时期，但棒槌瓶是早在宋代就有，有文字可查的是北宋汝窑天青釉盘口弦纹棒槌瓶。

棒槌瓶器型名称来源于早年女士洗衣服捶打衣物的木质棒槌。棒槌瓶烧制至少要三次对接接口成型，制作复杂，当年生产数量较罐类要少，流传于世的也不多，又受人们喜欢，因此倍显珍贵。

此件棒槌瓶的主纹饰是：亭、台、楼、阁、塔、桥集大成，显现楼阁的重檐翘角，雕梁画栋，很有古代风貌，还有小桥流水挑担骑驴者，天上有雁点成行。生活气息浓厚，景色宜人，看点多多。

这件青花棒槌瓶有康熙青花瓷的诸多特征：上等的青花浙料绘制，有翠毛蓝的感觉，水面地面都是硬笔绘制，不是中期后的平地涂抹。其圈足可见胎质硬朗细密。其器型是康熙棒槌瓶的标准形状。看它的盘口外沿里倾，绘回纹边饰。底面的双蓝圈有古法绘画的起落笔，流畅自然，颈部的边饰也是康熙多有常见的。

综上所述，此青花山水楼阁棒槌瓶是清康熙民窑精品瓷作。

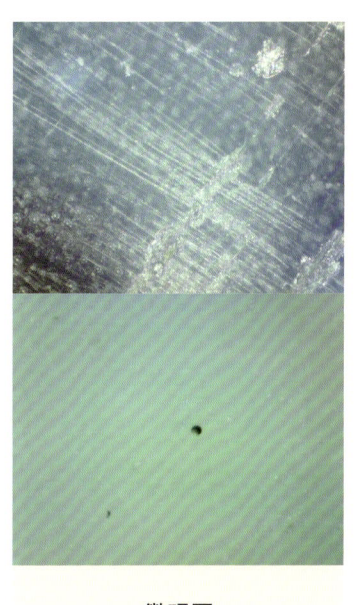

微观图

六、清早期　115

清康熙青花山水人物纹观音瓶

高: 45 厘米   口径: 12.6 厘米   足径: 15.5 厘米

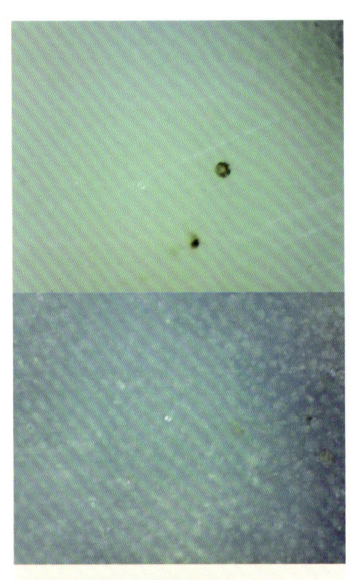

微观图

我们说练好眼力是玩好收藏的关键,练好眼力不仅能切金断玉,定能买到好瓷器。有如这件观音瓶就是件好瓷器。我们看它的绘画风格和绘画技法都是康熙时期多有的,有的是独有的,如墨分五色:头浓、正浓、二浓、正淡、影淡。墨分五色是用分水法得到的。人物脚下的斧劈皴、山石的披麻皴,都是典型的墨分五色的绘画技法。请见瓶表的展开图,看得更清楚、更全面。

从瓶体到底部图可见到胎质硬朗细密,呈现出康熙糯米胎的特征,而且胎上没有火石红,说明胎质里没有杂质。底面上的花押款,二层台圈足等,都说明了该瓶的身份,是康熙无疑,而且是康熙中期制品,因为釉面是粉白色。

综上所述,此青花山水人物纹观音瓶是清康熙民窑细路作品。

116　明清瓷器识真（续篇）

清康熙青花山水人物纹炉

高：15.7 厘米　　口径：24.5 厘米　　足径：13.6 厘米

这件青花炉是一个瓷器玩家当年逛报国寺地摊时淘到的，后来被一个店家收购，我是在程田古玩店里见到又拍下并将它的图片纳入此书的。可见这件青花炉身上透出了草根、地气，藏友间过事，更有味之情。

瓷香炉最早出现在宋代，宋代以前是陶、铜、银、铁质香炉，还有玉石、玛瑙等。宋代以后瓷香炉取代了金属香炉的主导地位，成为香炉的主流。瓷香炉最早见于宋、元龙泉窑的三足炉，之后明清景德镇的青花炉取代了龙泉窑香炉。

香炉是祭器、供器，即实用器。它是"五供"之一，"五供"包括一对烛台、一只香炉和一对花觚。

宋元时期的仿铜炉带耳的多，这件钵式炉是清早期的式样。"钵"——钵多罗的简称，钵多罗是梵文的音译，是和尚盛饭的用具。

此件山水人物青花钵式炉的绘画技法凸显康熙时期的墨分五色的分水法，人物脚下的斧劈皴，山石绘画中的披麻皴，都有头浓、正浓、二浓、正淡、影淡之色。立体感非常明显，画面有山有水，有奔泉之动与山石之静的对比美，仿佛见到松树在摇动，整个画面有松风流水之情韵。气韵盎然，结构严谨，别具风范。

圈足的胎质可见到硬朗细密，有糯米胎之感，且显现康熙时期的二层台圈足。双蓝圈有古时画法的深浅起落笔。微观图中的深色的死亡气泡，可见其年代久远。

综上所述，此青花山水人物纹炉是清康熙时期的民窑精品瓷作。

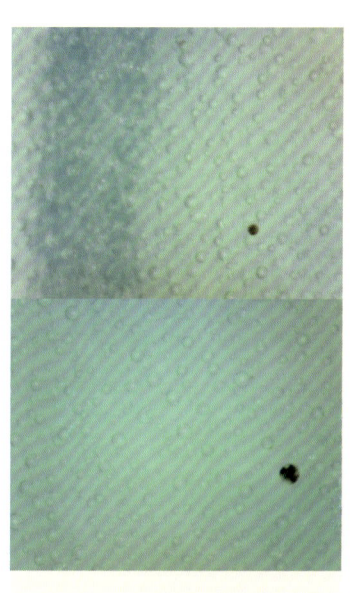

微观图

清康熙青花山水人物纹瓶

高：30 厘米　　口径：9.5 厘米　　足径：11.5 厘米

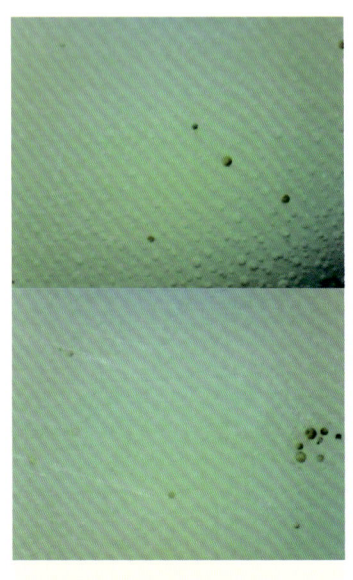

微观图

　　这件青花瓶线条简洁流畅，显现朴实大方，是件标准的清代器型。主纹饰是渔家乐，一条小船漂泊在水面上，主人持竿垂钓，悠然自得。远处的山有阴阳相背，显现康熙时期的分水绘画技法。足上方、口沿处的席纹边饰是康熙青花瓷上多有的，肩部的如意纹也是康熙青花瓷的特征。

　　再看圈足和内口沿的胎质都是硬朗细密，呈现清早期的特征。青花颜色也有清早期的沉稳深沉感，不俗不躁，凝重华贵。再看其釉表有传世品的牛毛纹，侧视釉面，有蛤蜊光呈现。

　　综上所述，此件青花山水人物纹瓶是康熙中期的民窑制品，说它是康熙中期的，因为其釉面呈粉白色，康早、康晚期都是微微泛绿的亮青釉。

118　明清瓷器识真（续篇）

清康熙青花山水人物纹香炉

高: 13.8 厘米　　**口径**: 23.3 厘米　　**足径**: 13.2 厘米

这件青花山水人物纹香炉是典型的康熙时期的钵式炉。器物扁圆给人以视觉上的直观美，十分典雅，与明崇祯时的截然不同，崇祯时的略高，但已显现简略单一，缺少美感，抑或说是另外一种美感吧。

此炉纹饰的青花是上等浙青料绘制，呈现出青翠艳丽的翠毛蓝色。其绘画技法是康熙时期开始有的分水法，特别是山石绘画中的斧劈皴、披麻皴凸显了康熙时期的墨分五色。图中人物虽小但其体态着装都有康熙时期的特征。又有明末清初图案中多有的小太阳当空。

圈足上胎质的质地，既硬朗细密又有深厚的包浆，透视出年代的久远。圈足内底面上的烧制中自然形成的棕眼，也告诉了我们它的年代。

朋友们，藏友们，学习怎样鉴定瓷器就要多看多上手，力辨真伪论美丑，看准了真假再出手。

这件青花炉我们说是康熙时期的，但康熙时期历时六十一年，还要说出它是康早、康中、康晚期，这也是大家要掌握和具备的。康熙十九年（1680）以前是康早，十九至四十五年（1706）是康中，四十五至六十一年（1722）是康晚。只要掌握康熙青花瓷早、中、晚期的一个特点就能分辨出康熙青花瓷的早中晚期了，其中康早期康晚的青花瓷釉面多是亮青釉，而康中是多近乎于粉白色的釉，即粉白釉。这件青花香炉是近乎于粉白釉，因此它是康中期的制品。另外大家该记得，翠毛蓝多在康中期出现。大家还要记得，上等浙青料和珠明料都能烧制出翠毛蓝，而珠明料又多在康中时使用，当然这是指瓷都景德镇而言。我也很喜欢这种康熙青花炉，手中也有几件在收藏。

综上所述，此件青花山水人物纹香炉是清康熙时期民窑细路精品瓷。

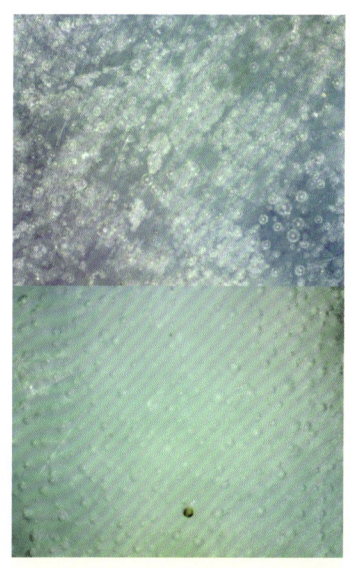

微观图

清康熙青花山水诗文方棒槌瓶

高: 51 厘米　　**口径**: 13.8 厘米　　**足边长**: 12 厘米

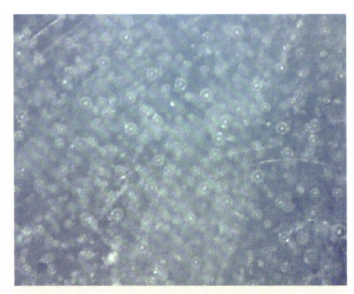

微观图

　　棒槌瓶最早在宋代瓷制品中就有出现。文字资料中可查到有宋汝窑棒槌瓶的记载。

　　这件青花方棒槌瓶有两面是图案绘，两面是长篇文章书写。古玩行里常把这种方棒槌瓶称作"天圆地方"瓶，是高档位的器型。

　　这件方棒槌瓶两幅画面中的一幅酷似"苏轼夜游赤壁"图的景色，画面中有千尺峭壁拔江而起，古松苍劲倒挂于江面的峭壁悬崖之上，江面水流湍急，正是苏轼在赋中所描绘的"江流有声，断崖千尺，山高月小，水落石出"的景象。在浩瀚的江面上，苏轼与友人坐在木船上赏月观景，谈笑人生。

　　此棒槌瓶所呈现的青花鲜美艳丽，是用上等浙青料绘制而生成的翠毛蓝色。绘画技法洒脱，描绘精细，有十足的康熙青花瓷的风采。特别是两幅长篇文字，更凸显了康熙青花瓷的特征，大家知道只有康熙青花瓷才有整幅的文字画面。

　　棒槌瓶，其名字的由来是其形状像女人洗衣服用的木质棒槌而得名。棒槌瓶主要是在清代的瓷制品中出现，棒槌瓶有圆的、方的两种，圆的称硬棒槌瓶，方的称天圆地方瓶，方的较圆的档次更高些。

　　另有其底面的露胎处可见其胎面已有微微泛黄的火石红生成。有"大清康熙年制"款，但从款识上看不够官。

　　综上所述，此件青花山水诗文方棒槌瓶是清康熙时期的民窑细路精品瓷。

120　明清瓷器识真（续篇）

六、清早期

清康熙青花四妃十六子将军盖罐

高: 43 厘米　　**口径:** 13.7 厘米　　**足径:** 18.5 厘米

微观图

　　有古瓷常识的人一看这件将军盖罐就会认准是康熙时期的,因为其外表已呈现出苍古温润,质简浑厚之气,致使谁也不会把这件犀角当牛角,把象牙当兽骨。

　　康熙青花瓷有三种色泽:一是翠毛蓝;二是普蓝;三是偏深蓝。这件是属普蓝的一种。是纯正的康熙青花的发色无疑。从盖的露胎处、圈足的露胎处可见其胎是康熙时期的老胎,没有火石红,却有老气十足的包浆。有康熙圈足特点的二层台圈足,双蓝圈花押款,都是康熙青花瓷的特征。再说这件将军盖罐的器型是标准的康熙将军罐的器型。纹饰是康熙时期多有的四妃十六子,盖上有三个顽童,罐体画十三个,孩童是身子长腿短,还延续明晚明末的特征。人物头上有锦带祥云,脚下有洞石堆立,这都是康熙青花瓷多有的画法。微观图可见有色呈深棕色的死亡气泡生成。

　　综上所述,该件青花四妃十六子将军盖罐是清康熙时期的民窑精品瓷。

六、清早期　123

清康熙青花松鼠葡萄纹鸡腿罐

高：22 厘米　　**口径**：5 厘米　　**足径**：9 厘米

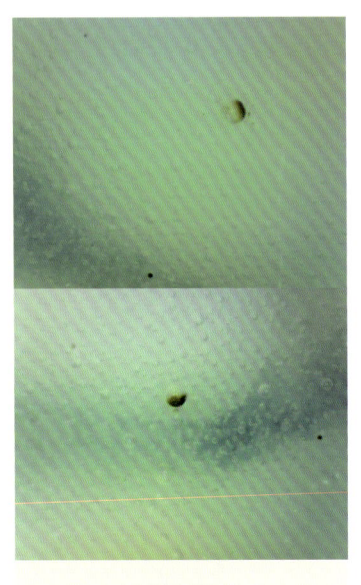

微观图

  这件青花松鼠葡萄纹鸡腿罐，书上也称它是小将军罐。鸡腿罐是民间行里人的习惯叫法。纹饰是松鼠葡萄，这种纹饰，是传统经典的吉祥纹饰，葡萄枝叶蔓延，果实累累，寓意子孙绵长，家庭兴旺，葡萄是人们心中的瑞果；鼠寓意多子，又是藏传佛教财神手中的吐宝神鼬，是财富的象征。所以松鼠葡萄的结合，更加祥瑞、吉祥。这样纹饰是中华民族传统文化的再现。

  这件青花松鼠葡萄纹鸡腿罐，青花发色有清早期的特征，深沉色重沉稳，让人看后觉得质感厚重。圈足是康熙时期多有的二层台圈足，胎质硬朗细密，是康熙时期的糯米胎。底面有烧制中出现的棕眼。微观图上有棕色死亡气泡生成，说明其年代久远，是一件老的器物。

  综上所述，该件青花松鼠葡萄纹鸡腿罐是清康熙时期民窑制品。

清康熙青花庭院人物纹粥罐

高：14 厘米　　口径：16.5 厘米　　足径：14.2 厘米

粥罐在明清瓷器里出现在明末清初，直到晚清民国都有生产。粥罐是生活中的实用器，不同时期粥罐的造型有别，青花发色有别，纹饰绘画有别，古旧感也有别。

这件粥罐是清早期康熙时期的，其特殊点是：清早期的很少见有与罐体烧在一起的，这种瓷耳做系多是清中期的粥罐。瓷兽耳做系的，而是多罐体有四个眼拴系。

这件粥罐后盖缺损，又配了一件木盖和木座。是老配不是新配。也有观赏性和收藏价值。

这件粥罐还好在有康熙本朝年款"大清康熙年制"，尽管不够官，在民窑里也是少见，很难得。

瓷器中的纹饰绘画中人物属上品了；其次是山水花鸟。

综上所述，此件青花庭院人物纹粥罐是清康熙时期的民窑细路精品瓷。

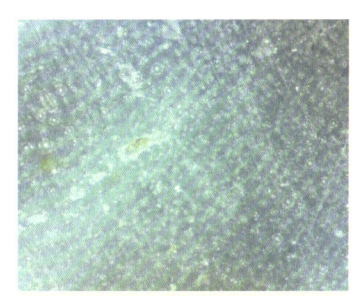

微观图

六、清早期　　125

清康熙青花五彩花卉纹莲子罐

高: 20 厘米　　口径: 7.6 厘米　　足径: 7.8 厘米

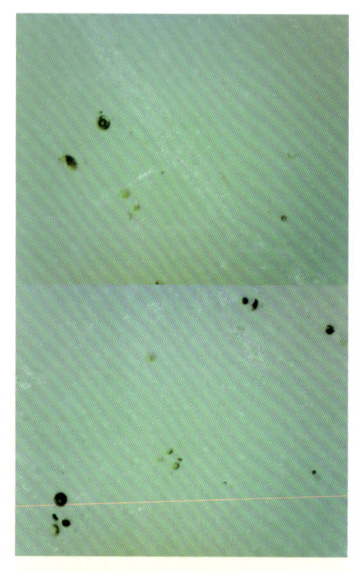

微观图

　　这件青花五彩花卉纹莲子罐的亮点在其器型好，器型高雅。年代好，康熙时期的。瓷器品种好，青花五彩。五彩瓷康熙以前的更是稀少珍贵。说到五彩，大家该知道它创烧于金代的磁州窑，景德镇元代已有实物流传到今天，但真正形成气候是明中期，嘉万时期最盛，嘉万五彩世界有名，欧洲及日本最喜欢万历五彩瓷，清晚及民国时期，我国生产了一批仿万历五彩瓷出口日本及欧洲，现回流瓷中就有，请藏友们别误把这些清晚或民国仿的万历五彩当成万历五彩真品购进。

　　这件青花五彩花卉纹莲子罐该是康熙早期的，因为康熙中期就有了釉上蓝彩了，不再用釉下青花作为釉上蓝彩了。

　　另外大家注意一点，这件五彩瓷的纹饰是墨彩或红彩勾边，而也有不用墨彩勾边的，一定是明中期以前的五彩瓷。

　　这件青花五彩花卉纹莲子罐，胎质硬朗细密，二层台圈足，亮青釉面，红彩是枣皮红，青花发色沉稳色重，其微观图中釉里有深黑色、深棕色死亡气泡生成。

　　据此可断定该件莲子罐是清康熙时期的制品，是民窑细路精品瓷。

清康熙青花五彩花卉小盘

高：1.8 厘米　　口径：12 厘米　　足径：7 厘米

这件康熙青花五彩花卉小盘很不起眼，但其独特之处，就是盘外墙的米色地，少有少见。

色地五彩是康熙时期创烧的。而米色地又是色地中少有少见的。我过去的书上写过，我曾在潘家园地摊上花35元钱买到一只康熙米地五彩碗，后被一个朋友6000元钱硬是拿走了，他知道我是35元钱买的。因为当时这碗就值两万元。后来又是一个好心朋友把他的这件米地小盘200元钱给了我，他知道我是教学写书用，我很感谢。

说这件小盘是康熙五彩，有这么明显的几点：双蓝圈与花押款有明显的康熙特征。绘画技法与色彩特别是枣皮红，都是康熙时期的特点。青花发色是康熙时期的。口沿边饰是康熙时期多有的。从我对这件小盘的讲述中，望大家能领会一两个知识点就行。

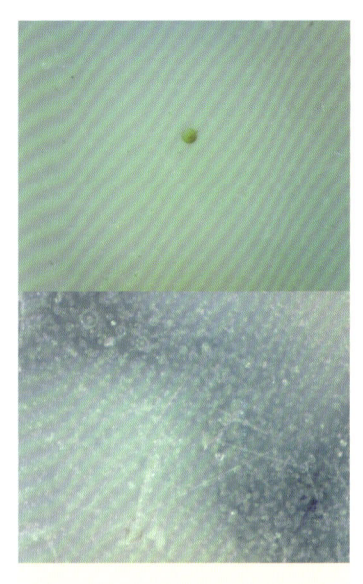

微观图

六、清早期　127

清康熙青花五彩人物故事纹将军罐

高: 33 厘米　　**口径:** 13.8 厘米　　**足径:** 18 厘米

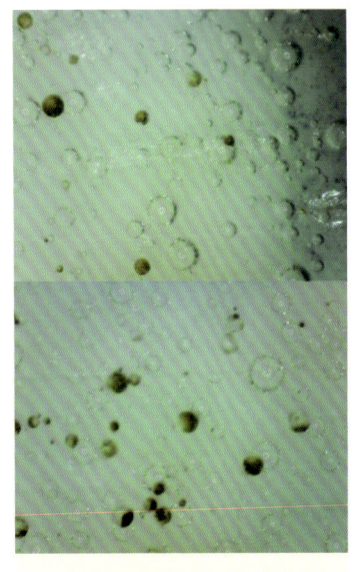

微观图

　　"好心态"是人生的好伴侣，有了它，让人愉悦、健康、幸福。收藏能给人"好心态"，当我们看到这件凝重华贵的青花五彩人物故事纹将军罐时，心情一定很好。

　　人物中有五位发髻高绾、脸廓丰满、眉如弯月、长裙曳地、色彩浓艳、袖张带举、轻灵舞动的美女。还有不同姿态，穿长袍戴儒冠的俊男。透露出那个年代的民俗与雅趣和时代风范。

　　该物件的器型是将军罐，将军罐最早见于明嘉万时期，现世面与藏界多见的是清代的，从顺治到晚清都有该器型，但不同时期器型又有所不同，这件将军罐的器型是康熙时期的。

　　不仅器型是康熙时期的，其釉下青花色彩是清早期的浙青料绘制，釉上五彩是康熙早期的，如红色是枣皮红，绿色微微泛黄，红色绿色与晚清都有所不同。还有康熙时期多有的括号云、二层合圈足、亮青釉面等都具有其时代特征。另则从其厚重的古旧感可知是件老器物。

　　综上所述，该件青花五彩人物故事纹将军罐是清康熙早期民窑制品，属民窑细路精品瓷。

清康熙青花五彩人物故事纹将军罐

高：30 厘米　　口径：13.2 厘米　　足径：14 厘米

　　这件距今已有 350 多年历史的康熙青花五彩人物故事纹将军罐仍能流传至今，验证了这句话：假的会输给时间，真的会成为永远。我相信这件将军罐会在我们子孙后代手上不断地传承。

　　青花五彩是康熙早期以前的，因为康熙中期有了釉上蓝彩，就不再用釉下青花作为蓝彩了。这件将军罐它的底很少见：既是平砂底又有圈足，并且有少见的那么明显的旋削式跳刀痕，跳刀痕又十分密集，显得又是快速旋转。这样的纹理多在晚清民国时瓷器上出现，康熙时少见，但这件将军罐绝对是康熙时期的。

　　事有常理，也有特例。这件器物该是特例。

　　图中的一群侍女的姿势神态显现亮点，个个淡意优雅，刻画传神。长裙曳地，袖张带举，轻灵飞动，发髻高绾，脸廓丰满，眉如弯月，色彩浓艳。既有端庄稳重之美，又有清纯脱俗之气。有康熙时期人物绘画的风格特征。釉下青花与釉上彩搭配紧密，布局合理有如一体。

　　将军罐是清代的器型，但不同时期有各自的特点，这件将军罐就有清早期的器型特征。青花发色也是清早期的，色深凝重。清中清晚期则与此不同，多色浅淡，显漂浮。整器器表有深厚的古旧感、熟旧感与陈旧感。

　　综上所述，此件将军罐是清康熙时期的民窑细路精品瓷作。

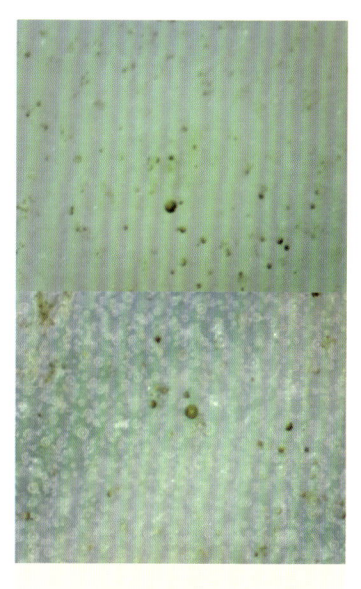

微观图

六、清早期

清康熙青花五彩人物梅瓶

高：19 厘米　　**口径**：5.5 厘米　　**足径**：7.4 厘米

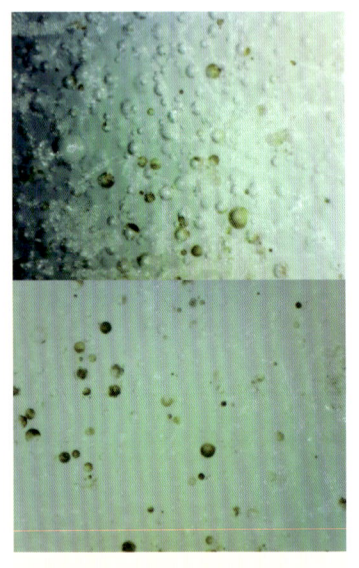

微观图

　　梅瓶是一款名瓷器型，最早出现在唐代，宋辽时广为流行，古时是盛酒器，如今已是藏家的古玩收藏品。在许之衡所著《饮流斋说瓷》一书中对梅瓶的形制、特征及名称的由来有详尽的描述。关于梅瓶的用途，磁州窑白地黑花梅瓶上有"清沽美酒"与"醉乡酒海"的诗句。可见梅瓶古时既是盛酒之器又是观赏品。

　　现在市场上受藏家青睐而又多见的是明清时代五彩或青花五彩梅瓶，当然宋元时期的梅瓶更好但不多见。可康熙梅瓶多见，能买到。

　　这件梅瓶是清早期的。凸显有时代特征的洞石芭蕉。我觉得端肩更受看、更美。其二层台圈足也是一特征。其色彩纹饰是用青花五彩绘出的，十分精细，从人物的脸廓和衣着纹理能看出绘画之精细程度。

　　此件康熙青花五彩人物梅瓶的釉面彩面温润，有古老器物的古旧感、陈旧感，特别是器物器型秀美，绘画精细，是一件很好的收藏品。

130　明清瓷器识真（续篇）

清康熙青花五彩人物纹将军罐

高：33 厘米　　口径：15 厘米　　足径：19 厘米

这件青花五彩人物纹将军罐是真品，是康熙时期的。说它是真品理由如下：底足的瓷胎是康熙时期的，而且做工也是那个时期的特征，即平砂底有轻微的旋削痕，并是二层台圈足。再看彩面，红彩是康熙时期的枣皮红，绿色微微泛黄，有康熙时期绿色的特征，不是晚清光绪仿康熙五彩釉面上绿，彩色深见，深绿偏黑的色泽十分明显。特别是它的微观图，深棕色的死亡气泡众多，气泡有立体感，是自然形成的。从这里大家要学会识别真的死亡气泡的特点。

再说说将军罐，因其宝珠顶盖似古代将军盔帽而得名，是汉族陶瓷艺术的珍品。初见于明嘉万时期，但形成规模是清初，因此有人称将军罐是清代的器型。将军罐清早、中、晚期都有，但器型有所变化，这件的器型就是清早期康熙时期的。

综上所述，该件青花五彩人物纹将军罐是清康熙时期民窑制品，属精品瓷。

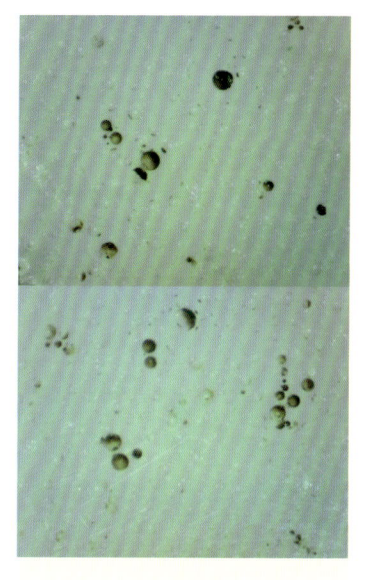

微观图

六、清早期　131

清康熙青花五彩瑞兽纹将军罐

高：30 厘米　　**口径**：15 厘米　　**足径**：15.7 厘米

微观图

　　实战派、零距离都是我欣赏的。因为我本身就是个草根，当草根接地气，谈瓷论瓷更有份，藏友间多过事，收藏鉴赏更有味。

　　这件青花五彩将军罐就接地气，谈起它来更有味。主纹饰是两只麒麟。

　　这种将军罐的器型、平砂底、三层边饰都有康熙时期五彩瓷的特征。青花发色沉稳，微观图有死亡气泡生成，口沿涂绛釉口，加之釉下青花等，都说明它是清早期的，即康熙早期。

　　综上所述，此青花五彩瑞兽纹将军罐是清康熙年间的民窑制品。

132　明清瓷器识真（续篇）

清康熙青花五彩"四鱼图"纹将军盖罐

高: 40.5 厘米　　口径: 14.5 厘米　　足径: 18 厘米

这件青花五彩四鱼图纹将军盖罐可谓光环在身，必定迎来好口碑的。

我上手这件将军罐，知是四鱼图，鱼在中国寓意喜庆繁荣，多用来作祝福之词，如年年有余、吉庆有余、鱼跃龙门等，四条鱼又寓意四季有余（鱼）。四鱼常画鲭、鲥、鲤、鳜四种鱼。尤以鲤鱼备受推崇，为人们最爱。常有鲤鱼跳龙门的画作，鱼化龙也画得是鲤鱼。

回味鱼纹出现在瓷器上，最早该是走兽、游鱼、禽鸟、草虫出现在东汉的青瓷上开始有的。

这件将军罐是原配盖，很难得。人们常说有盖没盖差一半，又是原配盖，更该是一半。

从露胎的底足，盖的内口内里都可见到老瓷胎的品位与风范。是康熙瓷无疑。将军罐的器型也是康熙时期的。红彩是枣皮红，青花发色深沉色重，有浓深的质感。

综上所述，此青花五彩"四鱼图"纹将军盖罐是清康熙时期的民窑制品。

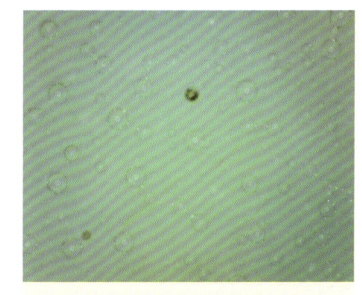

微观图

六、清早期

清康熙青花云龙纹胆式瓶

高：37.2 厘米　　**口径**：9.7 厘米　　**足径**：13.6 厘米

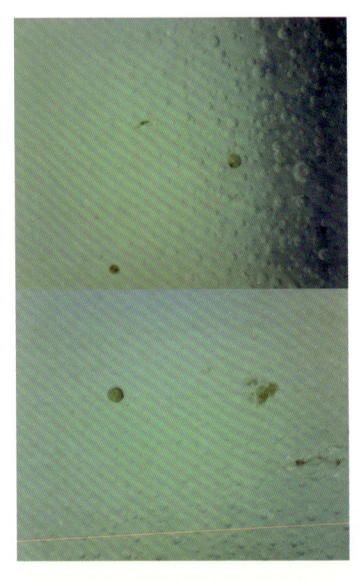

微观图

　　这种青花云龙纹胆式瓶器型很美，而美中不足是有破损，上了不少的锔钉，但又是好事，因为锔钉又增加了一层古意。现在民间的"锔锅锔碗锔大缸"的工艺没有了，已经作古，退出了历史舞台。成了历史，成了古迹。早说20年前，晚说10年或几年前，当收藏的人们收到带锔钉的瓷器，都设法把锔钉弄掉，然后用胶把掉下来的瓷片粘上。现在收藏人都意识到了锔钉不该起掉，因为那是古迹。

　　这种胆式瓶在中国的瓷器烧造史上由来已久，宋代的哥窑、钧窑及德化白瓷都有胆式瓶的烧造。明清瓷更是一款受欢迎的器型，当时生产的数量多，现在传世品中也常见，这件胆式瓶就是其中之一。

　　这件胆式瓶圈足是康熙时期的二层台圈足，胎质硬细，是典型的糯米胎，亮青釉；青花是上等浙青料绘制的。底有康熙时期多有的树叶款。微观图上有棕色死亡气泡，从微观的角度也证明它是老的。

　　综上所述，此器是清康熙时期的民窑制品，属细路精品瓷。

134　明清瓷器识真（续篇）

清康熙青花长颈葫芦瓶

高：16 厘米　　口径：1.9 厘米　　足径：4.8 厘米

我们看这件瓷器的名称很难叫，是葫芦瓶还是长颈瓶，不好说，经过翻阅资料，还是叫它长颈葫芦瓶比较妥帖。在耿宝昌老师所著《明清瓷器鉴定》一书的康熙篇里有近似的器型，叫长颈葫芦瓶。

该瓶的青花发色是上好的翠毛蓝，我们知道翠毛蓝是按翠鸟身上的蓝色羽毛而得名的，是康熙中期多有的，是用珠明料和上等浙青料绘制的青花烧制后而产生的翠毛蓝色。翠毛蓝青花瓷是明清瓷中青花发色最好的青花瓷，是玩青花瓷收藏爱好者最为追求的。

该瓶的底足可见没有火石红的胎质，这也是康熙时期多有的。胎质洁白而细密。

综上所述，此件青花长颈葫芦瓶是清康熙时期民窑细路精品瓷制品。

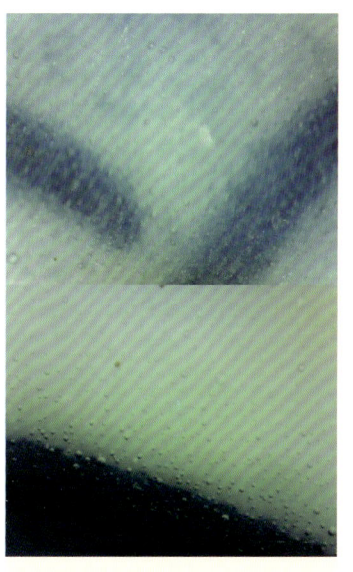

微观图

六、清早期　　135

清康熙洒蓝开光青花人物瓶

高：50.5 厘米　　**口径**：14.2 厘米　　**足径**：17 厘米

微观图

　　这件洒蓝大瓶高半米多呀！少见这样高大的立件。特别是多处开光，有精美的人物纹饰出现在瓶面上。有长袍拖地，发髻高绾，脸庞丰满，眉如弯月，袖举带张的美女图，人物有康熙时的时代特征。除美女图，还有开光杂宝纹，也是康熙青花瓷上多有的。开光里的纹饰青花是上等浙青料绘制的，有清康熙青花的特征，沉稳亮丽色重。康熙青花有三种颜色，一是翠毛蓝；二是普蓝；三是这侍女身上的蓝色——深蓝。

　　瓷器上常有云纹，云纹多是给主纹饰做陪衬用的，很少做主纹饰出现。云纹最早始于唐代长沙窑、越窑，各时期有不同的云纹，如品字云在明早期永乐时期，壬字云多在明晚嘉万时期，康熙时期多锦带祥云、括号云等。这件瓷器的开光仕女图里就有锦带祥云并搭配有括号云。上有云下有水，最早在秦汉时期的原始青瓷上就有水波纹。

　　这件大立件的圈足可见其古旧程度不一般，有深重的包浆和使用痕并且是康熙时期的二层台圈足。这么个大件是洒蓝，洒蓝创烧于明早期，实物不多见，现市面见到的多为康熙和光绪时期的。从釉面的微观图上可见到老化后生成的死亡气泡。

　　综上所述，这件洒蓝开光青花人物瓶是清康熙民窑细路制品。

136　明清瓷器识真（续篇）

六、清早期　137

清康熙素三彩花鸟方棒槌瓶

高：48.8 厘米　　口径：13.2 厘米　　底边长：11.9 厘米

微观图

　　素三彩要么康熙，要么光绪，这是行里人常说的一句话，不曾成文，但也是藏友间的共识。这共识或许是一句话，或许就是一个眼神。

　　素三彩一般指的是低温釉上素三彩（简称三彩），是明宣德年间创烧的。还有一种是高温釉下素三彩，也叫釉里三色，是清康熙年间创烧的。这两种素三彩都是明清瓷中的上上品种，传世品少。素指不带红，称其为素。但也极少有带红的，三彩带红价值连城。

　　当前市面上及藏界多见的是清代素三彩瓷，明代的极少，很难见到。

　　本文中的素三彩花鸟方棒槌瓶，本人断它是清康熙年间的，理由有如下四点：

　　其一，从方形底面可见其胎质硬朗细密，是康熙瓷才能见到的。光绪的素三彩我手中也有几件都不是这样的，是疏松，不硬朗也不细密。其二，上口的里面的釉面是康熙瓷上才能见到的细密紧皮，又有慢轮形成的旋纹，并呈现时代久远的沧桑感。其三，花鸟纹饰的鸟肥，鸟肥是清康熙时期的纹饰特征之一。其四，绿色的整体釉面，绿色有康熙时期的微微泛黄；光绪时期的绿色是深绿，不泛黄。还有其他的如器型、边角上的灯草口，等等，不细说了。总之，该件方棒槌瓶，行里人也叫它天圆地方瓶，是清康熙年间的民窑细路制品，是一件精品瓷。

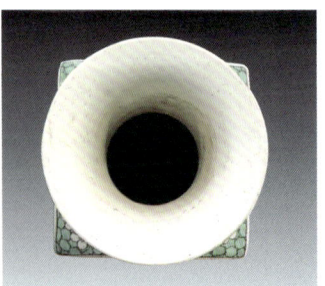

清康熙五彩花鸟纹圆形瓷板

直径: 20.5 厘米　　**厚**: 0.8 厘米

　　我们说练好眼力，一般是不会买错的，但也很难说，我在讲课时对学生们也说过："我也有看错、说错，甚至买错的时候。"我个人认为到什么时候也不要把自己看成是全能。人无完人嘛！

　　这件瓷板是康熙五彩花鸟纹圆形瓷板，特点突出，行里人玩家一看便知。突出的一点鸟肥，在这尤为抢眼。其山石花卉及边饰的绘画技法与特点也都凸显康熙时期瓷作技法与特征。

　　另者，从背面的瓷胎也能看到有细密的麻布纹和硬朗的胎质，都是清早期的特征。

　　这件圆形瓷板是块镶嵌件，用在木质家具或墙体上。

　　综上所述，此瓷板是清康熙时期的民窑制品。

六、清早期　　139

清康熙五彩开光花卉纹橄榄瓶

高：35.1 厘米 **口径**：7.3 厘米 **足径**：10.2 厘米

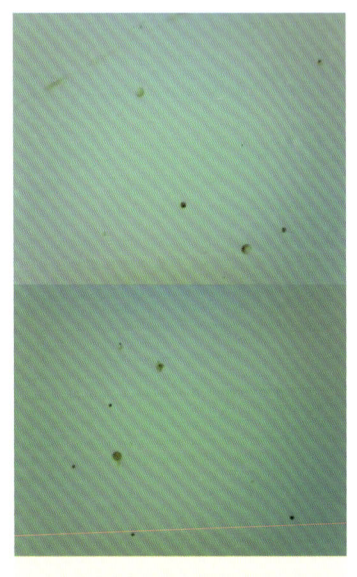

微观图

这件五彩开光花卉纹橄榄瓶是康熙年间的，已过了300余年，还完好地保存至今。

这件五彩橄榄瓶绘画的洞石花卉艳丽凝重，亮丽古朴又不失淡雅。说它有鬼斧神工的艺术魅力令人折服也不过分。

橄榄瓶在明清瓷器里，本身就是一款高档器型，少有少见。

说它是康熙时期的，有这样几点：苍古温润看出其年代久远，微观图上看到其年代久远，胎质上看到其年代久远，纹饰有双犄牡丹和枣皮红，看起来年代久远，诸多特征都说明它是康熙时期的。

综上所述，该件五彩橄榄瓶是清康熙时期民窑制品中的细中之细的一款精品瓷。

清康熙五彩人物笔筒

高：13.8 厘米　　口径：10 厘米　　足径：10.5 厘米

看这件笔筒里的人物不是也和我们一样在玩好收藏大步向前吗！他身着百姓便装，反映了他那个时代的风土人情，还是很有点意思的。

笔筒是文房四宝之外的第五宝，人们都这样说。文房用具古来就很多，如笔架、笔洗、笔床、笔插、笔格、笔山、笔屏、笔船、笔掭等，还有些是古人熟知，而我们不查字典都不知是何物的文房用具，如秘阁、贝光、数珠、钵、番经、轩辕镜，等等。笔筒说的是瓷笔筒，最早出现在汉代，但很少。到了明清，从明末清初开始，成了瓷器中的主要品种之一。最早的明清瓷笔筒可见于明崇祯，康熙之后的各式大小笔筒，现流传于世的很多，是当今的明清瓷器收藏品中的时尚之器。康熙时期的青花文字官窑大笔海可卖到几百万元，最时尚的笔筒还有乾隆时期的唐英制的文字笔筒。

这件五彩人物笔筒是康熙时期的，从它的玉璧底这点，就可断定其年代。崇祯时期的多平砂底，乾隆以后各朝的笔筒多窄圈足。这件笔筒老气十足，包浆厚重，色彩及绘画技法都有康熙时期的特征，是清康熙时期的民窑细路制品。

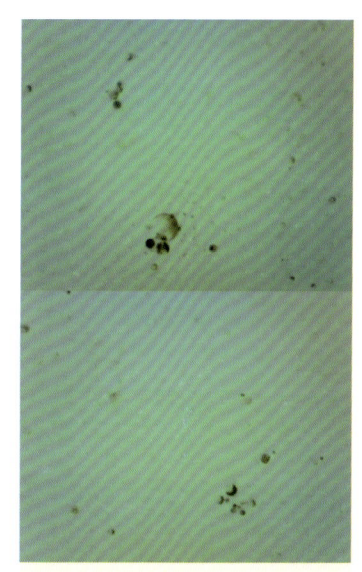

微观图

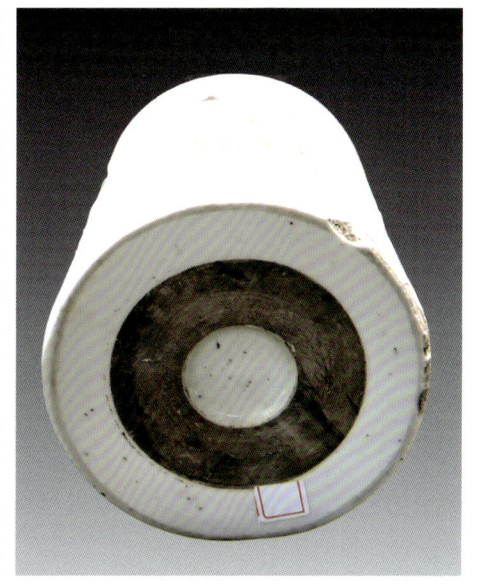

六、清早期

清康熙五彩人物故事纹花觚

高: 40 厘米　　**口径:** 18.8 厘米　　**足径:** 14 厘米

　　赏瓷第一位的就是器型。明清瓷器的器型多达几十种，最抢眼的有：棒槌瓶、太白尊、观音尊、马蹄尊、凤尾尊、筒瓶、橄榄瓶、玉壶春瓶、琵琶尊、蒜头瓶、天球瓶、摇铃尊、葫芦瓶、梅瓶，等等；还有少见的贲巴壶、多穆壶之类。普通百姓的实用器这里就不提了，说起来更多。

　　花觚也叫凤尾尊，这里的这件凤尾尊与多有的大圆鼓肚的不同，中部的鼓肚略有凸起，又不是圆形是直线形。是明末清初花觚的器型。

　　这件花觚的人物绘画精细精美，构图线条流畅。人物站在云中雾中，服饰飘逸灵动，意境莫测，给人以想象的空间。看该花觚的底足，平砂底，胎质细白，但有厚重的包浆，老气十足，有明末清初的特征。

　　综上所述，此件五彩人物故事纹花觚是清顺治到康熙早期的民窑细路精品瓷。

清康熙五彩人物纹将军盖罐

高：37 厘米   口径：14.2 厘米   足径：16 厘米

    五彩器将军罐，因其宝珠顶盖形似古代将军盔甲而得名。这一瓷器器型是中国明清陶瓷艺术的一种罐式珍品，初见于明万历崇祯时期，到清顺治基本定型，后朝都有生产，但器型有异可区分。

    清代将军罐有各种瓷器品种：青花、五彩、粉彩，各种单色釉的居多，且官民窑都有生产。

    此件将军罐的盖为另配，原配盖应是人物纹——三个不同颜色的顽童。虽是另配但也是同一康熙时期的。

    纹饰中的青花色泽浅淡有些泛灰，是康熙时期民窑制品中青花色泽的一种，没有深色厚重的效果好，五彩中的红色是枣皮红，是清早期或是明末清初多用的红色。绿色微微泛黄是清初的特征，到了晚清的绿色色深微微泛黑，这也是断代的依据之一。

    综上所述，此件五彩人物纹将军盖罐是清康熙时期民窑制品。

微观图

康熙时期至今已有三百余年，从图上可见其死亡气泡都有破损，边沿不清，现代仿品是不会有这样的微观的。

六、清早期　　143

清康熙五彩"四美图"将军盖罐

高： 38.5 厘米　　**口径：** 14 厘米　　**足径：** 13.6 厘米

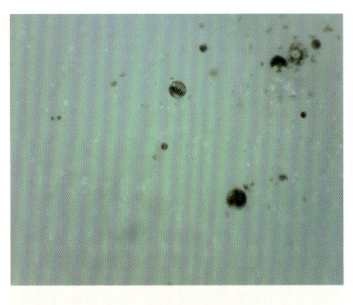

微观图

微观图中可见釉面老化明显，有众多死亡气泡生成。死亡气泡是自然生成的，气泡有立体感，边沿清楚。

　　该件五彩人物将军罐，盖是原配，很难得，人们常说："有盖没盖差一半"，且是原配盖，人物罐的盖必是三个不同颜色的人物顽童。

　　此罐的青花色深蓝、沉稳，有清早期青花色泽的特点。红色是枣皮红。特别是仕女头上的黑彩上面都罩一层玻璃白，也是清早期的特点，到了清晚期，一般黑彩就不罩玻璃白了，因为黑彩料里边加了铅料，附着在釉面上牢固，清早期黑彩彩料里没有铅粉料，罩玻璃白为了附着牢固不脱落。这也是断代的依据之一。

　　此件五彩"四美图"将军盖罐的器型也是清早期康熙时期的，清中晚期的将军罐都不这样，多收腹少，上下粗细变化不大。

　　从罐底足与盖体的胎质看，都是清早期的胎质，老旧程度明显，有康熙时期旋削式跳刀痕，而不是明末清初时的刀削痕。

　　此罐古旧感、熟旧感、陈旧感强烈，是一件清康熙早期的民窑细路制品。

清康熙五彩杂宝纹笔筒

高: 12.3 厘米　　**口径**: 9.3 厘米　　**足径**: 9.5 厘米

　　这件五彩杂宝纹笔筒是件三寸小笔筒，从形状上看就是清代的。因为瓷笔筒从明末开始多有的，但明末与清代各朝的笔筒器型是不一样的，特别是底足各有不同，明末多平砂底，康熙时期是多玉璧底，如这件，就是玉璧底，而到了乾隆以后多窄圈足。

　　笔筒是文房四宝之外的第五宝。颇受当今收藏人们的重视。从这件笔筒底足的露胎处可见其胎质硬朗细密，是康熙时期的胎质，釉面微见亮青，纹饰的绘画技法都有康熙时期的特征。

　　综上所述，此件五彩杂宝纹笔筒是清康熙时期民窑制品。

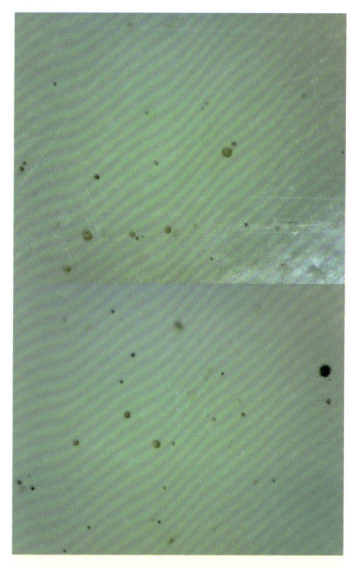

微观图

六、清早期

清康熙五彩雉鸡牡丹纹凤尾尊

高: 46 厘米　　**口径:** 23 厘米　　**足径:** 13.8 厘米

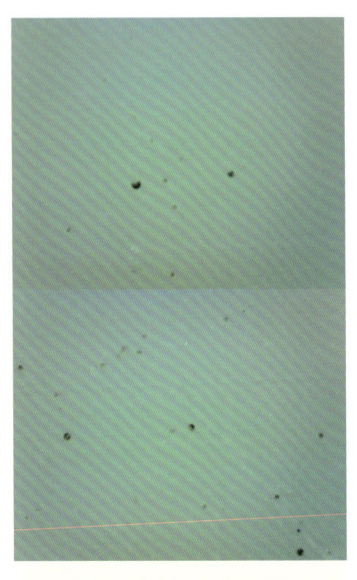

微观图

　　这件康熙五彩雉鸡牡丹纹花觚，就值得收藏者力挺。理由其一是器型好，花觚也叫凤尾尊，是明清瓷器里高档的器型，花觚这种器型在清早期到清晚期乃至民国时期都有，但器型是有变化的。在收藏者眼里，康熙时期的凤尾尊器型是最美的，这件就是康熙时期的。其二，纹饰好，雉鸡牡丹这种纹饰元代就有，而明代嘉万时期最盛，清代早期也是最时尚的一种纹饰。其三，这么大的立件，年代这么久远，能保存到现今，实属不易。其四，再看它的圈足，是康熙时期典型的二层台圈足，胎质硬朗细密，是康熙的糯米胎，光泽温润柔和，古旧感强烈，微观图里可看到有死亡气泡生成。

　　综上所述，该件凤尾尊是清康熙时期的民窑细路精品瓷。

清康熙釉下三彩山水人物纹花觚

高: 45 厘米　　口径: 24 厘米　　足径: 15.4 厘米

这件有康熙特色的大花觚或叫凤尾尊的瓷器品种是釉里三色瓷（也叫釉下三彩瓷）。这种瓷器品种创烧于清康熙时期。还有釉上三彩瓷，是在高温烧好的白瓷或青花瓷上绘画出三彩纹饰经二次入窑低温 700℃~800℃ 烧成。这种三彩瓷创烧于明宣德，之后明清各朝都有烧制。

现市面上多见的是清中晚期、民国时期的釉上低温素三彩瓷，也能见到康熙低温三彩和康熙高温三彩（釉里三色）瓷制品。如案缸、大笔筒等。

这件素三彩大花觚有重重的康熙时期的特征，如青花的墨分五色，即头浓、正浓、二浓、正淡、影淡。画面中的斧劈皴、披麻皴就是墨分五色的典型画法。其底足上的二层台圈足是康熙时期器物圈足的绘画特征。从图上可看到其胎质硬朗细密，双蓝圈绘画自然流畅，起落笔特征明显，青花是浙青料绘制。此花觚的器型有清早期及康熙时期的特征，与清中清晚花觚的形状明显不同。微观图中可见老化程度明显，死亡气泡色浓深，可见时间久远。

综上所述，此件不多见的釉下三彩山水人物纹花觚是清康熙时期民窑细路精品瓷。

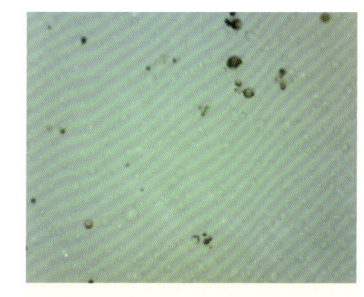

微观图

清康熙中式伊万里瓷花卉纹壶

高：10.5 厘米　　**口径**：6 厘米　　**足径**：8.5 厘米

微观图

　　这一件花卉纹壶有特点，釉表有红彩描金在上边，全身瓜棱清晰可见，这是外销瓷的明显特点。

　　话说壶是实用器，也可以说是文房用具，哪个文案书生不在案头舞文弄墨时喝壶茶呢！供桌、书桌上的器物比饭桌上的器具档次要高，这是人们的共识。

　　这件茶壶器型小巧而繁复，是件可用、可赏、可把玩之物。当年是为出口欧洲，在康熙二十三年（1684）以后景德镇烧制的，叫中式伊万里瓷。说起"伊万里瓷"名称的由来是这样的：清代初年或说明末清初由于战乱，景德镇无力生产出口瓷了，欧洲人即向日本订购瓷器，当时正处日本江户时代，日本九谷等几大名烧之一的"有田烧"烧出的这种瓷器在日本的伊万里港装船出口，故而欧洲叫它"伊万里瓷"。

　　这件中式伊万里茶壶从其口沿、壶盖的露胎处可见其胎质是康熙时期的，细密硬朗。因胎中无杂质，故而没有火石红生成。釉面粉白是康熙中期的特点。

　　综上所述，该件中式伊万里瓷花卉纹壶是清康熙民窑制品。

清康熙中式伊万里瓷麒麟凤纹盖罐

高：27 厘米　　**口径**：9.3 厘米　　**足径**：14 厘米

该盖罐是景德镇在康熙二十三年（1684）以后，按日本伊万里瓷的风格生产出口欧洲的一种瓷器。

这种瓷器的特点是：釉下青花、釉上红彩加描金。这类瓷器多为盘碗类，罐类不多，特别是此罐尺寸不大，是中型尺码的，高达27厘米。

该罐主纹饰是麒麟凤凰云中游，云是山字形火云纹，这种云是清代多有的，特别是清早期多有。

罐上青花厚重沉稳色深，有清早期青花特征。

从口沿的露胎处可见到其包浆和微微泛黄的火石红，底足上也有显现，口沿下肩部上的边饰也是康熙时期多用的。另外，整体有古旧感、熟旧感，可见该器物是老的，年代是清早期康熙时期的。

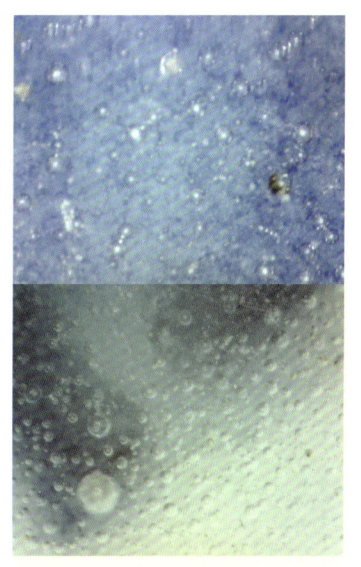

微观图

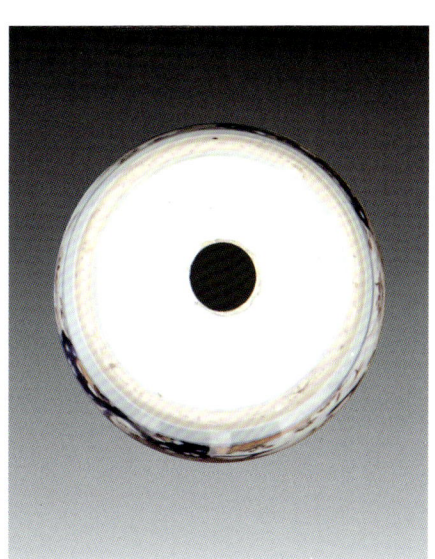

六、清早期　　149

清康熙中式伊万里瓷雉鸡牡丹纹凤尾尊

高：43.5 厘米　　**口径**：20.5 厘米　　**足径**：16.5 厘米

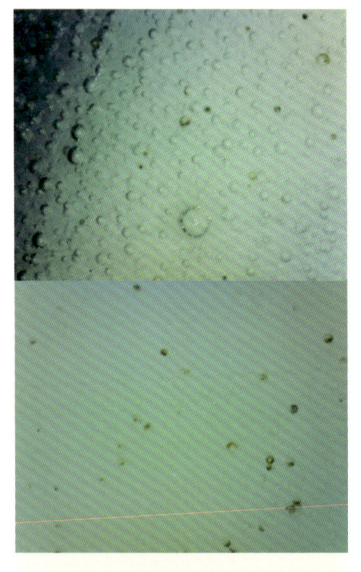

微观图

　　图中是一件清代的凤尾尊，也叫花觚，这种器型来源于商周时期的青铜觚。花觚（凤尾尊）是明清瓷器中的高档器型之一，明代花觚多有似青铜觚的出戟或细长状。当今藏界和市场上最受欢迎而又多见的还是康熙时期的花觚及康熙凤尾尊。

　　按耿宝昌老先生《明清瓷器鉴定》一书中说，大者高达两米，中型高约45厘米，一般小的10~20厘米。康熙时期的凤尾尊多为内销瓷，也有出口外销的。这件就是康熙二十三年（1684）以后出口欧洲的外销瓷——中式伊万里瓷，是景德镇生产的。

　　中式伊万里瓷的特征是：釉下青花、釉上红彩加描金。这件大花觚正是这样的纹饰。上下两层主纹饰都是雉鸡牡丹。这种纹饰是明清瓷器中的一幅名片，元代开始有，嘉万时最盛。清康熙时期及以后各朝这种纹饰画片也多有，这件器物看其整体画面可见外销风格。

　　从圈足上看是明显的康熙二层台圈足，其釉表是康熙中期的粉白色。再看它的微观图，有较多且色深棕色的死亡气泡，可见其年代久远。

　　综上所述，此件雉鸡牡丹纹凤尾尊是清康熙时期的民窑制品。

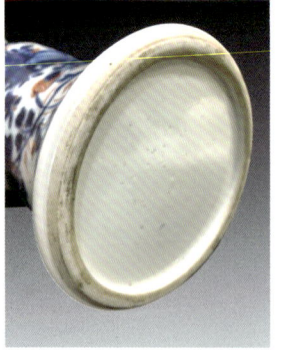

仿清康熙豆青地釉里三色青花人物纹双耳瓶

高：43 厘米　　**口径**：13.7 厘米　　**足径**：14 厘米

　　这种豆青地釉里三色青花瓷，只有清代有这个品种，釉里三色是康熙时期创烧的。而这件，既是豆青地釉里三色，又是青花纹饰的豆青地青花瓷，而且也是高雅少见的品种。

　　这件我把它定格在现代仿品。其理由有四点：其一，青花料没有矿物料的质感，很漂浮，是化工料。其二，器物下部微观可见死亡气泡众多，肉眼也可在釉面上见到黑色小斑点，死亡气泡是人工造的。真假死亡气泡很相似。但仔细看，还是能找出不同点。不要单看死亡气泡断真伪，还要综合判断分析。其三，表面没有老器物的古旧感，太亮。其四，用手电照器里面，可见现代制坯时形成的高速凝转产生的凝痕，非常密集，清乾隆时期是没有这样的电动工具，不会产生这样的高速凝痕。中国用"电"，是清光绪时期，光绪八年（1882）在中国的土地上，英法租界有了第一个发电厂。

　　综上所述，该件豆青地釉里三色青花人物纹双耳瓶是件现代仿品。

六、清早期

仿清康熙豇豆红摇铃尊

高：23.5厘米　　**口径**：3厘米　　**足径**：6.6厘米

这件豇豆红摇铃尊，很可爱，我曾在2016—2018年拿到景德镇去讲课，课堂上学员看了，很多人说这是件真品。我也觉得它很像真品，但我心里清楚，它是件仿品，因为我是在潘家园卖新瓷器的二区花80元买的，摊上不止这一件，有好几件与这件一模一样的。

这件豇豆红摇铃尊说它像真品，也就是人们常说的仿得到位有这么几点：绿色苔点明显与红斑交相呼应，十分美丽。是耿宝昌老先生《明清瓷器鉴定》一书中说的："深浅不匀的斑点，甚是柔和悦目；有的于器身或口沿边露出'缺陷美'的绿斑苔点，今称作'美人醉'……"本文中的这件摇铃尊，可称得上是"美人醉"了。是一等的豇豆红，不是二等品的"娃娃面"或"桃花片"，更不是再次者的"乳鼠皮""榆树皮""驴肝""马肺"。

仿制到位的第二点是摇铃尊的器型，特别是康熙多有的二层台圈足仿制得到位，尤其圈足上的胎质很像老的。另外全身包括底面都有开片。釉面亮而柔不刺眼，都很像真品。上口的里面，仿制者也下了功夫，白色釉面微微泛黄，给人直观感觉不新。

我拿它在景德镇讲课，一位听我课的景德镇做仿品的大家，也是本研修班的老师，专讲如何仿制古瓷，如何鉴别真与仿。他就说这件是仿品，但仿得十分成功到位，市场上按仿品卖，最少也要卖一百元，说我80元买得便宜，卖家不挣钱。

仿品毕竟就是仿品，以后有机会再拿一样器型的豇豆红真品相比较就能找出差别在哪儿了。

清雍正矾红模印龙纹盘

高：4.2 厘米　　**口径**：20.5 厘米　　**足径**：13.2 厘米

　　这件清代古瓷已有几百年，也是一天一天从世上走过来的。它们也经历了黑天和白天，历经古来万事东流水呀，战乱、天灾、使用中的损伤，保存到现在也实属不易呀。

　　这件矾红模印龙纹盘画的是明代的猪嘴龙，盘底落款"大明成化年制"，该是件明代瓷器了，但不是，而是清代的，盘上可找到清雍正瓷器的诸多时代特征。圈足的做法与特点，可见清代的泥鳅背圈足，上边有棕黄色的护胎釉水，盘的高圈足也是清早期的特点。釉面光亮洁净，微微泛青。而雍正时期确有一批龙纹器物多画明代的猪嘴龙，而不是清代的狮子头龙。清代多有写"大明成化年制"寄托款的。

　　综上所述，此件矾红模印龙纹盘是清雍正时期的民窑细路作品。

六、清早期　　153

清雍正仿哥釉笔洗

高: 5厘米　　**口径**: 14厘米　　**足径**: 9.5厘米

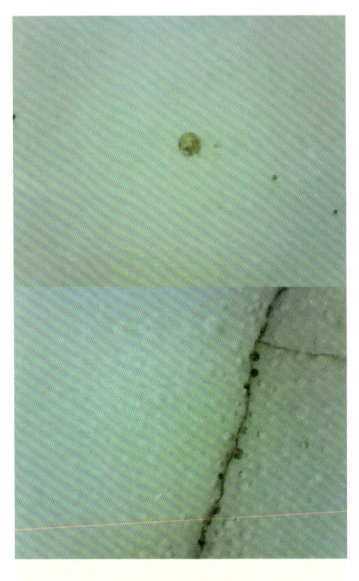

微观图

　　这是一件器型典雅秀美的文房用具笔洗。瓷器品种是仿哥釉，仿宋代的五大名窑之一哥窑瓷。哥釉是单色釉，单色釉分高温单色釉和低温单色釉，哥釉属高温单色釉。

　　这件哥釉笔洗，属小器物大开片，是收藏人玩家最喜欢的，因为哥瓷里还有小开片的，叫鱼子片的，小开片的不如大开片的受欢迎，更不如小器物大开片的，如这件笔洗。

　　这件笔洗的底面，即圈足里是黑色的，有人会问这是怎么回事。雍乾时的哥瓷器物，特别是大件，如30~40厘米高的立件盘口瓶，底多有深棕色的护胎釉水，这件笔洗底面的黑色也是这类东西，只不过是色泛黑了。我看了实物，没有图上这么黑，可能是因为照相图片效果所致，也是正常的护胎釉水。

　　该件仿哥釉笔洗釉面温润，有深重的苍古熟旧感。胎质硬朗细密，金丝铁线，有自然的年久岁月感，该件笔洗是清雍正时期的民窑精品瓷。

清雍正仿哥釉双耳盘口瓶

高: 38.9 厘米   **口径**: 18.2 厘米   **足径**: 14.5 厘米

这里所说的仿哥釉是指景德镇明清时期仿宋代的五大名窑之中的哥釉瓷。这件双耳盘口瓶虽残,但其高档次与高品位一点不减。莹润的釉面上布满了有老相耐人寻味又十分入眼的金丝铁线。特别是肩部下方与足上方的铁泥花装饰,是雍乾时期哥釉瓷上多有的,也是雍乾仿哥釉瓷的一大特征。在圈足里刷一层深棕色的护胎浆水,也是雍乾时期的一大特征。颈部的两个双耳狮头也是用铁泥花装饰的。这些特征都是这种瓷器在其他时期少有的。

该件仿哥釉双耳盘口瓶,端凝质重,淳厚,苍劲别具风致。有温润的古旧感、熟旧感。从其底足、釉面、器型及铁泥花装饰都能说明它是件老器物,是清雍正时期的民窑细路制品。

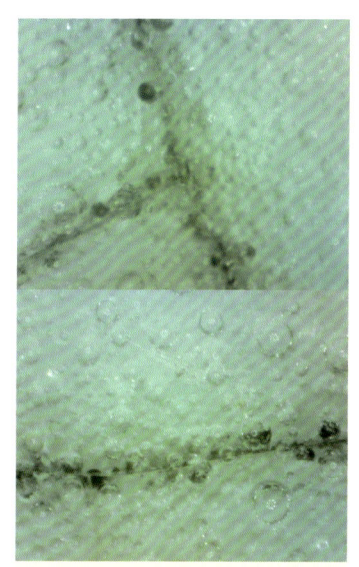

微观图

清雍正哥釉双耳尊

高: 31 厘米　　**口径**: 14.7 厘米　　**足径**: 14.8 厘米

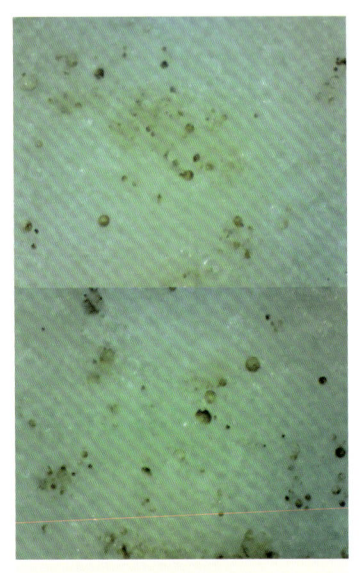

微观图

这是一件双耳尊。"尊"在我国陶瓷史上由来已久。商代有原始青瓷"尊",宋以后瓷尊盛行,用以盛酒或做宫廷陈设器。如汝窑的三足尊,出戟尊,景德镇生产的苹果尊、太白尊、马蹄尊、观音尊、鱼篓尊、石榴尊、贯耳尊、鹿头尊、铺首尊等,有几十种。在中国的历史长河中,尊的历史非常悠久,新石器时期的遗址中就有陶尊出土。

"尊"与"瓶"如何区分:在许之衡《饮流斋说瓷》一书中说:"腹口相若者谓之尊,口小腹大者谓之瓶。"实际上,瓶与尊二者很相近,有时不好区分,有时还要尊重一般规律和特殊性。有时一件器物可称瓶也可称尊,人们都称它为尊,因为尊更尊贵些。在实际生活中人们都称其对方长辈为"令尊""令尊大人"。瓷器中"尊"比"瓶"要美。

这件哥釉双耳尊,确实很美,器型美,金丝铁线美。美是美,老不老呢?如果老就更美了。

观其形,看其釉表是老的。因为整体釉面有温润的古旧感,也就是人们常说的包浆或叫蛤蜊光。包浆是什么,是时间岁月留在它身上的痕迹,即为老化痕。圈足的胎上有老化痕和传世品的使用痕。另则从微观图中可看到密集的死亡气泡。当然,这一点在其他品种的瓷器上可以说是老的证明,在哥釉瓷上不是老的证明。因为现代新烧制的哥釉瓷面微观图上也有棕色死亡气泡。因为它的生产过程让它在烧制中出炉时突然遇冷,就会产生这样的棕色死亡气泡。

综上所述,该件哥釉双耳尊是清雍正时期的民窑制品,该是一件老的精品瓷。

清雍正粉彩白鹤牡丹纹大盘

高: 4 厘米　　口径: 34.3 厘米　　足径: 21 厘米

　　这件粉彩白鹤牡丹纹大盘，直径 34.3 厘米，可说得上尺寸硕大。主纹饰是白鹤牡丹纹，这组纹饰是这件大盘上的装饰语言。画必有意，意必吉祥，告诉我们它是一组吉祥之语。自唐代以来，牡丹花受人们的喜爱，被视为美好幸福、繁荣昌盛的象征，牡丹花又是我们中华民族的国花，仙鹤象征吉祥长寿，这件大盘上的这组纹饰就是寓意富贵吉祥，健康长寿。仙鹤仅次于凤凰，是封建社会一品文官的补服纹饰。

　　从微观图上可看到有棕色的死亡气泡生成，这说明它的年代久远，是件老的器物。有清早期多有的亮青釉面和这个时期的圈足特征，泥鳅背圈足上有一层棕黄色的护胎釉水层。彩面釉面上的包浆中可见到古旧感、熟旧感。

　　综上所述，该件粉彩白鹤牡丹纹大盘是清雍正时期民窑细路制品。

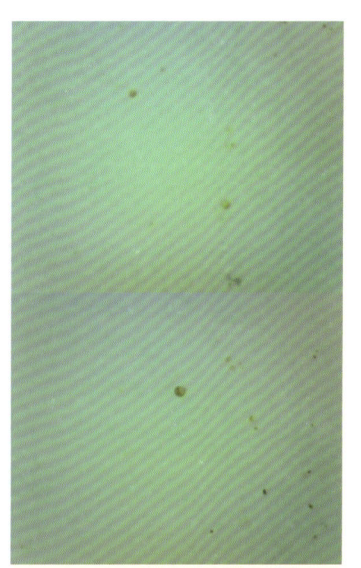

微观图

六、清早期　　157

清雍正粉彩龙纹炉

高：14厘米　　口径：20.8厘米　　足径：12.3厘米

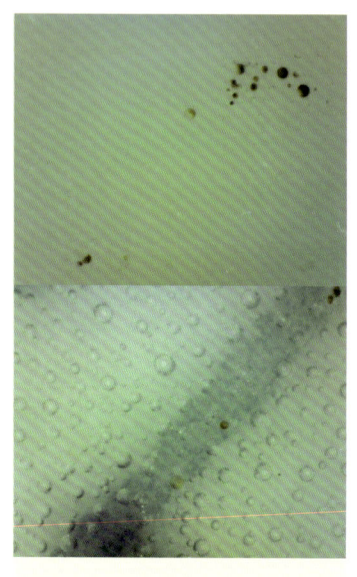

微观图

　　这件香炉，器型是清代的钵式炉。清代瓷质钵式香炉来自宣德的铜质钵式炉。"钵"字的解读：用来盛放东西或研磨药物的器具，早有"钵多罗"这个词，是梵语的音译词。在我们中原大地有饭钵、茶钵、乳钵。

　　这件钵式炉的瓷器纹饰是二龙戏珠，瓷器的品种是粉彩，龙的画法有清早期的特征，很凶，有一飞冲天的感觉。不是晚清老态龙钟的态势。微观图里有老器物该有的死亡气泡，而且是深棕色，说明年代久远。其口沿下的边饰，足上方的海水浪花纹都有清早期的特点。圈足的胎质老气十足，包浆及使用痕迹明显。

　　综上所述，该件粉彩龙纹炉是清雍正时期的民窑制品。

158　明清瓷器识真（续篇）

清雍正粉彩琴棋书画人物故事灯笼瓶

高: 38 厘米　　口径: 13 厘米　　足径: 15 厘米

这是一件粉彩灯笼瓶,而且是盘口灯笼瓶,器型更美。灯笼瓶始烧于清雍正时期,之后乾隆及后朝都有烧造。灯笼瓶名称的由来是因其形似灯笼而得名。

这件灯笼瓶器型的瓷器,纹饰绘有浓艳古装人物。让我们观其形,赏其工,品其内涵,不但给人以淳厚,透出秀雅,又蕴含古意,以视觉上美的直感。特别是线条流畅的造型,不俗不躁,苍古温润,质简雄劲,纹饰中又看到古人的寄情和画家的艺术追求。纹饰中有官人屋中坐,背靠青竹一束,让我们想到古代一位名人的一句话:"宁可食无肉,不可居无竹。"可见人们对竹的高贵与喜爱之情。

这件粉彩琴棋书画人物故事灯笼瓶老气十足,古旧感强烈。胎质细密硬朗,绘画技法与色彩特征都是清雍正时期的,故此该件灯笼瓶是清雍正时期民窑制品。

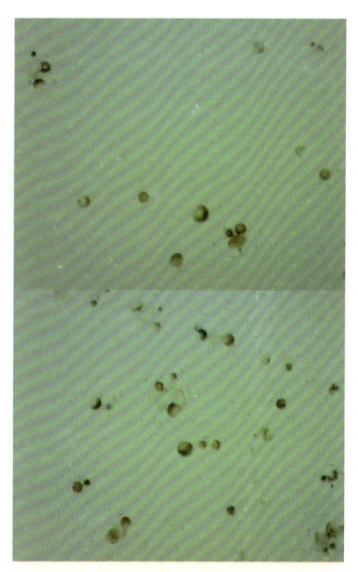

微观图

六、清早期　159

清雍正粉彩人物故事大盘

高: 4.8 厘米　　口径: 34.8 厘米　　足径: 21 厘米

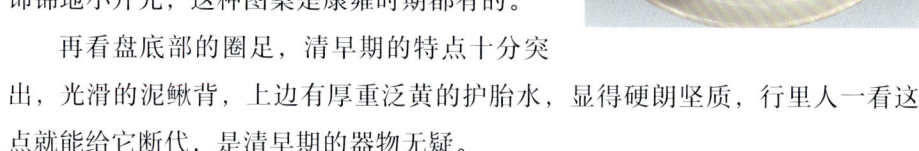

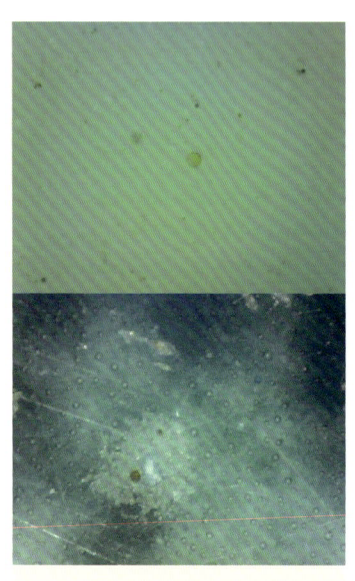

微观图

　　这件粉彩人物故事大盘直径 34.8 厘米，器型不算小，特别是两个绅士手摇折扇漫步前行，似对吟诗句，是一幅绝佳的高士图。明清瓷绘中的高士图，有坐地席饮、山间行吟、携琴访友、江边垂钓等，本文中的高士图，二位绅士的相貌呈相虽小，但已见开相传神，可见画家的笔墨功夫十分了得。见到其赋彩至清至纯，淡雅清丽的画作有清早期的绘画风范。盘的边饰锦地小开光，这种图案是康雍时期都有的。

　　再看盘底部的圈足，清早期的特点十分突出，光滑的泥鳅背，上边有厚重泛黄的护胎水，显得硬朗坚质，行里人一看这点就能给它断代，是清早期的器物无疑。

　　综上所述，该件粉彩人物故事大盘是清雍正民窑细路精品瓷。

清雍正粉彩人物故事纹将军盖罐

高：50 厘米　　**口径**：12 厘米　　**足径**：14 厘米

　　看看这件将军盖罐，谁拥有它都会偷着乐的。因为这是一件开门康熙时期的，经典超众的粉彩人物故事纹将军盖罐。凝重华贵，深沉似水，见其有古朴典雅的造型，多姿多彩的纹饰，晶莹艳丽的色彩。它的美用语言很难表达，还是观者用心去体味吧。

　　说它开门从这么几处去看：口沿露胎处，包浆灿然，自然、厚重，古旧感强烈。器型到位，是典型康雍时期的将军罐器型，肩下圆腹，向下大收腰，与清中晚期将军罐明显不一样。釉面莹润如玉，是泛绿的亮青釉面。纹饰中的锦带祥云也是康雍时期多用的。更重要的一点是人物绘画十分细腻入微。男士穿长袍戴儒冠，女士发髻高绾，长裙曳地，色彩鲜艳。让人穿越时空感受其中。器物完整，因为是海外回流，足上被加固上金属件，不仅放置平稳，也增加了美感。

　　综上所述，该件粉彩人物故事纹将军盖罐是清雍正时期的民窑细路精品瓷。

清雍正粉彩人物纹方棒槌瓶

高: 49 厘米   **口径:** 13.2 厘米   **足边长:** 12 厘米

微观图

这件方棒槌瓶是一个朋友提供实物给我拍照的，我不会忘。

这件粉彩人物纹方棒槌瓶，从放大图中可清晰地看到绘画之完美，有意想不到的奇巧，神来之笔的完美。人物形态潇洒，气韵盎然，绘画整体结构的严谨、淡朴、直率、自然，体现了时代文化内涵，有意境有格调。老者满面长髯，袖张带举，轻灵飞动，有挥之不去的流风古韵。透视出雍正粉彩的精髓所在，有雍正粉彩之作的风范。色彩也是雍正时期粉彩瓷的特点。

方棒槌瓶，行里人也叫它天圆地方瓶，天圆地方这个词是很有讲究的，古人以圆方作为天地的代称。圆是中国道家通变、趋时的学问，方是中国儒家人格修养的理想境界，因此方棒槌瓶里有很多学问，藏友要多加关注。

该棒槌瓶古旧感强烈，色彩、胎质、釉面都有其时代特征，是清雍正时期民窑精品瓷作。

六、清早期　163

清雍正粉彩人物故事纹盘口瓶

高：36 厘米　　**口径**：18.2 厘米　　**足径**：22 厘米

微观图

　　这件盘口瓶的器型多在清雍正时期有，大家知道粉彩创烧于康熙晚期，成熟于雍正时期，而这件粉彩瓷就是一件成熟的粉彩瓷，而且有雍正粉彩的特点与绘画技法。它的胎质硬朗细密，是清早期的胎质特征，微观图上已有死亡气泡生成。

　　雍正时期多有厚粉彩，薄粉彩很少见，这件属薄粉彩之列。从图中仕女服饰的蓝彩与粉色彩上可看到粉彩的色阶，即深浅色差，有一种特殊的美感。图中的两个边饰画工精细，呈几何图状。

　　综上所述，此粉彩人物故事纹盘口瓶是清雍正时期的民窑细路精品瓷。

164　明清瓷器识真（续篇）

清雍正粉彩人物纹碗一对

高：4 厘米　　口径：7.8 厘米　　足径：3.8 厘米

　　碗是餐桌上用的，是人们生活中的实用器具，一般做工都不十分讲究。然而这对碗可是并非不讲究。碗壁很薄，里外通透。画工考究，特别是人物的眼神，传神。粉彩绘画是用没骨法作画，线条流畅，勾画自然，构图与着色得体。体现了雍正时期民窑制品的风范。看其圈足有康熙时期碗形的高直立圈足的特点。胎质细润硬朗，有康熙时期糯米胎之特征。且圈足泥鳅背圆润。

　　综上所述，该对粉彩人物纹碗是清雍正时期的民窑细路制品。

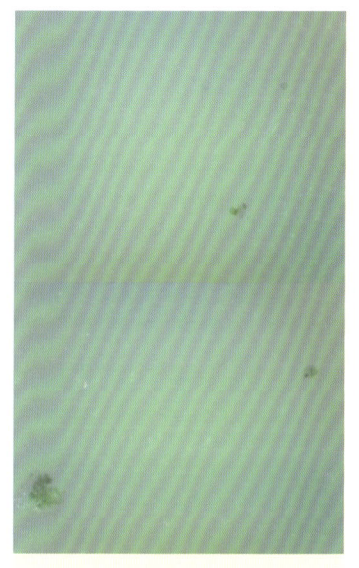

微观图

六、清早期

清雍正粉彩"婴戏图"将军盖罐

高: 35 厘米　　**口径**: 12.5 厘米　　**足径**: 16.2 厘米

微观图

　　这件粉彩将军罐主纹饰是婴戏图，看到这些孩童，也想到我们的孩子这一代人，他们小的时候忘不了放学就回家，更忘不了家里的九英寸黑白电视和皮沙发。就这样一天天长大，过了多少个春秋和冬夏，今天他们搞收藏了，想的可就不是那些了，想的是古玩店、地摊上还能淘点啥，自己的藏品中还少点啥。他们的童年与这件罐上的顽童不一样了，此罐上的"婴戏图"是以儿童在草地上、山间或小河、溪流旁嬉戏玩耍的画面呈现在瓷器上，反映了强烈多样的民俗民族文化，寄托了劳动人民对生活情趣的追求，对晚辈的寄托和向往。备受百姓与瓷器收藏者喜爱。

　　据考证，婴戏图最早出现在唐代长沙窑瓷器上，到了宋代的定窑、磁州窑、耀州窑、介休窑、景德镇窑都有呈现，明清瓷中景德镇窑就更普遍了，有名的"百子图""四妃十六子图""黄六子图""三娘教子图""百子舞龙图"等举不胜举，且出现在品种多样的瓷器瓷作中。

　　这件粉彩婴戏图将军盖罐从胎质、绘画技法、绘画用料、器型等断定，该是清早期的。而粉彩创烧于康熙晚期，成熟于雍正时期，这件粉彩将军罐的绘画该是成熟的粉彩画作，因此该罐应是清雍正时期的民窑细路作品。

166　明清瓷器识真（续篇）

清雍正黄地粉彩绿龙纹香炉

高：15 厘米　　**口径**：24 厘米　　**足径**：14 厘米

　　这件黄地粉彩绿龙纹香炉可称得上真善美了。真在其是雍正时期的香炉真品；善在其是件供器、祭器；美在黄地绿龙的色彩搭配之美，造型之美，龙纹气势之美。

　　香炉的主纹饰是云龙，龙纹绘画笔意酣畅，色彩艳丽，气韵飞扬，在云天雾海之中的两条龙既刚正又不失柔润。让我想到了"活灵活现"这个词，这个词用在这幅画面上恰如其分，一点都不夸张。

　　我们看图中炉的圈足胎质，白而硬朗细密，呈现二层台圈足，这都保有康熙瓷的做工遗风。器型也有康熙瓷钵式炉的形体。口沿下的边饰是康雍瓷上多有的锦地小开光画法。

　　再看香炉的里表外表都有浓深的古旧感，是件传世品。

　　综上所述，此件黄地粉彩绿龙纹香炉是清雍正时期民窑制品。

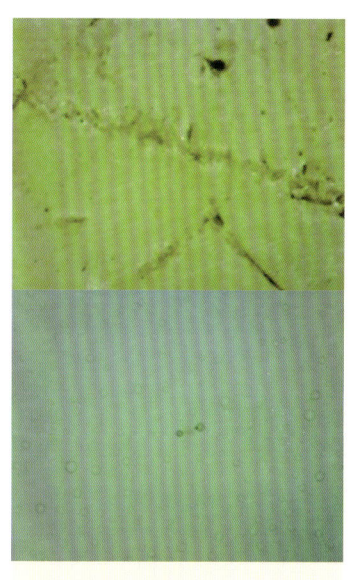

微观图

六、清早期　167

清雍正青花"四鱼图"纹盘

高：6.4 厘米　　口径：27.9 厘米　　足径：17.6 厘米

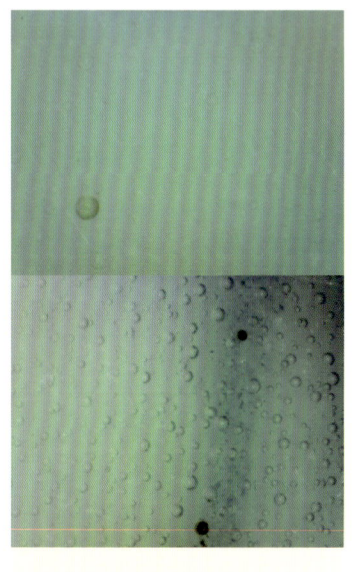

微观图

　　这件青花盘是四鱼图。我们知道，走兽、游鱼、禽鸟、草虫在瓷器上入画，是在东汉时期的青瓷上。明清瓷器上鱼纹绘画图案很多。清代瓷器上的四鱼图常是画鲭、鲫、鲤、鳜，而这件青花四鱼图盘画的是四条金鱼，寓意"金玉满堂""年年有余"，金鱼是吉祥富有的象征，备受人们的喜欢。

　　这件青花"四鱼图"纹盘的青花发色有雍乾青花的特征，沉稳色深有质感，不似清中期的多泛灰和晚清的浅淡、漂浮感。鱼藻纹中的鱼和藻都画得十分精细，藻逼真、鱼传神。金鱼两眼圆瞪，大嘴张开有吞天地之势。值得赏玩。

　　平砂底与圈足胎质细密硬朗，亮青釉面都有雍乾特征。盘的口沿一圈灯草口十分圆润，有雍乾老瓷的特征。微观图里有深棕色死亡气泡生成，证明其年代久远是老的器物。

　　综上所述，此件青花"四鱼图"纹盘是清雍正时期民窑制品，属精品瓷。

清雍正青花蝠鹿松纹盘

高：5.8厘米　　口径：28厘米　　足径：18厘米

看这件青花大盘，收藏的感悟都在里边，收藏的感悟永远不变，收藏的感悟传递思念。

人的命运表现在福、禄、寿三大方面，人们多有期盼福多、禄丰、寿高。远古的中原大地人们用福星、禄星、寿星这三星表达这样的期盼，实则这也是古人对自然星辰的崇拜。古人把三星表现在瓷绘中，就有了如这块青花盘的纹饰图案。天上的蝙蝠的"蝠"与"福"同音，地上的两只鹿的"鹿"与"禄"同音，又有寿比南山不老松的松树预示长寿，这足以体现明清瓷绘是画必有意、意必吉祥。在明清瓷器中还有绘画三星人和制成三星人瓷塑的用来表达此意。

这件青花盘青花色泽沉稳深重，是用上等浙青料绘制，展示了浙青料的重者浓红、轻者淡翠的特点。

器型是清早期雍乾时期的特征，腹深、口沿上展，清中期以后就不这样了，渐渐变浅。另则盘口沿浅浅的灯草口与盘壁的亮青釉形成鲜明的色差，并有釉的破泡，这都是这个时期这类盘碗器物的特征。

盘底面圈足内的平砂底已有老化痕，微微泛黄，胎质细密硬朗，圈足外沿有一圈一线红，这也是雍乾青花器的特征之一。微观图上老化痕明显，棕色死亡气泡众多。另则器物表面古旧感强烈，牛毛纹密集自然，是件老的器物。

综上所述，该件青花蝠鹿松纹盘是清雍正民窑细路制品，很有收藏与传承价值。

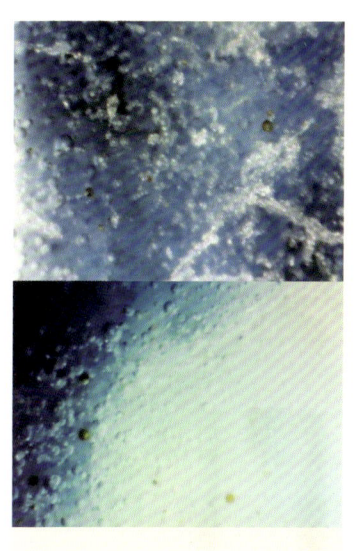

微观图

六、清早期　　169

清乾隆茶叶末瓜棱长颈瓶

高: 18 厘米　　**口径**: 3.5 厘米　　**足径**: 5.4 厘米

微观图

　　"命有八尺，难求一丈"这是唯心主义的宿命论，不可取！与之相对的，又是当今时尚的一句话"挑战不可能"，这是唯物主义的，催人奋进，与命运抗争。

　　收藏也是如此，要挑战不可能！这件茶叶末釉长颈瓶存世太少，我们能看到的机会不多。要想掌握它，会看这种瓷器的新老，是真是仿很困难，我们有了上边的那句话："挑战不可能"，就会无坚不摧，没有学不会的事情，没有掌握不了的东西。

　　茶叶末釉瓷器始烧于唐代，当时北方的耀州窑曾大量烧制，唐宋时期山西的浑源窑也有烧造，景德镇是清代开始烧制。现在市场上多见的，而且是烧制最好的是雍乾时期茶叶末釉制品。本文中的这件瓜棱长颈瓶就是乾隆时期景德镇烧制的。

　　该件茶叶末釉的器型，特别是釉面是乾隆茶叶末釉的最好标本，用文字很难描述它，要想掌握，就看图吧。最大的遗憾是本品圈足的一层深棕色涂层看不到了，圈足因缺损被磨掉了。

　　该件茶叶末釉器，器表古旧感强烈，包浆灿然，有传世品使用时留下的划痕，行里人常说的牛毛纹。

　　综上所述，该件茶叶末瓜棱长颈瓶是清乾隆时期景德镇烧制的民窑精品瓷。

清乾隆冬青堆白花鸟纹长颈瓶

高：42 厘米　　口径：13 厘米　　足径：15.5 厘米

　　豆青、冬青、粉青三种单色釉都是高温单色釉，是景德镇仿龙泉青瓷的创烧品，豆青色最深，其次是冬青，最浅者是粉青。堆白工艺早在明永宣时期就很成熟。这种工艺效果远高于纹饰中的绘画效果。堆白有立体感，有浅浮雕的效果。

　　色地堆白工艺比较复杂，它先要在瓷坯上堆塑出所需图案，并在其上覆以白釉入窑素烧。出窑后再施以色地后二次入窑焙烧，方可完成，烧制出成品。这件冬青堆白花鸟长颈瓶就是这样烧制的。

　　从这件器物的圈足上看有硬朗细密的胎质，胎质上已有老旧包浆，是标准的泥鳅背，釉面彩面有深重的古旧感、熟旧感。微观图上已有死亡气泡生成。可见其年代久远，是件老器物。

　　综上所述，该件冬青釉堆白花鸟纹长颈瓶是清乾隆时期民窑制品，属精品瓷。

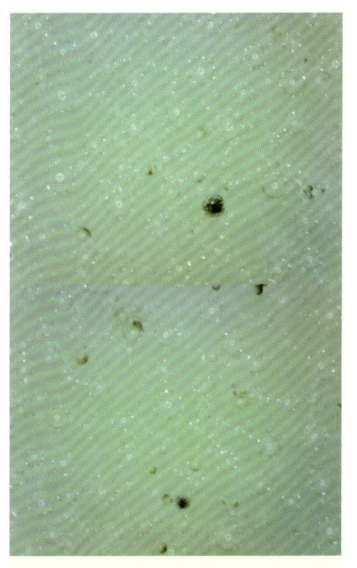

微观图

六、清早期　　171

清乾隆斗彩折枝花卉盘

高：3.2 厘米　　口径：22 厘米　　足径：13 厘米

微观图

以谋略创格局，两者携手同行，有如我和你，玩出小名家大手笔，慢慢来别着急！

斗彩是高档的瓷器品种，所谓斗彩是釉下青花勾边，釉上填彩，釉上釉下争奇斗艳。名曰"斗彩"。过去很长一段时间学术界认为斗彩是明中期成化时期创烧的，实则不然，明宣德时期瓷器上就有了斗彩纹饰。1984年，一个女记者在西藏发现了两只五彩碗，上边有斗彩纹饰，把照片给耿宝昌老先生看了，耿老确定是明宣德时期的。这就把斗彩创烧时间提早到了明宣德（宣德五彩碗图附后）。

斗彩的釉上填彩，雍正以前都是填的五彩彩料，雍正中期以后也有粉彩填入了。这件五彩花卉盘上边填的彩就是粉彩料。因此，这只盘该是雍正或雍正以后的，我给它定位在乾隆时期。

从该盘的圈足色泽及形状，是乾隆瓷盘的特征，青花沉稳色深是乾隆时期的。盘的釉面彩面都有古旧感，有包浆生成。

综上所述，该件斗彩折枝花卉盘是清乾隆时期的民窑精品瓷。

清乾隆豆青暗螭龙纹双耳四方瓶

高: 22.5 厘米　　**口长**: 6.5 厘米　　**口宽**: 7.5 厘米

足长: 8.5 厘米　　**足宽**: 6.5 厘米

　　一件瓷器是老的，也是我们大家期盼的，这件豆青地四方瓶是新是老呢？一说便知，一看便明。

　　这件四方瓶首先说它是老的，理由是：器表的豆青地老气十足，时间和岁月留在它身上的包浆深厚，古旧感强烈。"大清乾隆年制"篆书款写得很到位，有官窑款的韵味和用笔，暗纹绘画精致细腻，三层边饰，主纹饰都很有特色，有清早期的时代风范。主纹饰的螭龙赏寿图，构图严谨，边饰中的万字锦地，也很有看头，别具其时代风采，再说底足胎质细密，制作中的麻布纹，有清代的时代特点。

　　综上所述，该件豆青暗螭龙纹双耳四方瓶应该是清乾隆时期民窑精品瓷，按官说还差口气。

六、清早期

清乾隆豆青暗纹三足炉

高：13.2 厘米　　**口径**：24 厘米　　**足间距**：10.5 厘米

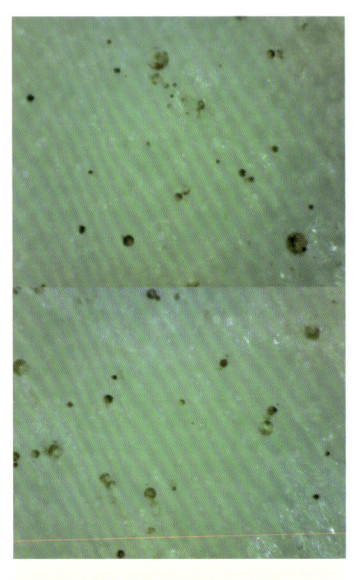

微观图

　　这件豆青暗纹三足炉与一般的香炉不一样，深显凝重华贵，釉色深沉似水，有整体的壮美和细微处的柔美。如釉面是豆青，却跟一般的豆青不一样，釉面淳厚，透出秀雅，又蕴含古意。我们的古瓷里有书桌上的文房用具，饭桌上的使用器，供桌上的祭器，这件香炉就是供桌上的祭器。瓷香炉最早出现在宋代，宋代以前是铁质香炉，还有玉石的，宋代以后，瓷香炉成了香炉的主流，最早见到的是宋元时期的龙泉窑青瓷香炉。这件豆青三足香炉使用痕迹明显，足已有磨损，口沿牛毛纹明显，器身的牛毛纹也是自然形成的，特别是其老化痕表现在苍古温润的釉面上，有浓重的古旧感。微观图上可见到甚多的棕黑色死亡气泡也证明了它的年代久远。

　　综上所述，该件豆青暗纹三足炉是清乾隆时期不多见的民窑细路瓷作。

明清瓷器识真（续篇）

清乾隆豆青地开光青花釉里红山水纹四方瓶

高：37 厘米　**口长**：14 厘米　**口宽**：9 厘米　**足长**：14 厘米　**足宽**：9 厘米

这件豆青地开光青花釉里红山水纹四方瓶，是件完整器，与我本人手中的一件（有冲）一模一样，我是 25 年前在潘家园地摊上买到的，因此对这件瓷器格外有感触，有感情。

这件方瓶好在其器型好、釉色好，又是青花釉里红。口沿下、足上方及侧面都有浅浮雕的暗刻纹。青花绘出的水面是用硬笔道一笔一笔画出的，是清早期的画法，不是清中晚期的大笔涂抹。

青花色泽沉稳色深，是清早期的青花发色。特别是圈足上面的胎质有微微泛黄的火石红，包浆厚重，使用痕明显。再者，微观图上能见到年代久远的深棕色死亡气泡生成。

综上所述，该件四方瓶是清乾隆时期的民窑细路制品，有一定的收藏价值。

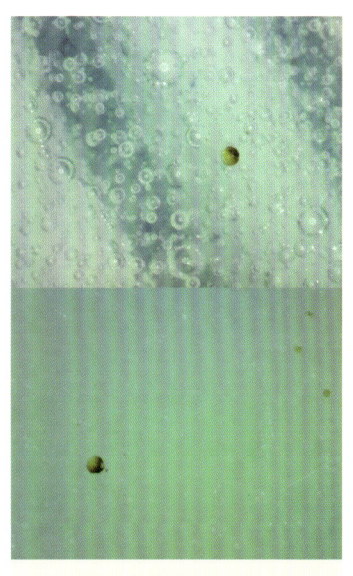

微观图

六、清早期

清乾隆豆青地开光人物故事纹双耳瓶

高：29.6 厘米　　**口径**：10.4 厘米　　**足径**：10.4 厘米

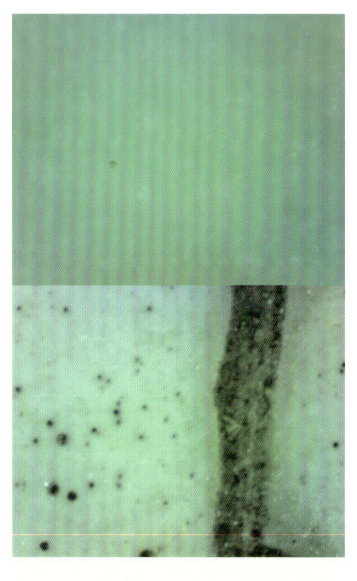

微观图

　　这件豆青地膜压纹饰又有开光粉彩人物纹的双耳瓶，是夏天的花，冬天的雪，还是春天的嫩绿，秋天的黄呢？

　　景德镇也有真正的仿龙泉窑瓷，跟浙江龙泉的区别是：从胎上可区别，另外，浙江龙泉瓷里与外表都是一个色，而景德镇仿龙泉的器物，器内里与盘底多是青白釉，不是里外一个色很好区分。

　　还是说这件双耳瓶吧，器身釉面有清亮迷人的色彩，淳厚透出秀雅，深沉似水，凝重华贵。开光里的人物穿长袍戴儒冠，古意盎然。

　　这些都说明它的身份年代，是件老瓷。同时看其圈足是平切圈足，不是多有的泥鳅背，平切底上的一层深厚的包浆和硬朗细密的胎质，也告诉我们，它是乾隆时期的制品。

　　这件小立件瓷器，庄重秀美华贵，给人以视觉上美的直感。

　　综上所述，该件豆青地开光人物故事纹双耳瓶是清乾隆时期民窑细路制品。

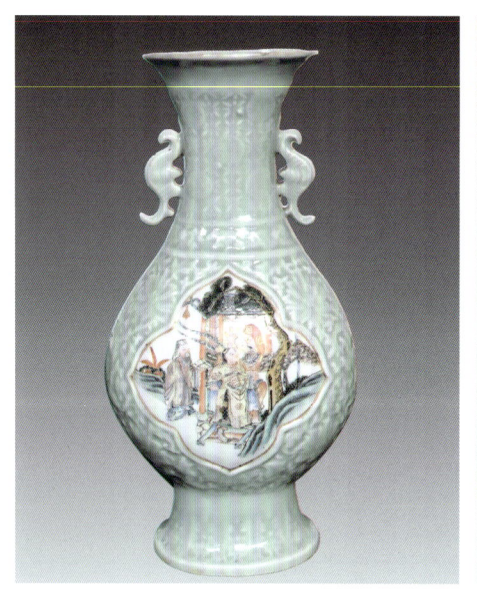

清乾隆豆青地浅浮雕花卉纹大口尊

高: 20 厘米　　**口径**: 23 厘米　　**足径**: 16.8 厘米

　　这件大口尊的名称的由来在耿宝昌老先生《明清瓷器鉴定》一书中可查到。是个少见的器型，少见又很美。在本书中有一件清嘉庆的青花花卉大口尊是个小物件，也很美，读者可翻阅一看。这件豆青地大口尊器型较大，不说硕大，只可说较大，较大也是大嘛。

　　豆青，是景德镇清代仿龙泉青瓷的作品，豆青、冬青、粉青都是，豆青在清代瓷器中见得多。官民窑都有，民窑多些。但像这有暗纹的不多，而且暗纹布满全身，纹理精细，实属少见。加之器型美，这件大口尊该是收藏家们青睐之物件。

　　从圈足的胎质上看，说它是乾隆晚期更合适，但毫无疑问够乾隆。其古旧感有，豆青地的颜色够，纹理的绘画技法够，胎质的老化程度够。

　　综上所述，该件豆青地浅浮雕花卉纹大口尊是清乾隆时期的民窑精品瓷。

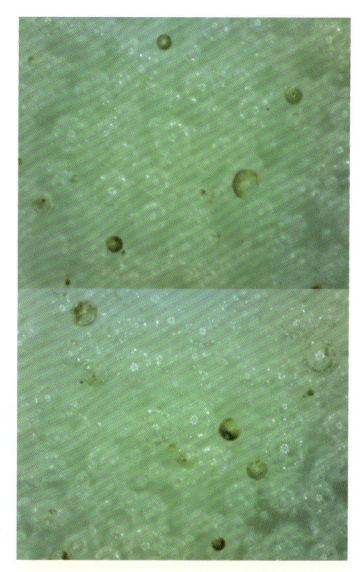

微观图

清乾隆豆青地青花福字纹罐

高:21.4厘米　　口径:10厘米　　足径:10.4厘米

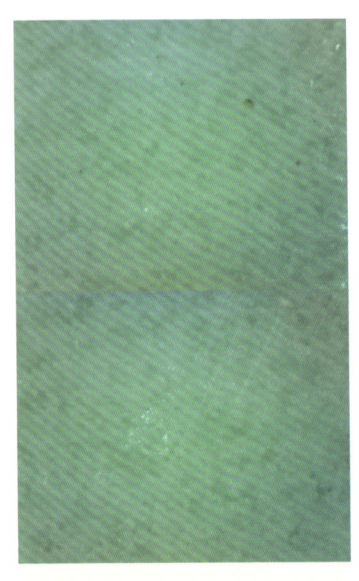

微观图

　　这件豆青地青花福字纹罐是清乾隆至清中期嘉道时期多有的。其纹饰很简单,周身五个"福"字,肩部有如意云纹。"福"字在传承的中华文明中含义很深,把福字分解开有"一口田,衣禄全"之寓意,在甲骨文中福字是双手捧容器以敬苍天,祈祷苍天赐予好运的会意字。"畐"这是甲骨文的福字。春节贴"福"字,是汉族民间由来已久的风俗,又把福倒过来贴,是好运"福"到了的意思。

　　这件豆青罐的主纹饰就是五个"福"字,五字代表多数,常有五字的词证,如五福(蝠)捧寿、五子夺魁、五福临门、五子摘桂、五子登科等。这件豆青青花罐很受人们和藏家的喜欢。更重要的是它老不老呢?我告诉大家,是老的。理由有三:其一,青花料是上等浙青料,有乾隆青花料的沉稳色深浓重;其二,豆青釉面莹润有古旧感;其三,圈足是乾隆时期的黑棕色,且色泽自然老旧,款式是乾隆时期的民窑款。

　　综上所述,此件豆青地青花福字纹罐是清乾隆时期的民窑制品,属精品细路瓷。

清乾隆豆青釉暗纹三足炉

高: 13.2 厘米　　**口径**: 24.2 厘米　　**足间距**: 16.5 厘米

"日落息，日出作，春耕夏锄秋收获；收藏也得这么做，练好眼力买不错。"这件豆青釉暗纹三足炉，还是 2002 年，我大女儿在加拿大蒙特利尔古玩市场上买的。我们看看她买对了没有。受我的影响我的大女儿和外孙也喜欢古陶瓷，常跑跑市场买点。家里也有个几十件了。我两个女儿的古陶瓷收藏在这本书和前几本书中都有收录。

豆青釉瓷器，是高温单色釉，是景德镇窑明代始仿龙泉窑青瓷的制品，同时还有冬青釉、粉青釉。市面见到最多的豆青釉是清代的，雍乾、清中晚期的多，明代的少见。

这件豆青三足炉，釉色深沉似水，凝重华贵，浑厚透出古旧之韵，熟旧之感，柔润中见刚劲，是件景德镇生产的豆青瓷却折射出龙泉青瓷的美感。

底面见到的胎质，硬朗细密，有古旧的棕褐色胎面，在胎釉之间有一圈"一线红"，人们常把这"一线红"说成是火石红。实际不是，"一线红"与火石红的生成原因不同，火石红是胎质中的铁元素杂质氧化而成，"一线红"是釉与制瓷时在胎上涂的一层护胎水在烧制中接触时发生化学反应而形成的。乾隆以前的特别是明晚期嘉万瓷器上常能见到"一线红"。

该炉的器型有乾隆时期的特点，扁平口沿、短颈，这种器型康乾时期多见。

综上所述，该件豆青釉暗纹三足炉是清乾隆早、中期民窑制品。

清乾隆仿哥釉大盘

高：5厘米　　口径：26.8厘米　　足径：16厘米

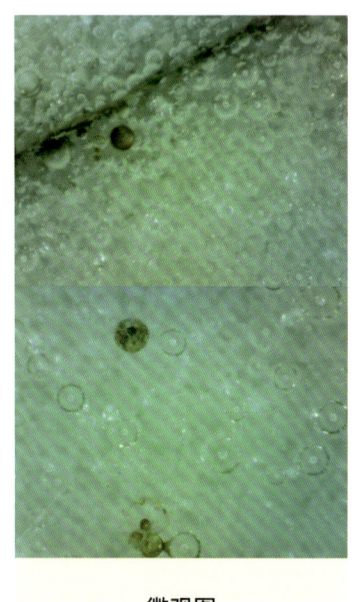

微观图

  这是一件乾隆时期景德镇仿哥釉大盘。景德镇仿哥釉瓷是从明永乐时开始的，以明宣德、成化、清雍乾时期，仿制的最为成功流传于世，现在能在市场上买到的多见的是清雍乾时期的，这件哥釉大盘就是这个时期的作品。明代的太少见，几乎碰不到。

  明清仿哥釉瓷与宋代哥釉瓷的区别点很多，但最易区别的是胎质，宋代的哥瓷胎是含铁质较多的铁骨胎，铁骨胎多是黑褐色，而景德镇的瓷胎色浅，呈白色或微黄，宋代哥釉瓷的紫口铁足是因胎是黑胎而自然形成的，明清仿哥釉瓷的紫口铁足是人为做上的。

  当今收藏者们，多喜欢收藏清雍乾大开片的哥釉瓷，如本文的这件大盘，不仅开片大，釉色是明显的亮青釉。还有粉白色的鱼子片纹的清代哥釉瓷，相比而言不怎么受欢迎。

  这件仿哥釉瓷大盘口沿上能看到明显的灯草口，也是雍乾哥釉瓷的一大特征。而且这种仿哥釉瓷的大盘还有个名称叫"七星盘"，底面上有七个烧制中形成的支钉痕。

  该仿哥釉瓷大盘里外墙上都有传世品的牛毛纹及古旧感蛤蜊光。

  综上所述，该件仿哥釉瓷大盘是清乾隆时期的民窑制品。

清乾隆仿哥釉橄榄瓶

高: 22.5 厘米　　**口径**: 5.9 厘米　　**足径**: 7.2 厘米

这件仿哥釉橄榄瓶的亮点有二：一是大开片；二是器型。橄榄瓶是高档器型，不多见。橄榄瓶的烧制最早见于北宋北方窑口：磁州窑、河南登封窑。是绿色或白色的橄榄瓶，到了清代不仅这两窑口有烧制，康熙时景德镇也有了橄榄瓶的烧造。

景德镇烧造的哥釉瓷器都称其是仿哥釉瓷，因为景德镇明代开始，仿宋代五大名窑，其中仿哥釉也很有规模和成效。这件橄榄瓶就是其中之一。

这件仿哥釉橄榄瓶器表老气十足，古旧感强烈，深深的金丝铁线。从微观图上可以看到生成了不少深棕色的死亡气泡。其口沿的灯草口是自然形成的，有这个时代瓷器的特征。底足涂有棕色护胎釉水，也是乾隆哥釉瓷的时代特征。

综上所述，这件仿哥釉橄榄瓶是清乾隆时期民窑制品，有一定的收藏价值。

微观图

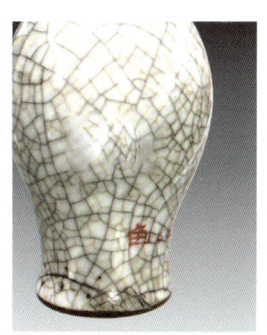
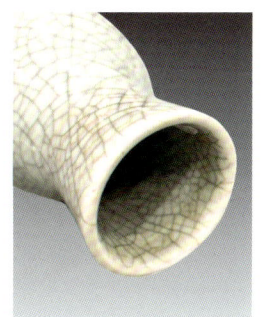

六、清早期　　181

清乾隆仿哥釉双耳盘口瓶

高：40 厘米　　**口径**：19.2 厘米　　**足径**：16.2 厘米

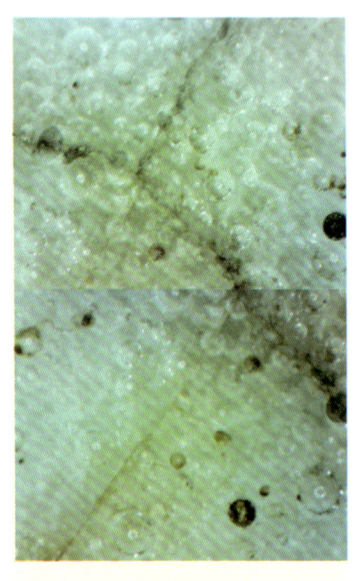

微观图

　　这件仿哥釉双耳盘口瓶，是清代多有的器型，而且是清早期多有的，器型庄重秀美。是当今室内很好的陈设器，也是明清瓷中的最佳收藏品之一。从其器底的特征，就足以认定是乾隆时期的。口沿的一圈儿灯草口（色浅淡）、盘口、双龙耳的特征也都说明它是乾隆时期的。其开片虽不是最大，但也很美。釉表有古旧感、熟旧感。

　　据此，该件仿哥釉双耳盘口瓶是清乾隆时期的民窑制品（对仿哥釉瓷的解说见下文：哥釉太白尊）。

清乾隆仿哥釉水仙盆

高：6厘米　　口径：19.5厘米　　足间距：12.8厘米

这件仿哥釉水仙盆，叫它水仙盆，不称其是笔洗，是有资料可查证的。有资料显示，这种器型就是宋代的水仙盆。而到了清代乾隆时期烧制的这件器物，叫仿宋水仙盆，但也可叫它笔洗。因为笔洗比水仙盆档次要高，是文房用具嘛。现在称呼器物都习惯拔高称呼，是一种潮流嘛，但不可拔高得离谱。

这件器物不俗不躁，凝重华贵，胎质硬朗细密，有古朴典雅的造型，晶莹柔丽的釉色，是件实用器，更是一件观赏器。

看其圈足的胎质，是清乾隆晚期的质感，是仿宋元的平切圈足，而不是泥鳅背。另一特点是其口沿是小开片鱼仔片，而外墙与器里心都是大开片，又增加了一层美意，器型周正。

综上所述，该件仿哥釉水仙盆是清乾隆时期民窑精品瓷。

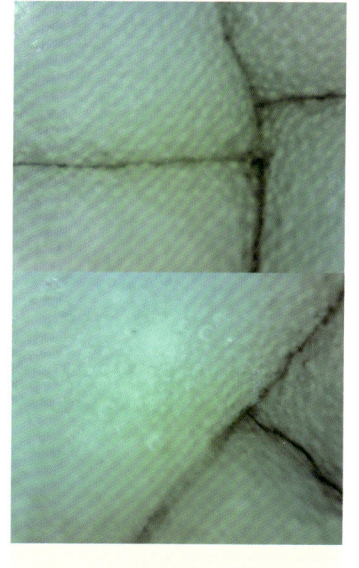

微观图

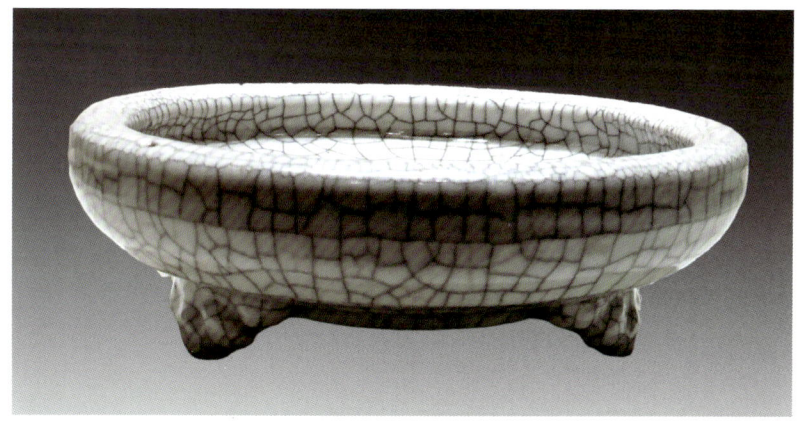

六、清早期　　183

清乾隆仿哥釉太白尊

高: 33.5 厘米　　**口径**: 13.7 厘米　　**足径**: 14 厘米

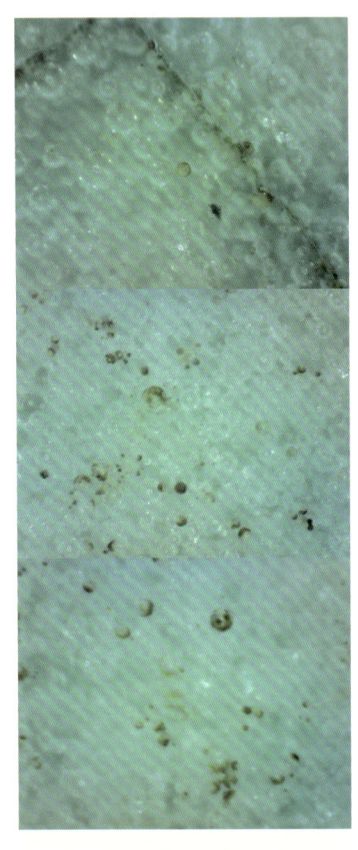

微观图

这件"太白罐",也称"太白坛""太白尊"。始于清康熙时期,雍正、乾隆时期更多见。器型可见小口、圆肩、肩下渐收、卧足。"太白罐"名称的由来有说是仿制唐代诗人李白用过的酒坛的器型而来。也许是这样,更多地可能是人们的想象。

明清的仿宋哥釉瓷,是从明宣德时期开始的,明成化嘉万时有,到了清代更多,现市面上见到的,明代的不多见,多见的是清雍乾时期的,这件就是。这件好在还是太白罐(太白坛、太白尊),器型也是雍乾时期的最佳和典型器。

哥釉瓷的特征是金丝铁线,是宋代五大名窑瓷之一。金丝铁线是烧制中瓷胎和釉面的膨胀系数不同,烧制出炉时,让器物突然遇冷,釉面开裂,而胎不裂,本是烧制时的瑕疵,而被人们欣赏,广泛采用,且成了一款名瓷。

这件仿哥釉太白尊不是大开片,但也不是鱼仔片,是介于两者之间,也是很受欢迎的一种。从器物的口沿可看到自然形成的灯草口也是明清仿哥瓷的一个特征,现代仿品多不见此特征。其底足特点也十分明显,有一层护胎水在其上,已呈棕色的火石红状,有慢轮的旋削痕。

微观图上的死亡气泡明显,但对仿哥瓷这点不是判断新老的依据,新仿品也有这种气泡生成,是哥釉的烧造方法与其他瓷品种不同,出炉时突然遇冷就有这样的气泡生成。

这件仿哥釉罐古旧感、熟旧感明显,有清乾隆时期仿哥瓷的时代特征,是件真品。

清乾隆仿官釉笔洗

高：8.5 厘米　　**口径**：18 厘米　　**足间距**：10 厘米

这款笔洗是清代的器型，瓷器品种是仿官釉瓷（景德镇仿宋代五大名窑官、哥、汝、定、钧中的官）。对于仿哥仿官，有官、哥难分之说，是官还是哥不好分。因为它们的共同特点都是高温单色釉，又都有开片。只不过人们常把金丝铁线的说为哥，把只有一种片纹的，常是只有铁线，没有金丝的说为官。而官釉瓷又常常是大开片。说是没金丝也不是绝对的。这件笔洗上就是我们说的官釉瓷的特征：大开片，几乎没有金丝，只有一种片纹、铁线。

从其底面上看，有雍乾时期多有的深棕色的底面，且是有垫烧痕。三个足尖的磨损痕上见到胎质是乾隆时期的老胎。器型十分受看，让有收藏经验的人一看就是乾隆时期的老器物，现代仿品总是仿不到位。整体老旧很明显，古旧感强烈。

综上所述，该件仿官釉笔洗是清乾隆时期的民窑制品，属精品细路瓷。

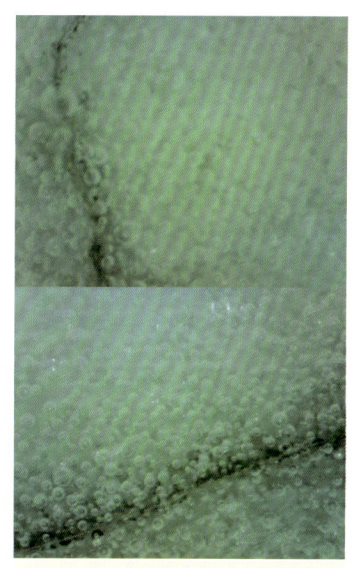

微观图

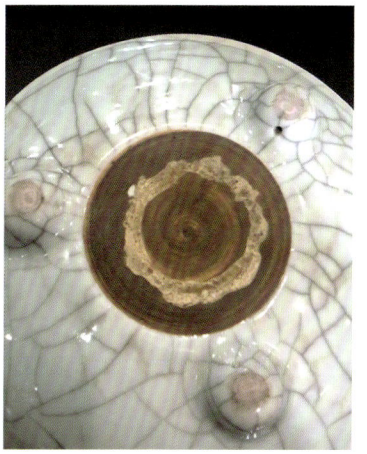

清乾隆仿官釉多棱长颈瓶

高：43 厘米　　口径：14 厘米　　足径：4.6 厘米

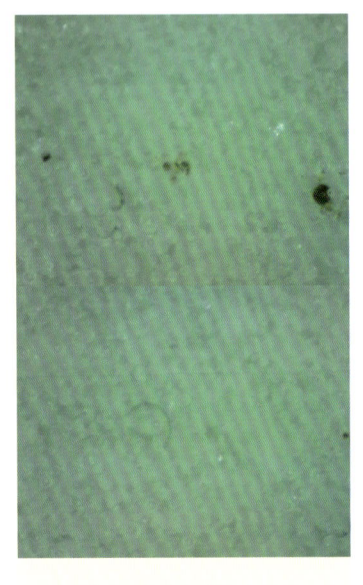

微观图

　　这件多棱长颈瓶特征很明显，是典型的仿官而不是仿哥。釉面温润有质感，十分可爱。

　　说到官窑瓷，是南宋高宗时期专为宫廷烧制的瓷器。胎土用的是紫金土，烧出的瓷胎呈深黑褐色，被称作"紫口铁足"。釉厚如堆脂温润如玉。器物手感沉重，有宫廷气势，造型庄重大方。而清代仿官窑瓷是用的景德镇的瓷土，泛白。是真是仿很好区分开。

　　这件仿官釉瓷也是庄重大方，很有气势，从它圈足上的三个黑色垫片可知此物是海外回流。从其圈足的露胎处可知是景德镇烧制的。从它的微观图上可知它是一件年代久远的器物，微观图中的死亡气泡已是深黑褐色。另则器物整体釉面有温润古旧感、熟旧感。

　　综上所述，该件多棱长颈瓶是清乾隆时期的仿官釉瓷，是民窑细路制品，很有收藏价值。

清乾隆仿石釉异形笔筒（官）

高：8.5厘米　　**口径**：6.2厘米　　**足径**：5.8厘米

这件笔筒不仅形状好，还是里外表都是仿石纹。仿石纹、仿木纹、仿雕漆纹和仿生瓷都是清雍乾时期创烧的，雍正乾隆朝的瓷器对前朝有继承，并有更多的创新。仿石纹就是其中之一。仿石纹是低温釉上彩，是在高温烧好的白瓷上涂上石纹釉，二次入窑经700℃～800℃烧成。

这件石纹釉笔筒纹理自然，绘画流畅，石纹形象逼真，釉色温润，有鬼斧神工的艺术魅力。

底面上有红色篆书四字"乾隆年制"款，是标准的官窑款。有人总结说民窑是源，官窑是流，民窑是发明者，官窑是集大成者，我很同意这样的讲法。

瓷笔筒始于明末清初，之后各朝都有烧制，但各时期的器型有所不同，这件笔筒是窄圈足，是乾隆时期多有的，康熙时期的笔筒多是玉璧底，明末崇祯多是平砂底。

综上所述，该件仿石釉异形笔筒是清乾隆朝官窑制品。

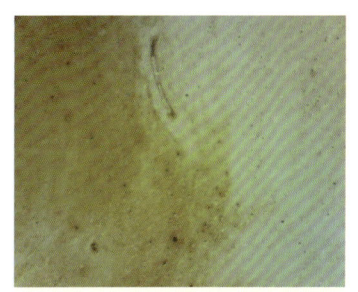

微观图

六、清早期

清乾隆粉彩人物纹咖啡壶

高: 37.5 厘米　　**口径:** 12 厘米　　**足径:** 12 厘米

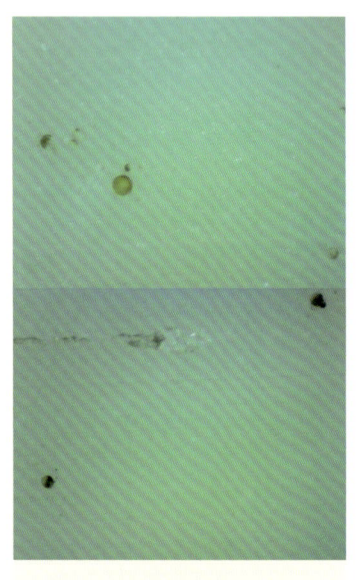

微观图

　　这件器物是欧洲人用的奶壶或咖啡壶,是中国按照欧洲银质奶壶的器型生产外销欧洲的,是18世纪也就是乾隆时期景德镇的制品。从纹饰彩绘中可以看到是"青花粉彩",青花粉彩是乾隆时期创烧的,乾隆之前没有。若不是这一点,有人会把这件奶壶看成是康熙时期的,因为人物绘画不乏康熙时期的风格特征。

　　说它是清早期乾隆时期的,有这么几点理由:从内口沿的胎质能见到清早期康雍乾时期胎质的硬朗细密,还有圈足典型的泥鳅背。釉面的平整莹润度,还有青花发色色深、沉稳、亮丽,都是乾隆时期的制瓷特征。从微观图可看到它的年代久远,可追溯到乾隆时期。

　　综上所述,该件粉彩人物纹咖啡壶是清乾隆时期民窑制品中的外销瓷。

清乾隆粉彩万字锦地开光花栏纹将军盖罐

高：46 厘米　　口径：13.3 厘米　　足径：20 厘米

我个人认为收藏不仅要有老师，同时还要有课堂，课堂不仅学校有，社会也是最好的课堂，社会是最好的大学。

还是说这件粉彩万字锦地开光花栏纹将军盖罐吧，将军罐大家都熟知，不多说。这件将军罐的亮点在万字锦地上，说说万字锦地。

万字锦是中国传统文化中有吉祥意义的几何图案，几何图案中国新石器时期的彩陶上就有。万字锦，又称万字拐（拐弯的拐）、万字曲（曲曲弯弯的曲），万字锦少有，但也常见，为什么这么说？因为万字锦大到牌匾上有，小到橄榄核雕上有，瓷器绘画中有，瓷器上有的万字锦，非常漂亮，寓意深刻，其寓意是：万福万寿不断头，绵长不断，绵远流传之意。

这件将军罐其器型就是清早期的，泥鳅背圈足，硬朗细密的胎质，于器表一身的古旧感，又有海外回流的痕迹，即小小的足上的四颗黑垫片。整体纹饰是结构严谨，色彩清秀典雅，笔触精细纵柔、构图疏朗简洁。

综上所述，该盖罐是清乾隆时期的一件民窑细路好作品。

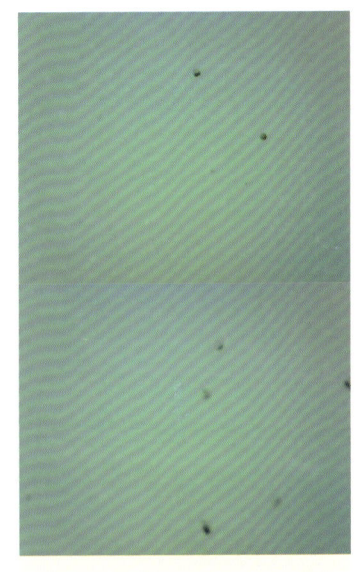

微观图

清乾隆粉青釉堆白花卉纹双耳瓶

高: 40 厘米　　**口径:** 11.8 厘米　　**足径:** 13.5 厘米

本文中的这件青釉瓶色浅,该叫粉青。这个瓷器品种创烧于明永宣时期。

此件粉青釉堆白花卉纹双耳瓶做工精细,釉面肥厚清亮,堆白立体效果极佳,双耳别具特色。其圈足有老旧包浆,青花款是仿官窑制成,但不够官。瓶的口沿可见自然形成的灯草口,瓶的表面亮丽而温润,有老气。

综上所述,该瓶是清乾隆时期民窑细路制品,有一定的收藏价值。

清乾隆粉彩花卉纹壁瓶（官）

高：20 厘米　　胸径：10 厘米　　口径：4.8 厘米　　足径：5.2 厘米

　　这件壁瓶是件实用器，是插花用的挂件壁瓶，也可用作餐具筷笼，尽管底角上少了一角，但主体完好也十分难得。从其古旧感上审视，该是一件年代不浅的器物，包浆厚重沉稳，有大清乾隆年制官窑款，款写得规整，是件官窑器。确是好马不用鞭催，好鼓不用重锤，好瓷光环在身，赏者定会给出好口碑。器物端凝质重秀雅，韵含古趣，又有现实生活的情绪，是金相玉质，别具风致。

　　综上所述，该件粉彩花卉纹壁瓶是清乾隆本朝的官窑制品。

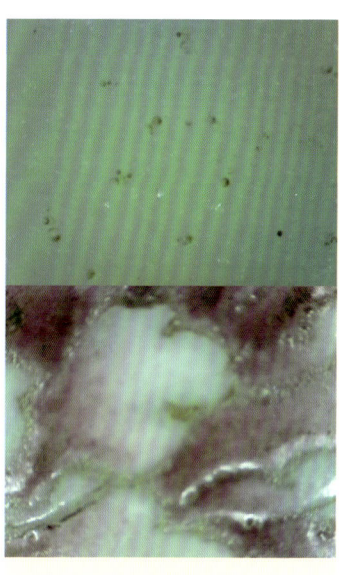

微观图

六、清早期　　191

清乾隆祭红釉盘（官）

高：4.5 厘米　　**口径**：20.5 厘米　　**足径**：13.5 厘米

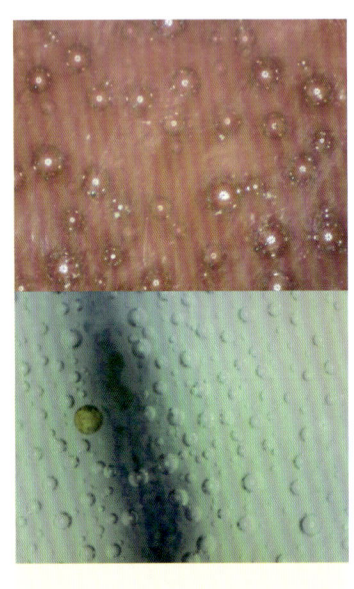

微观图

　　搞瓷器收藏的都知道单色釉不太好看，不像其他瓷器品种，如青花、五彩、粉彩，有纹饰，有彩料特征，可以有多方面的考量。本文中这件祭红盘，里外面就是一个红釉。真怕买错了吃亏上当。

　　这件祭红盘从明早期到清末民国都有烧造。好在这件上边有"大清乾隆年制"青花款，那是不是清乾隆的呢？我看后的结论"是"，是乾隆的。而且是乾隆官。有如下几点理由：其一，款是手写，是标准的乾隆官窑款。其二，有清早期祭红盘该有的烧制中人工涂上的白色灯草口，有其时代特征。在明宣德时的这种祭红釉盘白色灯草口是烧制中自然形成的。到了清代康雍乾都是人工涂的。乾隆的后仿品没有这样的光泽，即乾隆时期的时代特征。其三，祭红釉面上有小坑坑点点的橘皮纹，即橘皮釉，新仿品没有。其四，有乾隆时期圈足的特征，即浅棕色的护胎水。并有老气及自然的使用痕。底面是亮青釉，整体有古旧感。

　　综上所述，该件祭红釉盘是清乾隆本朝的官器。

明清瓷器识真（续篇）

清乾隆祭蓝金彩双耳瓶

高: 51 厘米　　**口径:** 21.5 厘米　　**足径:** 13 厘米

　　酷爱瓷器的人不玩玉，今天让我们一起对这件古瓷看看真伪，论证高低。

　　从器型上说，这件祭蓝金彩双耳瓶是清代的。再从底足的胎质上看，该是清早期乾隆时期的，胎质细硬致密，有旋削式跳刀痕。祭蓝创烧于元代，明清各代都有烧制。祭蓝是高温单色釉，常用金彩绘画纹饰。这件的金彩脱落较严重，也是岁月久远的原因。

　　说它是清早期乾隆时期的，很重要的一点是它的祭蓝发色深重沉稳，有乾隆青花瓷的青花发色的特点，因为一般说祭蓝的蓝色与同年代的青花发色是一致的，因为用的是同一种蓝色钴料。

　　我们知道玩瓷赏瓷看器型是第一位的，这件双耳瓶，是单色釉，单色而不单调，主要在器型上，观其形、赏其工、品其内涵，看到其器型的壮美、苍劲、厚重。是件可收藏的古瓷器物。是清乾隆时期民窑细路精品瓷。

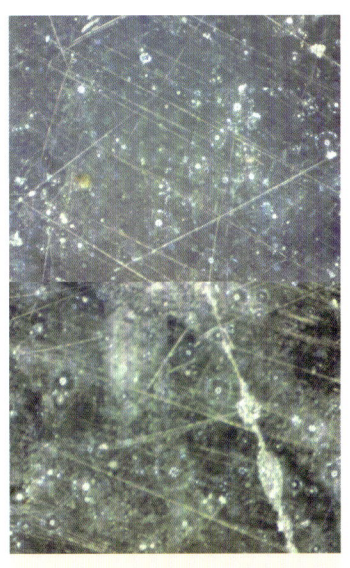

微观图

六、清早期

清乾隆孔雀绿釉尊

高：16.5 厘米　　**口径**：6.8 厘米　　**足径**：7 厘米

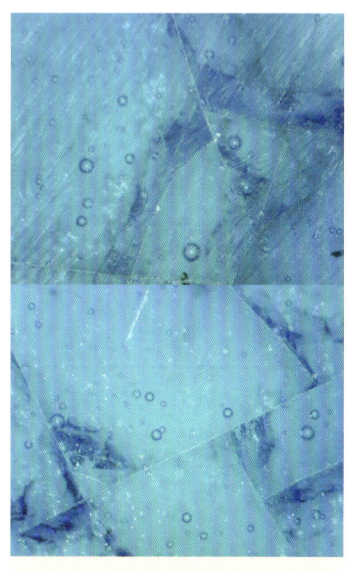

微观图

　　地有界情无边，我和阅读本书者情相连。欢迎给本书揽长补短，提些意见。

　　孔雀绿釉源于磁州窑，最早见于宋代。景德镇元代有烧制，成熟在明中期成化。现市面上能见到的有磁州窑和景德镇窑口的孔雀绿釉瓷。这两种窑口的孔雀绿釉很好区分，两个窑口的胎不一样。本文中的这件是景德镇窑烧制的。磁州窑的胎泛棕黄较疏松。

　　孔雀绿釉也叫"翡翠釉""青翠釉""法翠釉"，是一种以铜为着色剂的低温釉上彩。有两种色泽，浅者叫孔雀绿，深者叫孔雀蓝。

　　从本文图中可看到的此件孔雀绿釉尊的底足胎质是清乾隆时期的民窑瓷胎，硬朗细密，但其胎里杂质较多。从微观图上可看到釉面有冰裂纹，或叫开片。器型典雅釉光温润，有古旧感、陈旧感，是件老器物，是清乾隆时期的民窑制品。

清乾隆玲珑青花釉里红花卉蝠纹盘

高：5.5 厘米　　口径：28 厘米　　足径：17 厘米

这件瓷盘是青花瓷与玲珑瓷的结合。玲珑瓷最早可见于宋代的熏炉上的玲珑眼。明早期永宣时期，又在瓷制工艺的玲珑工艺基础上烧制了青花玲珑瓷。在明清瓷器中，青花玲珑瓷烧制最好的该是清代早期的雍乾时期，因此也有人把这个瓷器品种的创烧时间说到清雍正。确实，现在市面上能见到的还几乎都是清代的青花玲珑瓷了，而烧制最好的是雍乾时期的青花玲珑瓷。这种瓷不仅内销，还有大量出口，直到民国和新中国成立初期抑或说今天都有大量的青花玲珑瓷出口。

这件瓷器的亮点与独特之处在于不仅在于青花玲珑瓷，还有釉里红纹饰在上边，实属少见。

盘上的玲珑眼做工精细，是后朝及民国时期的青花玲珑瓷做不到的。圈足上有乾隆时期多有的一层护胎釉水，呈浅棕色。胎质显硬朗细密。有清早期的特点。整体釉面包浆灿然老气十足。

据此，该件玲珑青花釉里红花卉蝠纹盘是清乾隆时期的民窑细路精品瓷。

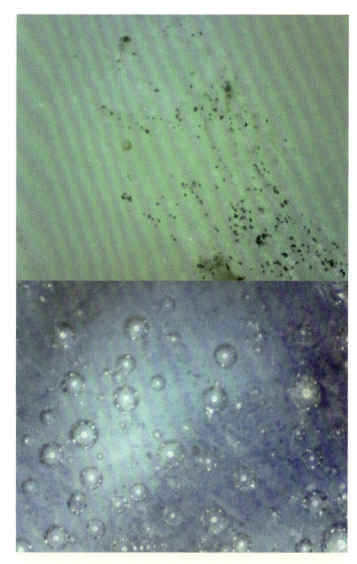

微观图

六、清早期　　195

清乾隆炉钧釉琮式瓶

高：12.8 厘米　　口径：3.8 厘米　　足径：4.8 厘米

一件古陶瓷的历史属性和文化内涵是永远不变的，也能看到古人的寄情山水、潜心丹青、默默耕耘之情怀。是需要我们重视、研究、传承的。

这件炉钧釉琮式瓶，与一般炉钧釉器物上的炉钧釉独特在纹理有流淌痕，不是晚清时的点状斑纹。但又没有雍正时的高粱红，这说明它是乾隆中晚期的。

炉钧釉创烧于清雍正，若说"钧"瓷还有宜钧、广钧、禹钧。最有名的是禹州的钧瓷了，人称其是"入窑一色，出窑万彩"。钧瓷都是窑变釉。本文中的这件炉钧釉琮式瓶也是窑变釉瓷。

这件器物的器型非常好，是琮式瓶，本书中对琮式瓶已有表述，这里不再说了。

这件瓶的圈足呈黑色，是乾隆时期的制瓷特点与特征。另则该琮式瓶器表古旧感强烈，是件老器物，是乾隆中晚期的民窑制品。

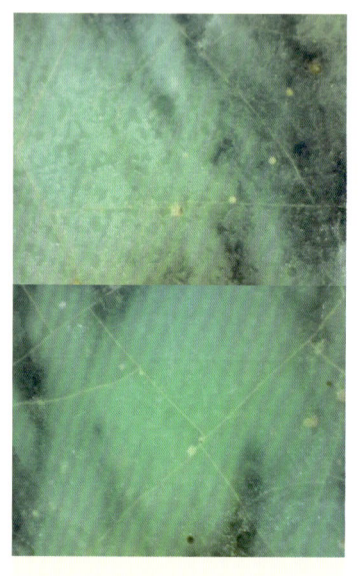

微观图

明清瓷器识真（续篇）

清乾隆青花缠枝莲纹双耳盘口瓶

高：47 厘米　　口径：17 厘米　　足径：15 厘米

我们收藏人，要着眼于民间，取自民间、做实民间、服务民间、传承民间。民间有最底层文化的真实，瓦缶胜金玉，布衣笑王侯。民能破城拔寨，民能斩将夺旗。民间不可小觑，民间不可忽视。因此我在收藏中愿当草根，当草根接地气，谈瓷论瓷更有份。

这件青花缠枝莲纹双耳盘口瓶，庄重、大气，绘画笔力苍劲，墨彩润厚，凝重华贵。青花亮丽浓深，重笔点染的绘画技法有仿明宣德青花的。其九层纹饰覆盖全身，有海浪、蕉叶、如意云纹等，效果也很有气势。整个器型线条流畅，显现了瓷圣康雍乾时代青花瓷器物的华贵。

整个器物有深重的古旧感，这是一件清乾隆时期很有代表性的民窑精品瓷。

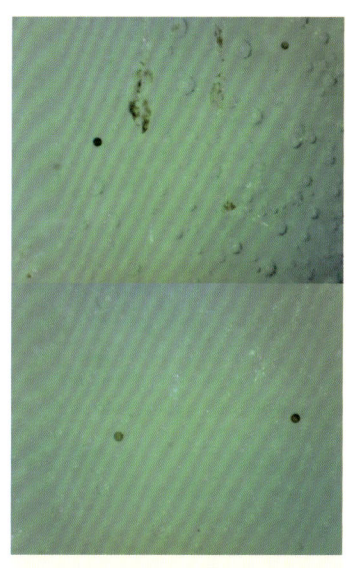

微观图

六、清早期　　197

清乾隆青花缠枝菊纹小香炉

高: 6厘米　　**口径**: 11.6厘米　　**足径**: 8.2厘米

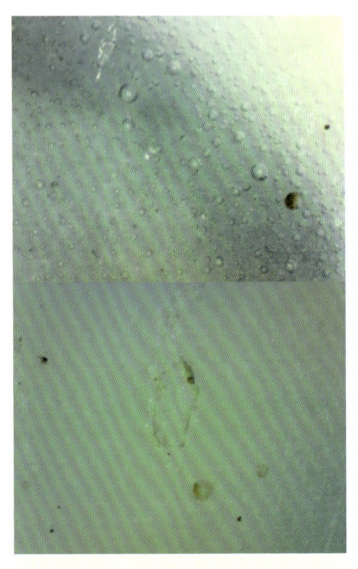

微观图

　　香炉是供佛或祭祖之礼器，但也常被文人雅士摆于厅堂和书房案头。现在又是收藏者们的藏品。

　　香炉的材质有多种，但最多的，也是被人们最关注的，该是铜香炉与瓷质香炉了。

　　这件瓷质青花缠枝菊纹小香炉，器型小巧雅致，我常说的一句话："是雅不在大，花香何须多"，用在它身上再合适不过了。这件小香炉，我十分喜欢，是距今五年前我在一个古玩店里花一千元钱买下的。是非常典型的乾隆时期的，其青花料是用的上等浙青料，浙青料的特点是重者浓红，轻者淡翠。这件小炉上的青花发色该是重者浓红，绘画技法是乾隆时期的重笔点染，构图洒脱完美大气，笔墨线条奔放流畅，凝重古朴，亮丽浓深。

　　从香炉的底部看，圈足里边是玉璧型砂底，其中间又有一2厘米直径的圆釉面，这样的底部特征是康熙到乾隆时期多有的。砂底是白色而无一点火石红，包括炉里心也是没有火石红的砂底釉面，这都是清早期的特点。

　　小炉的外表釉面有深沉的古旧感、熟旧感，是件很开门的清早期乾隆时期的民窑精品瓷。

清乾隆青花缠枝莲纹尊

高: 35 厘米   **口径**: 14 厘米   **足径**: 13.5 厘米

瓷器是我们国家的一大发明，创烧于汉代，当然，也有学术界说商周时期我们国家就有了原始青瓷——浙江余姚的越窑的青瓷，商周时期就有烧造。青花瓷的创烧时间学术界曾有争论，有的说始于唐代，有的说是宋代，有的说元代。最后的一致意见是：成熟的青花瓷始于元代。明清瓷的三个黄金时代，永宣是以青花瓷著称的第一个高峰。第二个高峰是成弘，成化的斗彩、弘治的黄釉。第三个是康雍乾。康雍乾是以瓷器的多品种著称的。

我们本文的这件青花尊就是乾隆时期的，它的亮点在青花上，青花浓重沉稳色深，特别是乾隆时期的青花绘画技法上有仿宣德青花的重笔点染，仔细看它的青花有点像宣德苏料的特征。当然只是"像"，还不一样。康雍朝的青花瓷备受藏家青睐。

清中清晚期跟这三朝的青花瓷无法比拼了。这件青花缠枝莲纹尊确实可爱，可谓端凝质重、气韵盎然、大度舒展、淳厚苍古，别具风采。

从微观图上可见其老化程度。已有老化痕的死亡气泡生成。说明此器物年代久远。其釉面温润苍古有熟旧感、古旧感。

综上所述，该件青花缠枝莲纹尊是清乾隆民窑细路精品瓷。

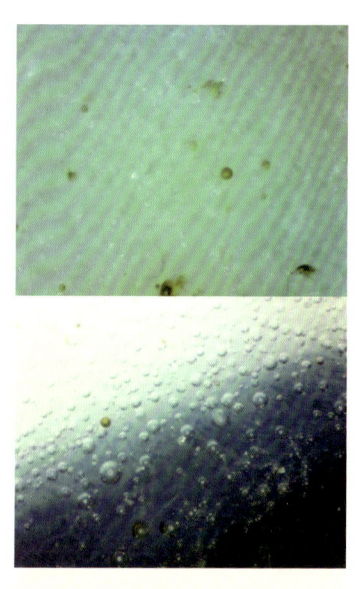

微观图

六、清早期

清乾隆青花矾红人物纹盘

高：3.2 厘米　　口径：20.3 厘米　　足径：11 厘米

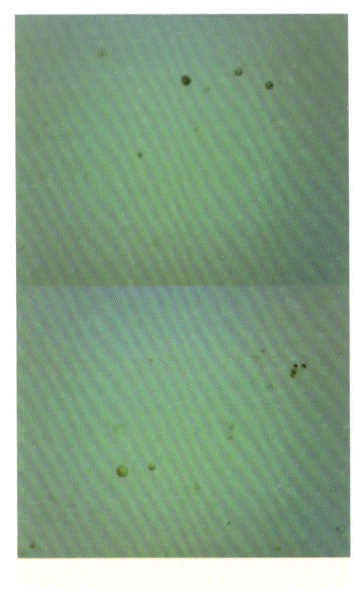

微观图

　　这件青花矾红人物纹盘，有多姿多彩的纹饰，有晶莹亮丽的釉色，又有青花边饰的映衬，确是一件很好的观赏品、收藏品。

　　主纹饰的人物是福禄寿三星，天上有飞翔的五只蝙蝠，预示五福捧寿，下方是戏耍的顽童，预示着未来，可见纹饰的寓意很好。

　　这件盘子是乾隆时期的，有如下几点可说明：矾红纹饰颜色浅淡，涂层均匀且不厚，而清晚期和民国时期的矾红彩就色深涂层显厚了，并有颗粒感。盘底的圈足有一层棕色的护胎釉水，是清早期，特别是乾隆时期多有的。六字篆书青花款"大清乾隆年制"，是民窑款；尽管是民窑款，也是要加分的。亮青釉面也是特征之一。从其微观图的特征上也可证明其老态与年代。

　　综上所述，此件青花矾红人物纹盘是清乾隆时期民窑精品瓷。

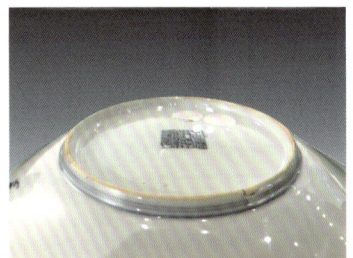

清乾隆青花粉彩人物故事纹大碗

高: 11 厘米　　**口径**: 28.3 厘米　　**足径**: 11.1 厘米

这件器物口径 28.3 厘米，似盆但不是盆，是件大碗。盆没有这么高的圈足。器型是碗，从图上看到其绘画之精细，无与伦比。

收藏人常说："餐桌上的不如供桌上的，供桌上的不如书桌上的。"意思是，书桌上的器物最珍贵。然而，我说的这件餐桌上的碗，由于绘画之精美，使之已不是餐桌上吃饭用，而是一件赏器了，当今它是一件有品位的高档古董古玩收藏品，其珍贵不亚于书桌上的。

纹饰图绘中是众亲朋给一老寿星祝寿的场景，寿星背靠千年不老松，接受祝贺与贺礼。人物绘画十分精细，人物虽小，但五官清晰可见，穿长袍戴儒冠，有明代古人风范。

器物边饰是青花几何锦地纹，把主纹饰衬托得美上加美。圈足上的胎质硬朗细密，有使用痕与包浆。内里纹饰不仅绘画精美，也包浆灿然。微观图中有深棕色死亡气泡生成，古旧感十足。

综上所述，该件青花粉彩人物故事纹大碗是清乾隆时期的民窑细路精品瓷。

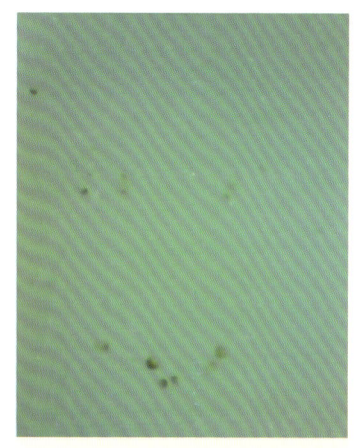

微观图

六、清早期

清乾隆青花凤纹长颈蒜头瓶

高：19厘米　　口径：2.6厘米　　足径：6厘米

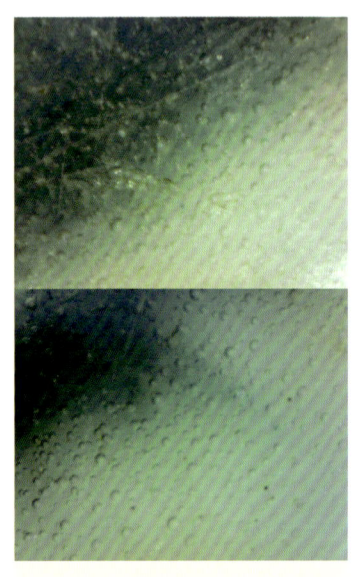

微观图

　　这样的乾隆青花凤纹长颈蒜头瓶，我本人曾收藏过一个，后来被朋友拿走了，通过收藏对它有所了解，也算是在历练中学习吧。

　　首先看它的青花，色泽沉稳、深厚、色浓且深，有乾隆青花的特征。到了清中嘉道时期，多色淡泛灰。到了清晚期，更是着色浅薄，漂浮感多些。

　　纹饰中的绘画有布局疏朗大气的凤纹，可见线条苍劲有力，重在写意，而不是写实。从器物的圈足露胎处可以看到是典型清代乾隆时期的胎质。有硬朗细腻感，是清中晚期所没有的。其釉面平整光洁硬朗，不是清中晚期的波浪釉，仔细看实物，还可见到橘皮纹的细小斑点小坑。

　　器物整体有古旧感、熟旧感。总而言之，此器是清乾隆时期民窑细路制品。

清乾隆青花人物纹葫芦瓶

高：20 厘米　　口径：2.9 厘米　　足径：5.8 厘米

葫芦瓶形似葫芦，这种瓷器的造型最早出现在龙泉窑的制品中。这种器型有道教色彩，明嘉靖时期葫芦瓶生产较其他时期多，因为嘉靖皇帝信奉道教，"葫芦"与"福禄"发音近同，所以备受人们的喜爱追捧。

葫芦瓶多为两节的，也有三节、四节的，还有多连葫芦瓶。除圆形葫芦瓶外，也有上圆下方的，还有发展成绶带扁形葫芦的，叫"抱月瓶"。

葫芦瓶品种不仅器型多样，瓷器品种也多样，有青花、五彩、粉彩，各种单色釉、仿哥釉、茶叶末釉的，等等。

这件葫芦瓶是青花人物纹的，发色清雅鲜亮的青花纹饰，线条流畅的造型，胎质硬朗细密，釉面莹润如玉，手头不轻不重很适宜，还有传世品使用痕迹。

综上所述，此青花人物纹葫芦瓶是清乾隆时期民窑细路制瓷。

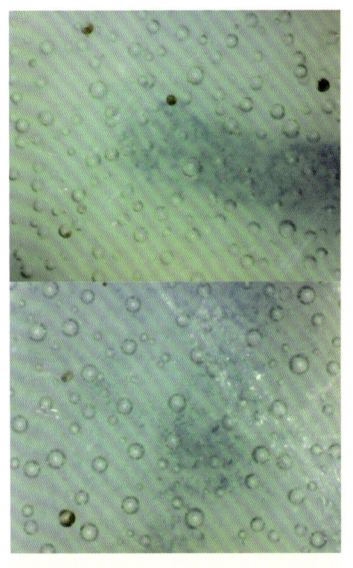

微观图

六、清早期　　203

清乾隆青花山水庭院人物纹奶壶

高：22 厘米　　口径：5.5 厘米　　足径：7.5 厘米

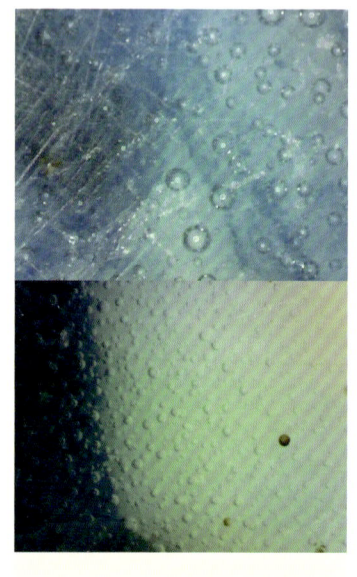

微观图

　　此件青花山水庭院人物纹奶壶是外销瓷，从其造型、口沿、壶嘴、盖上的纹饰都可见到是出口欧洲瓷器的造型与画法画风。

　　瓷器是中国四大发明之外的重要发明，不亚于四大发明，"China"不仅翻译成中国，也可翻译成瓷器，可见瓷器是中国的一张名片。中国的瓷器出口历史悠久，宋元时期中国瓷器的外销出现了空前繁荣的局面，广州成为瓷器最大的输出港，当时的越窑、龙泉窑、景德镇窑的产品，通过水陆两条"丝绸之路"，运往世界各地。

　　两条贸易出口路线，陆路是唐以前的"丝绸之路"，而另一条水路就是唐宋及以后到朝鲜、日本、东南亚、西亚，远到非洲的海上陶瓷出口通道。

　　清代出口欧洲的器物，以青花、五彩、粉彩、各种单色釉瓷为主，特别是广彩，更是出口欧洲的重要品种，明万历时期的克拉克瓷、清康熙二十三年以后的中式伊万里瓷、中式柿右卫门瓷等。

　　此件外销瓷奶壶造型秀美，别具特色，既有外销风格，又有景德镇中国陶瓷的特点与美感。青花发色有乾隆、嘉庆时的特征，色彩艳丽，有上等浙青料的色泽，是清中期，准确地说是乾隆晚期的民窑精品瓷。

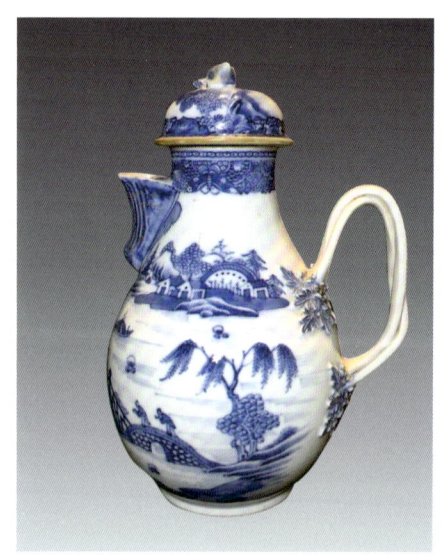

清乾隆青花釉里红山水人物双象耳尊

高：35 厘米　　口径：15 厘米　　足径：15 厘米

这件绘画精细的象耳大尊，釉里红与青花搭配使用的效果极佳，使山石、树木显现立体效果，山石高耸，层次分明，河边的岸石有斧劈皴的效果，都是用青花和釉里红体现的。画面布局大度舒展，结构严谨，还用人物、小船、车马点缀其中，使之更充满了生活气息。主纹饰的背面有一棵大白菜，寓意"百财"，体现了明清瓷器的"画必有意，意必吉祥"。

不仅绘画技法，青花釉里红的色彩也有清乾隆时期的特征，圈足上的胎质与圆润的泥鳅背更能说明该器物的身份了。

综上所述，该件青花釉里红山水人物双象耳尊虽有"大清乾隆年制"楷书款，但由于做工细致度不够，故应该是民窑制品，属民窑精品。

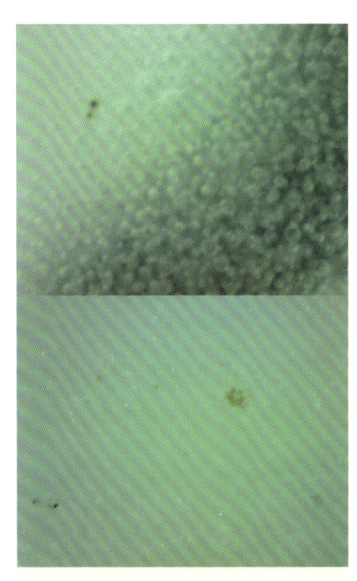

微观图

六、清早期

清乾隆青花釉里红小缸

高：14.5 厘米　　**口径**：12.4 厘米　　**足径**：9 厘米

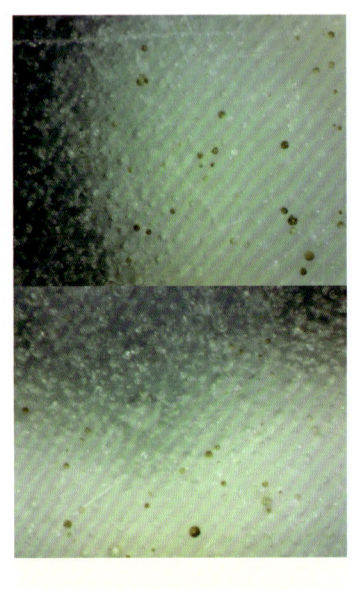

微观图

　　这件缸的纹饰是青花釉里红。青花釉里红是釉下彩，在高温 1300℃ 左右烧成。青花的主要化学成分是氧化钴，釉里红的主要化学成分是氧化铜。这个瓷器品种元代就有了。但元代、明洪武时期釉里红的烧造工艺还不行，要么烧成釉里黑，要么烧成釉里灰，到了宣德时期才有所突破。后来到了明成化，有了釉上矾红彩，取代了釉里红，几乎就不烧制釉里红了。到了清代康熙时期，才又重振釉里红瓷的生产，包括青花釉里红。

　　这件青花釉里红小缸，一看它的底，就可断定是件老器物，而且是清早期乾隆时期的。胎质硬朗细密，包浆深重，老相十足。

　　从其微观图中可看到老化后的棕色死亡气泡很多，微观上也能证明它是年代久远的老器物。

　　综上所述，该件小缸是乾隆时期民窑制品，属细路精品瓷。

清乾隆铁锈花釉撇口尊

高：22 厘米　　**口径**：6.3 厘米　　**足径**：6.8 厘米

铁锈花瓷器是宋金元时期北方磁州窑系各窑口烧制的高温单色釉瓷器。景德镇在清代雍乾时期有烧制。本文中的这件该是那个时期景德镇窑烧制的。

说这件铁锈花釉撇口尊是景德镇窑生产的，主要是看胎。磁州窑的胎近于香灰胎，泛棕灰色，较疏松。单色釉没有纹饰的铁锈花瓷是靠黑釉上的色差凸显它的美，美在沉稳、豪放、壮观，有厚重的质感。它是用含有氧化铁的斑花石做颜料涂在瓷坯上经高温烧制而成，高温烧制中铁晶体呈现出斑斓夺目的铁锈纹理色彩，故而备受观者与藏家喜欢。

这件铁锈花釉撇口尊釉表光泽古旧感强烈，圈足露胎处可见其胎质是乾隆时期的，有包浆生成，底面是清代泛绿的亮青釉，有烧制中自然形成的棕眼及缩釉点。其器型有乾隆时期的时代特征，形体自然，线条流畅。

综上所述，该件铁锈花釉撇口尊是清乾隆时期的民窑制品，不多见，是收藏品中的稀少品种之一。

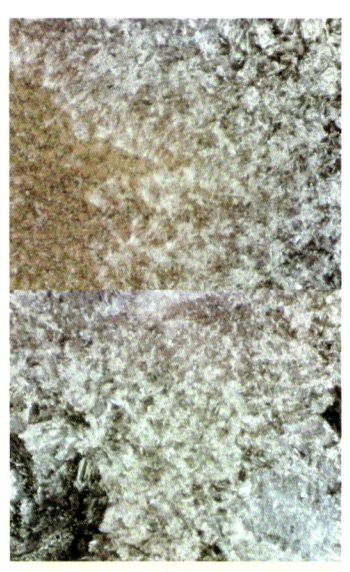

微观图

六、清早期　　207

清乾隆乌金釉胆式瓶

高：11 厘米　　**口径**：1.6 厘米　　**足径**：3.2 厘米

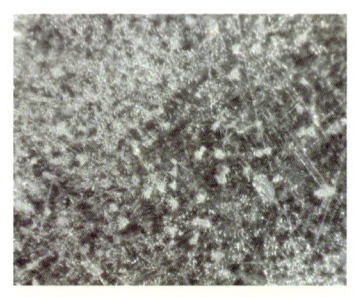

微观图

可见釉表的使用划痕与脱落痕。

乌金釉，学术界把其创烧年代定为清康熙时期，耿宝昌老先生的《明清瓷器鉴定》一书中也有讲述："乌金釉是康熙时的新品种。"这点也是藏家与学术界的共识，但一切都事出有因。宋代河北曲阳县定窑生产的"黑定瓷"与清代景德镇生产的乌金釉很相似，乌黑的釉面硬朗光洁明亮。而其他窑口的黑釉瓷与乌金釉瓷就无法相比或说相提并论了。

乌金釉是高温单色釉，入窑经 1200℃～1300℃一次烧成。这是单色釉瓷中不多见的。行里有这样一句话："乌金釉要么康熙，要么光绪"，是说其他朝很少有生产，但这也不是绝对的。这里展示的这件乌金釉胆式瓶，不仅落有"乾隆年制"款，且其胎质古旧程度及款识的青花用料都可够得上乾隆时期。按此说法，这件乾隆乌金釉胆式瓶更珍贵。

我们说"收藏贵在珍奇少，觅得孤品更为高"，但大众收藏更重要，要在大众收藏中淘得"珍奇少"。

清乾隆窑变釉贯耳方瓶

高：30.2 厘米　　**口长**：11 厘米　　**口宽**：8.8 厘米
足长：11.8 厘米　　**足宽**：9 厘米

收藏是勇敢者的游戏，收藏是追梦者的舞台，收藏能让平凡的你，看到不平凡的自己，让我们一块看看这件窑变釉贯耳方瓶是何年代，价值多少。

窑变釉瓷创烧于雍正时期，乾隆以后各朝都有生产。但各朝窑变的纹理各不相同，大体可以总结为，雍乾时期的窑变釉的纹理多是丝条状，如这件贯耳方瓶上的条状窑变纹理，而到了晚清，多是块状窑变纹理。窑变釉多是以红为主，以蓝为主的少见，以蓝为主的叫火焰青。物以稀为贵，本文的这件贯耳方瓶就是以蓝为主。这种火焰青窑变器，多是清早期雍乾时期的。

微观图

此件贯耳方瓶底部有"大清乾隆年制"篆书款，书写规整，是乾隆本朝的官款。另则釉面光泽，古旧感强烈，有传世品浓重的自然形成的牛毛纹，从微观图上可清楚地看到。

综上所述，该窑变釉贯耳方瓶是清乾隆朝晚期、即清中期官窑制品。

六、清早期

清乾隆釉里三色安居乐业纹双耳尊

高: 32 厘米　　**口径**: 13.6 厘米　　**足径**: 14.8 厘米

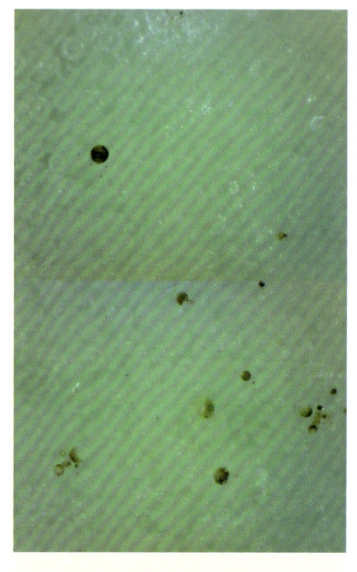

微观图

　　这件釉里三色双耳尊是一件高档的器物。因为：在瓷器品种中，釉下三彩很少；器型好；年份好，是清早期乾隆时期的。

　　釉里三色也称釉下素三彩，釉上素三彩是明宣德时期创烧的，釉下素三彩是清康熙时期创烧的，都是明清瓷器中高档的瓷器品种。

　　纹饰一面是松树、猴，一面是菊花、鹌鹑，鹌鹑与菊花画在一起寓意安居乐业。宋代开始有这种图案，流行于明清，清道光文官八品的刺绣补子就是鹌鹑纹。可见，鹌鹑在百姓与皇室人们心中的位置是不容置疑的。

　　这件釉里三色双耳大尊有着迷人的色彩，有线条流畅的造型，绘画粗细有致，自然苍劲，浓抹淡描，层次分明。一物矗立，是苍松，不是枯藤；色彩稳重，是翠竹，不是败叶；给人以美感。

　　从其圈足的形状看，圆弧形的泥鳅背又是乾隆时期多有的。深棕色护胎釉水在圈足上。釉下青花发色沉稳色深，有乾隆青花的色泽。双耳尊的整体釉面有温润的古旧感，老气十足。

　　综上所述，该件釉里三色安居乐业纹双耳尊是清乾隆时期的民窑精品瓷。不排除是官搭民烧或民窑进贡的宫廷用瓷（这两种瓷多数都不落款）。

210　明清瓷器识真（续篇）

清乾隆紫金地开光粉彩花卉纹盖缸

高：23.5厘米   口径：22厘米   足径：12.5厘米

这是件大盖缸，几年前在看首都博物馆举办的"故宫博物院康熙御窑瓷展"时，我见过这样器型的盖缸，是青花花鸟纹的。那次瓷展的展品，是康熙御窑瓷展，当然都是官窑了，但我看到的有约1/3的器物都没款，这点是一般人想不到的。在人们的头脑中，官窑都是有款的，看来不是。我觉得无款官窑在现实中不被人们所了解、理解、认可，这也许是个小小的误区。

从有关资料对官窑的解说中看到：

①御窑厂生产的器物，绝大部分有帝王年号款。

②朝廷在民窑中定烧的器物，无款，也是官窑。

③清代王公大臣定烧的，也应属官窑之列。

④民窑进贡的本窑优质品给朝廷，也是官窑。

这些资料中的说法，也论证了我的看法。

这件紫金地开光粉彩花卉纹盖缸是清代的器型，官窑、民窑都有。紫金釉高古瓷中宋代就有，而我们市场上多见的是清代早中晚都有的。这件从其露胎处可见其胎质硬朗细密，该是乾隆时期的，开光中的粉彩彩绘也证明了这一点。圈足有清早期的二层台，器物整体古旧感强烈。微观图里有死亡气泡生成。

综上所述，此件紫金釉盖缸是清乾隆时期民窑制品。

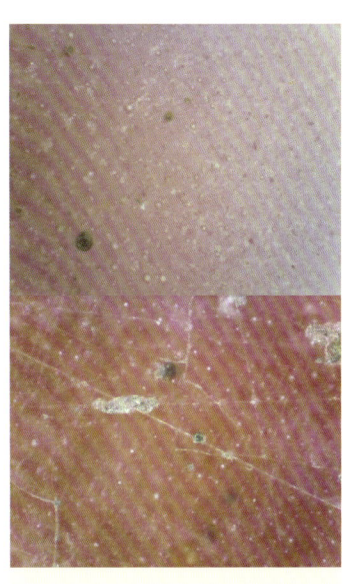

微观图

六、清早期   211

清乾隆紫金釉大笔筒（官）

高: 15.1 厘米　　**口径**: 17.6 厘米　　**足径**: 17.1 厘米

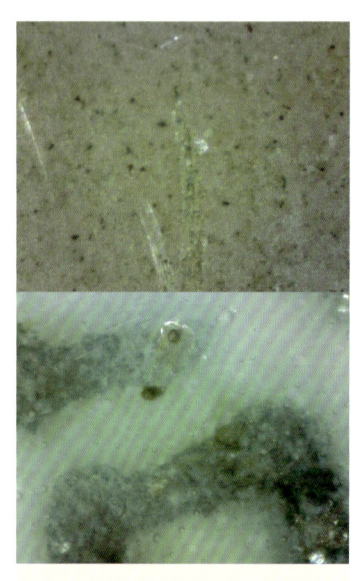

微观图

　　这件乾隆紫金釉大笔筒不一般，"古人寄情有内涵，意境莫测藏其间，款识、胎釉处处有亮点，一身傲气让人生感叹"。下边我把它的亮点、傲气仔细说说看。

　　亮点一：说它是老的，老在哪儿？我们看它底面的平砂底的胎是清早期的胎，是康熙前后没有火石红的那种胎，细密硬朗。而且可看出古代慢轮加工的镟削痕，这样的加工方法是那个时期多有的。白胎表面，没有火石红生成是因为胎质里没有杂质，胎土陶冶精细。虽无火石红，但有老胎的熟旧感、陈旧感。再看它的紫金釉釉表面，蛤蜊光明显深重，并有自然形成的牛毛纹。笔筒内里的亮青釉和使用过的划痕自然明显，有古旧感。

　　亮点二：说它是乾隆官窑，可从它的底款"大清乾隆年制"篆书款上说，这六字篆书款是标准的乾隆御窑官款，是手写。青花发色有乾隆时期浙青料的明显特征。

　　亮点三：它的玉璧底。我们研究笔筒的人都知道，玉璧底的大笔筒是康熙时期多有的大笔筒的特征。这种玉璧底出现在乾隆时期的笔筒上，不多见，但也正常，细细分析，康乾仅隔雍正 13 年，这样的出现也完全可能。生产工艺是有继承和延续的，没有随着朝代的更迭而"一刀切"的。

　　紫金釉是以氧化铁做呈色剂的高温单色釉，单色而不单调，也称柿色釉、绛色釉。紫金釉创烧于宋代，耀州窑、当阳峪窑、吉州窑还有定窑，都有生产这种紫金釉瓷器。景德镇是从明初洪武时期烧制紫金釉瓷器的，以后各朝至清代都有烧制，官民窑都有烧制，这件大笔筒就是清代的官窑制品。

　　为准确无误我拿上这件笔筒到故宫博物院找了古器物部主任研究员吕成龙老师，让他看过后，他说是清乾隆官窑真品无疑。

　　综上所述，这件紫金釉大笔筒是清乾隆朝御窑厂生产的官窑制品。

六、清早期　213

仿清乾隆哥釉三足小炉

高：5.2厘米　　**口径**：8厘米　　**足间距**：3厘米

微观图

　　这件哥釉三足小炉十分精美，口径仅8厘米，且是收藏人追求的哥釉瓷的小器大开片。

　　从其微观图可看到人们常说的老瓷才有的死亡气泡，它虽有老瓷的死亡气泡，但它是件新瓷，是件现代仿品。

　　我说它是仿品新瓷是有根据的。根据是釉光很亮，胎质不对，是现代的瓷胎。来路清楚，是一收藏爱好者从潘家园的新瓷摊里买的。

　　说它是仿品新瓷，上述几点是依据，那怎么解释微观图上的老瓷才有的死亡气泡呢？这点正是我这里要告诉大家的。哥釉瓷的生产过程与其他瓷器品种不同，它是在烧制时高温下，让它突然遇冷形成开片的同时，使其釉下也就生成了棕色的死亡气泡。

　　也有不管什么年代的瓷片，只要是出土的，其微观图里都没有死亡气泡，这是因为土层里边有水分有潮气，在那样的环境下是不会生成死亡气泡的，死亡气泡只会在干燥的条件下生成。而且，已有死亡气泡的老瓷，再入土后死亡气泡也会在潮湿的环境下消失。

　　对瓷器微观的研究了解，我也是在不断地学习中，这里是跟大家一块儿学习探讨，我的意见仅供藏家学者参考。

清早期德化白"九思炉"

高：7.5 厘米　　**口径**：10.3 厘米　　**足径**：9.8 厘米

这件德化白瓷炉有九道弦纹，人们称它"九思炉"。叫它九思炉不单是因为有九道弦纹，更重要的是九道弦纹的引申含义。《论语·季氏》载："君子有九思：视思明，听思聪，色思温，貌思恭，言思忠，事思敬，疑思问，忿思难，见得思义。"人们把炉上的九道弦纹与《论语》中的"君子有九思"联系在一起，给这种炉起了个名字"九思炉"。很好，见物九思。

德化白瓷产于福建省德化县。法国人赞誉德化白瓷为"中国白"，中国史书上也有记载称德化白瓷是"世界白瓷之母"。德化白瓷始于宋，盛于明，终于清。它最拿手的是德化白人物塑像，特别是有名的德化白观音塑像，有超凡脱俗、慈悲为怀的大度气韵，深受国内外，特别是东南亚佛教信徒的赏识，有强烈反响。说德化白终于清，是因为到了清中期以后主要窑口停烧了。但可谓"千年窑火，薪传不息"。新中国成立后，德化白瓷开拓创新，重振雄风，进入崭新的发展时期。全县现有陶瓷企业1200多家，科研院所120多处，产品远销世界五大洲160多个国家和地区。

这件德化白"九思炉"釉光温润有古旧感，微微泛青，是清早期制品。

微观图

六、清早期　215

清早期绿釉太白罐

高：10.5厘米　　**口径**：4厘米　　**足径**：4.5厘米

微观图

　　这件绿釉罐，其器型叫太白罐，也叫太白坛或太白尊。太白罐流行于清早期，康雍乾时期较多，多有青花制品和五彩器。这种器型的罐，有大有小，这件属于尺寸较小的，敦实也着实可爱。

　　这件绿釉罐是康熙时期的，但不是绿哥，绿哥有细密的开片，蝇翅纹饰的开片，片纹较深，色黑，而这件釉面上仅有冰裂纹，纹理上没有颜色，而且冰裂的片纹较大，这种绿釉称瓜皮绿。

　　这件小罐的底足、底面、口沿及里口都有这个时代的特征，口沿里口及器体都有微微泛绿的釉面且有开片，胎质硬朗细密。釉面包浆灿然，器型线条流畅，有其时代美感。

　　综上所述，该件绿釉太白罐是清康熙民窑制品。

七

清中期

清嘉庆祭蓝地童戏纹尊

高：31 厘米　　口径：12.5 厘米　　足径：11.8 厘米

这件蓝地青花纹饰童戏图撇口尊，是一件高档青花瓷，是青花瓷中少有的品种，既有高温单色釉的祭蓝地，又有典型的青花纹饰，实属难得。应了这样一句话：收藏人手中物，爱它知物重，醉过知酒浓。

纹饰中的两组童戏图都是明清瓷绘中多有的：一组是五子夺魁；一组是麒麟送子。麒麟送子清代瓷器上较多，这里不多说，说说五子夺魁。

五子夺魁是中国民间传统吉祥图案，为父母者都渴望自己的孩子能状元及第，可状元每次科考仅有一名。图案是五童之长手持一帽盔，"盔"与"魁"同音，以示夺盔者即象征夺魁高中状元。

五子夺魁是因历史上常有五个名人并列成名的惯例而来，如有五子登科，"五"意含"多数"，如有五福临门、五福捧寿等。

说这件瓷器是老的，有这样几点：它是清代中期的老胎，细密白润。圈足是典型的清代的泥鳅背。圈足里的底釉有微微显现的波浪釉，是清中晚期的特征。

其青花发色与祭蓝地都是清中期嘉庆时期的，青花发色淡雅，不够乾隆时色深沉稳厚重。再者其微观图上有重重的老化痕，即死亡气泡生成，证明此器物是老的且年代久远。要学会看真假死亡气泡：自然形成的真死亡气泡，就如同本图中的，气泡有立体感，边缘清楚，有大有小；人工造的气泡是一个平面、一个颜色，没有立体感。

综上所述，这件古旧感、熟旧感强烈的祭蓝地青花童戏纹尊是清中期嘉庆时期的民窑制品，是一件很好的收藏品。

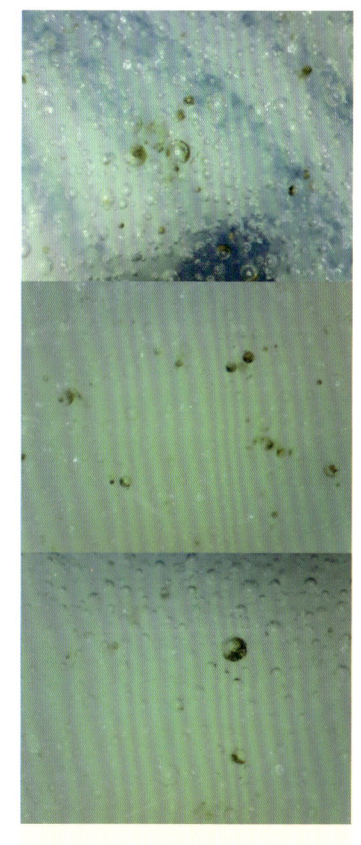

微观图

七、清中期　219

清嘉庆青花留白狮纹铜提梁壶

高：20 厘米（不包括铜提梁）　　**口径**：11 厘米　　**足径**：17.8 厘米

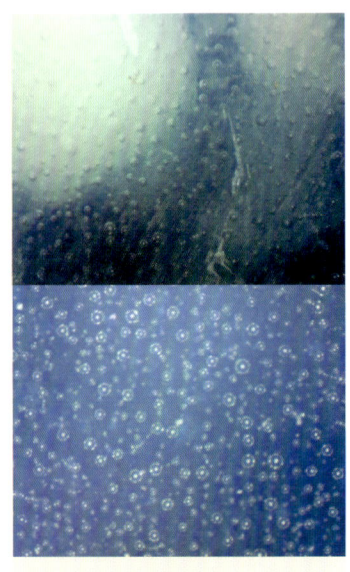

微观图

这个壶的瓷器品种是蓝地白花，纹饰是云狮，云狮纹是用留白表现的。这种瓷器品种从元代景德镇窑烧造的瓷器里就有，到了明宣德时期已成了一款名瓷，有青花留白、青花堆白，堆白高于留白（"留白"是露出胎的白色，"堆白"是在胎上堆出凸起，再涂上白彩）。

这件青花留白狮纹壶是清代的，从其各种特征看，该是清嘉庆时期的。青花发色明显是嘉庆时期的发色，比乾隆时期更浅淡而艳丽，没有乾隆的沉稳色深。其胎是清中期的老胎，较硬朗细密，包浆深重呈棕褐色。壶的壶嘴、壶盖都有清中期的特征。

综上所述，该件青花留白狮纹铜提梁壶是清中期嘉庆时期的民窑细路制品。

清嘉庆青花镂空雕四方灯罩

高：24.5 厘米　　**上边长**：16 厘米　　**足距**：14.8 厘米

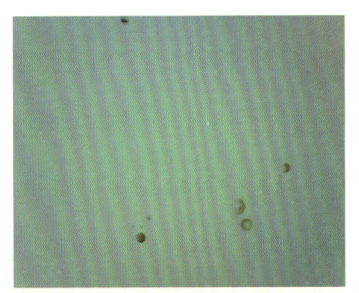

微观图

　　该灯罩做工精美，绘画细腻典雅，器型较独特，不多见。是一件青花器与玲珑镂空雕完美结合的作品。

　　此器物可说是玲珑瓷的一种。玲珑瓷是清雍正时期在明永乐年间镂空工艺的基础上创造和发展起来的，已有几百年的历史，是景德镇制瓷中的四大名瓷之一。玲珑瓷的玲珑眼是以釉覆盖，有着透明的效果。而此件灯罩只有镂空没有釉覆盖，但其整体的青花绘画与青白色釉面的效果与玲珑瓷很接近，可以说是玲珑瓷的一种。

　　此器是老的，是清嘉庆时期的，有如下理由：

　　其一，青花发色有嘉庆时期青花特征，没有乾隆时期的沉稳厚重浓艳，而更显艳蓝些，但又不是道光时期的浅灰感。

　　其二，露胎处的胎，可见其老气十足，有包浆，有微微泛黄的火石红。

　　其三，微观图中有清中期气泡破损特征和死亡气泡生成。

　　其四，整体釉面和纹饰绘画技法都是清中期的特征。

　　综上所述，此青花镂空雕四方灯罩是清嘉庆时期民窑细路精品瓷。

清嘉庆青花四季花卉纹大口尊

高: 5.3 厘米　　**口径**: 7.3 厘米　　**足径**: 5.8 厘米

微观图

　　这件青花瓷，是不多见的小物件大口尊，纹饰是四季花卉，青花发色艳丽。器物不大，但器型秀美，是一件耐人寻味受人喜欢的把玩器，又是件陈设器，摆在那很值得一看。虽小，但可以说"是雅不在大，花香何需多"，这句话对它很适用很贴切。

　　这件青花大口尊是我在市场地摊上偶然遇到的，摊主要价不高，按惯例要价不高也要讨价还价，几经讨价还价花几百元钱就买下了。在我手上也有十几年了。

　　说到"大口尊"，陶器大口尊在新石器时期遗址就有出土，如江西出土的印纹陶大口尊，商周时期也有。至于瓷质青花大口尊，我见到最多的还是清中期的，大个的多，像这件这样小的很少。

　　这件青花大口尊，青花料是浙青料，或说是上等浙青。青花发色呈现清嘉庆时期青花色泽，没有乾隆时期的深沉厚重，但更亮丽些。胎质一看就是清中期的，有老相。整体釉光温润有老气，有古旧感。

　　综上所述，此件青花四季花卉纹大口尊是清嘉庆民窑细路制品。

清嘉庆青花松鹤纹长颈扁瓶

高：30 厘米　　口径：8 厘米　　足径：12 厘米

这件青花松鹤纹长颈扁瓶，器型典雅秀美。腹部扁圆显现流畅的线条，小撇口看上去是那么的舒服，是一个不俗不躁古人精心设计的器型。

再说纹饰是"松鹤图"，劲松巍然挺拔，高耸云端，树下两只仙鹤相伴，展示出"松龄鹤寿""松鹤长春"和"松鹤延年"的吉祥寓意。

纹饰的绘画似乎能让人听到风声，看到树动，确有自然天成之美、沉静素雅之气，可见画师扎实的艺术功底。

这件青花瓷有一身的古旧感，圈足的胎上已有包浆。"康熙年制"篆书款是寄托款。微观图上可见到有棕色死亡气泡生成，说明它已有一定久远的年代。

综上所述，该件青花松鹤纹长颈扁瓶是清中期嘉庆年间的民窑制品，属细路瓷。

微观图

七、清中期　223

清道光粉彩花鸟纹大笔洗

高：8.5 厘米　　**口径**：34.2 厘米　　**足径**：28 厘米

　　笔洗、笔筒都是文房四宝"笔、墨、纸、砚"之外最重要的文房用具，是清代官民窑瓷器中常见的。笔洗像这件如此之大实为少见，口径达到 34 厘米之多。

　　此件笔洗的瓷器品种是粉彩。粉彩创烧于清康熙晚期，之后各朝都有生产。学术界一致认为最成熟的粉彩瓷生产应该是在雍正时期，而这件粉彩笔洗的绘画应该是十分成熟的一件作品，花鸟纹绘画得十分精细，花鸟、洞石、红日、彩云在窄小的画面上构成一幅让人赞赏的画面。真是：这件古瓷不一般，看后让人生感叹！纹饰绘画有深浅，意境莫测藏其间。是融画意、诗情、艺风于一体的作品。

　　不仅其粉彩绘画有成熟的清中期风格，其底足与底面露胎处也可见其厚重的火石红。

　　综上所述，该粉彩花鸟纹大笔洗是清中期道光年间的民窑细路制品。

224　明清瓷器识真（续篇）

清道光粉彩人物花卉腰形高足盘

高: 6.2 厘米　　**口长**: 26.5 厘米　　**口宽**: 22.8 厘米

足长: 18 厘米　　**足宽**: 15 厘米

这件粉彩人物花卉腰形高足盘十分精美，盘内壁人物为十二花神，在百花的传说中，农历中的十二个月各自有自己月份的代表花。这些花是：兰花、桃花、梅花、牡丹花、芍药花、石榴花、紫薇花、桂花、菊花、水仙花、芙蓉花、荷花。随着季节的更替，在不同的时间绽放。每次绽放都给人以初聚之欢，十二个月又久处不散。

有了十二花神，可是日日有花开，月月有花神呀！

此盘中是12个人物每人举一枝代表不同月份的花，绘画细腻，色彩艳丽。十二花神是中国民间传说，在百花的传说中，农历二月十二是百花的生日，人们称之为百花节，也称花神节，是汉族传统节日。历代文人墨客玩味和吟诵百花，传承许多百花的趣闻逸事，也就有了十二花神，呈现在书画或瓷器的绘画中，瓷器制品中有典型的十二花神杯，此件是十二花神盘。

盘的外壁是绿地粉彩花鸟纹，与内壁的十二花神相呼应，不仅绘画精美，器型典雅，十二花神更是趣谈。此盘的圈足可见胎质细密有包浆，且有"大清道光年制"款。根据其绘画技法、古旧感等判断，其虽精细但不够官，应是清道光时期的民窑细路制品。

清道光海水绿龙纹盘(官)

高: 4.8 厘米　　**口径:** 18.8 厘米　　**足径:** 11.4 厘米

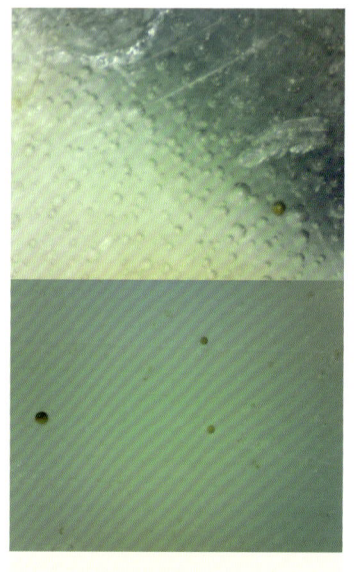

微观图

　　官窑是鸡群里的凤凰,是百草中的灵芝。这件海水绿龙纹盘是道光官窑,收藏爱好者们,特别是入门时间不长的收藏爱好者,该从这件官窑器中了解怎样识别官窑。

　　最简单的一点:正着看款,再翻转盘子看盘里心的图,里心的图必定是正的。如图示的"大清道光年制"篆书款是正的,翻转来是绿龙,绿龙也该是正的,有时头尾倒置也可。

　　这件海水绿龙纹盘,盘心的图十分周正,盘沿外侧的两张图也十分周正,这是官窑器所具有的,即器型周正。另则圈足规整,呈光滑的泥鳅背,清中晚期的盘碗,圈足多数是细白色,而乾隆以前的多有一层微黄的护胎水在上边。大家要学会区别老胎与仿品的胎的区别。多看多上手,别隔山买牛,对岸观火。

　　看这件盘子,说它是道光时期的官窑,是真品,你看盘里边绿龙外圈的两道弦纹的绘画是人工手工绘制,有断续深浅不规范感,若是很规整均匀的一圈,反倒不对了,仿品都会如此。再看"大清道光年制"六字篆书款,青花发色泛灰,不是亮丽的青花蓝色,这才是真品,因道光时期的青花色正是这样的,仿品会是亮丽的蓝色。

　　这件的暗纹海水刻画得效果不好,图上看不清,实物可看得清楚。质量好的海水暗刻纹,图上也该看得很清楚。我有两只光绪官窑绿龙纹盘,其海水暗纹效果十分好,图上也能看得真真切切。

　　这件盘的绿龙纹绘画得端凝质重、淳厚苍劲,有标准的官窑器的纹饰风范。

　　综上所述,该件海水绿龙纹盘是清道光朝的官窑器。

清道光黄地轧道粉彩花卉开光山水庭院碗（官）

高：6.2 厘米　　**口径**：14.8 厘米　　**足径**：5.5 厘米

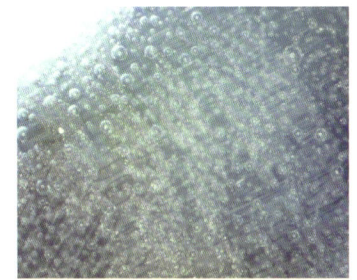

微观图

　　这件黄地轧道粉彩花卉开光山水庭院碗，很有特色，其中碗心处的花纹是一特色，黄地釉面的轧道纹又是一特色，规整的泥鳅背圈足和标准的"大清道光年制"官窑制式篆书款，也是一特色。说出了这只碗的身份，即官窑身份，当然，是否过关，还要看纹饰绘画的精细程度，器型是否周正。这两点已毫无疑问。开光内的粉彩山水庭院绘画特别的精细，仍然是远山近坡、树木屋宇，可谓一笔潇洒劲秀，玉清玉纯，可见画师的笔墨功夫。碗形端正，是清中期官民窑多有的碗形，从中可见到古人的寄情山水和画家的艺术追求。碗的整体观感是包浆灿然，古旧感强烈，是件清道光朝的官窑制品。

清道光青花人物故事纹观音瓶

高：39 厘米　　口径：13. 厘米　　足径：12.8 厘米

微观图

　　这件青花瓶，从器型上说就是清中期的，从器型整体上看线条流畅，小撇口，从肩部向下小收腹，给人以直观的美感。

　　其纹饰绘画十分细腻，人物的脸廓清晰，胡须几乎根根可见，不同角色的人物表情各异，可见其是民窑细路制品。

　　其青花发色没有了乾隆时期的深沉与色泽浓重，而是呈现了清中期嘉道青花的特征，即微微泛灰，着色显薄，但也不是清晚期那种漂浮感。

　　从其露胎处的胎质可见是清代胎质，并有了包浆，可见到微微泛黄的火石红。底面有老气，并可见老器物的棕眼分布其上。

　　综上所述，此青花瓶是老的，确切地说是清道光时期民窑精品瓷。

清道光青花釉里红一龙九现天球瓶

高：44厘米　　口径：12.9厘米　　足径：14厘米

这件青花釉里红天球瓶的亮点之一是青花云纹的绘画技法。有单色釉洒蓝的制作工艺技法，是喷洒上去的，而且有深有浅有露白胎的地方。这种青花的绘画技法，是从道光时期才开始有的，几乎都是出现在瓶一类的器物上，这件天球瓶就是其中之一。

这件天球瓶的亮点之二是青花釉里红，而且是一龙九现。大家知道在清顺治青花瓷中有一龙三现的图案，一龙九现更值得一看。

釉里红创烧于元代，明洪武已成为瓷器生产中的主流品种，但由于其烧制难度大，多数都烧成了釉里灰、釉里黑。到了明中期，有了釉上矾红彩，因其烧制容易，成品率高，红色艳丽，因而取代了釉里红，这时开始釉里红就不再生产了。到了清康熙时又恢复了釉里红的生产，这件釉里红的色泽很好。

这件天球瓶从微观图上可以看出其年代比晚清要早。死亡气泡颜色较深，形状也是清中期的，龙纹也是清代的画法，是狮子头龙，圈足的制作也是清中期的。

综上所述，此青花釉里红天球瓶是清道光民窑制品。

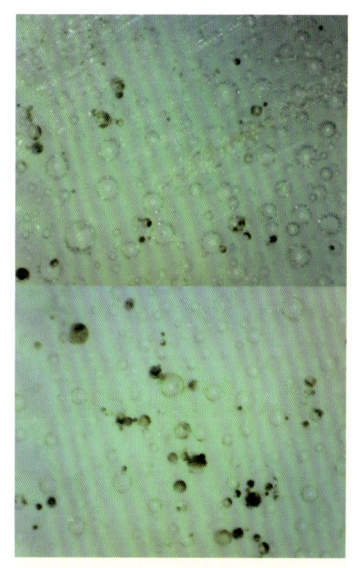

微观图

七、清中期　　229

清中期白釉豆

高：9 厘米　　**口径**：6.5 厘米　　**足径**：4.7 厘米

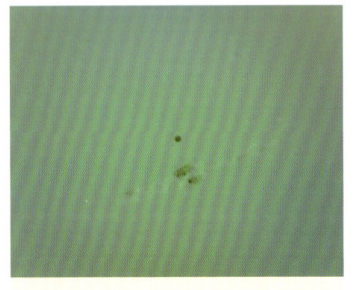

微观图

　　这件白釉豆是高温单色釉瓷。白釉在宋、元、明、清瓷器中有几个亮点。追溯到宋代，宋代的影青瓷是宋代白瓷中的佼佼者。元代的枢府瓷，是朝廷的宫廷用瓷，元代宫廷官窑瓷不用青花瓷而主要用白瓷即枢府瓷。明代的永乐甜白是御窑生产的宫廷用瓷。而被外国人称为"中国白"的德化白瓷，更是被当今瓷器收藏家们所青睐。

　　豆在古代是实用器，用来盛放食物，而今在收藏界，已是收藏家们上好的收藏品。因为其器型美，又少见，存世实物不多。物以稀为贵嘛。

　　豆这种器型，在几千年前的陶器时代就有，即陶豆，还有青铜制的豆，木质涂漆豆等。

　　这件白豆釉面温润，涂层平整光洁有质感，蛤蜊光明显，有自然的牛毛纹，古旧感强烈。圈足上的胎质白中微黄，足底里凹，有清早、中的圈足特征。

　　综上所述，该件白釉豆是清中期民窑精品瓷。

清中期斗彩螭龙纹双耳尊

高: 33.5 厘米　　**口径**: 14 厘米　　**足径**: 14 厘米

　　这件斗彩螭龙纹双耳尊，器型好，瓷器品种也高档。斗彩创烧于明早期宣德时期，成熟在明中期成化年间。因是釉下青花描边，釉上填彩，釉上釉下争奇斗艳，故得名"斗彩"。

　　这件器物纹饰奇特，不多见。主纹饰是螭龙，螭龙的头、身子是变形回纹。其余几层边饰也是回纹或变形回纹。整体纹饰着色凸显色彩淡雅柔和，也不失艳丽凝重，风格独特。

　　从器物的圈足上看，其胎质硬朗细密，有古旧包浆和传世品的使用痕。从其微观图上看到的深棕色死亡气泡可知其年代久远，不晚于清中期。青花发色也是清中期的，略有泛灰。

　　综上所述，该件斗彩螭龙纹双耳尊是清中期的民窑细路制品，属精品瓷，值得收藏。

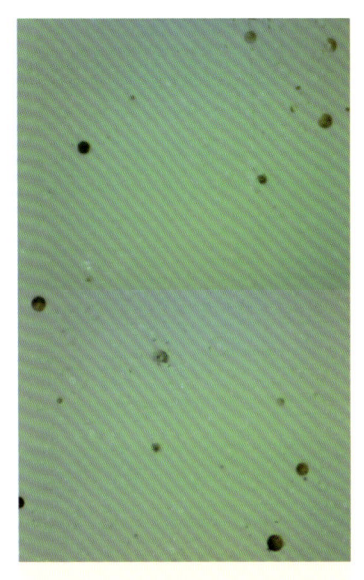

微观图

清中期豆青暗刻竹节地青花花鸟六方绣墩一对

高: 30 厘米　　**上顶尺寸顶径（对角）**: 20 厘米　　**足径（对角）**: 20 厘米

　　这对大器小作的绣墩是我跑市场发现的，是在北京程田古玩城 A 座的店里发现的，现纳入此书中。

　　绣墩，也叫坐墩、凉墩。创烧于明正德年间，本书还收录了一件正德年间生产的青花绣墩，那件正德青花绣墩是我的个人收藏品，尽管有残，我也爱不释手，欢迎大家翻阅本书看一下啊。

　　此对豆青暗刻竹节地青花花鸟六方绣墩工艺繁复，很多地方都有关注研讨的价值。

　　说它是清中期的，有这么几点：第一点，"福在眼前"图案中的梅花纹的冰裂纹是用留白表现的，这是清中期的画法，清早期冰裂纹的冰裂是用蓝上蓝硬笔道表现的，清晚期是用色差表现的。冰裂纹的断代要领是我从实践中总结出来的。第二点，底足的胎质较清早期的显疏松，有清中期的风范。第三点，青花发色没有乾隆时期的深沉，有微微泛灰感，是清中期的特征。

　　整体上也不失其高雅，有古朴的造型、多姿多彩的纹饰、晶莹柔和的釉色，是件难得的清中期古瓷收藏品。特别是大器小作的一对，既是单色釉竹节地，又是艳丽繁复的青花纹饰，别错过赏识的好机会哟。

微观图

七、清中期

清中期矾红十三太保狮纹大瓶一对

高: 61.5 厘米　　**口径**: 21 厘米　　**足径**: 17.5 厘米

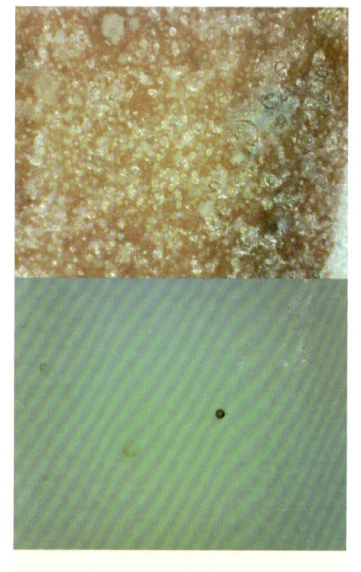

微观图

这对大瓶不一般，高 61.5 厘米，超过半米之高，而且是绿里釉上矾红彩，上下周身绘狮纹。这样壮美的器型纹饰实属少见，又是一对，更难得了。不仅如此，还完好无损，没有一点儿损伤。

矾红是低温釉上彩。矾红与釉里红不同，釉里红是铜红，以氧化铜为主着色剂，矾红是铁红。在元代创烧了釉里红之后，明初釉里红釉瓷器曾是景德镇瓷器生产的主流产品。但由于铜红烧制工艺难度大，火候不好掌握，烧出来的釉里红瓷多是釉里灰和釉里黑。在明中期成化以后有了釉上的矾红，矾红渐渐地取代釉里红，因为矾红好烧制，成品率高，釉里红就不再生产了。到了清康熙时，由于工艺水平的提高，又有釉里红的生产了。

这件矾红狮纹大瓶烧制十分成功，是清代中期的一款杰作。圈足和底面、器身矾红的彩面包浆灿然，古旧感强烈，有清代釉上彩瓷的绘画技法，其微观图上可见死亡气泡生成。

综上所述，该件矾红十三太保狮纹大瓶是清中期的民窑细路制品，有一定的收藏价值。

清中期仿哥釉花口洗

高：17 厘米　　**口径**：18 厘米　　**足径**：11.8 厘米

这是件仿哥釉花口洗。所谓仿是仿宋代五大名窑官、哥、汝、定、钧中的哥釉瓷。景德镇从明早期就开始仿，但市面上见到的几乎都是清代的，最受欢迎的是雍乾仿哥釉瓷。清代的哥釉瓷有两种开片：一种是大开片，这件花口洗就是；还有一种是小开片，叫鱼仔片。相比之下，收藏人多数喜欢大开片，特别是小器大开片。

明清瓷总体分三大块：釉上彩、釉下彩和单色釉（也叫颜色釉）。而仿哥釉瓷是属单色釉这块里的。单色釉又分高温单色釉和低温单色釉，哥釉瓷属高温单色釉。

这件花口洗包浆灿然，圈足露胎处有老化痕。微观图里有釉老化形成的死亡气泡，但哥釉瓷不能用此特征判断新老，因为新仿哥釉瓷也有这种死亡气泡，这一特征是哥瓷与其他瓷器的不同。

综上所述，此件仿哥釉花口洗是清中期的民窑制品。

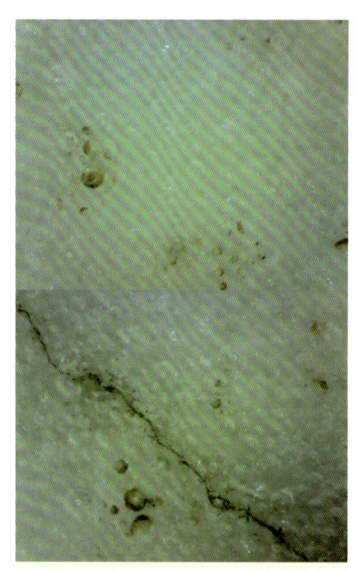

微观图

七、清中期

清中期仿石釉玉壶春瓶

高：29厘米　　口径：11.2厘米　　足径：11.5厘米

微观图

　　乾隆时期创烧了仿石釉瓷、仿木釉瓷、仿漆釉瓷。仿石釉是仿天然石的一种瓷的釉色，这里的玉壶春瓶就是乾隆时期烧制的仿石釉器物。其制作方法是用相似于各色石纹的彩釉勾画石头的纹理，有大理石釉、虎皮石釉、卵石釉、松石釉等。这件玉壶春瓶就是仿虎皮石釉器物。

　　仿石釉瓷主要是乾隆时期景德镇御窑厂所制为多，是乾隆皇帝的最爱。有了乾隆皇帝的参与，势必有大的起色，因此乾隆时期的仿石釉、仿木釉、仿生瓷都有精美之作流传至今。

　　这里说一下玉壶春瓶名字的由来："玉壶春"这个名字最早出现在唐代，玉壶春瓶是我国宋、元、明、清时期的一种高雅瓷器形制。玉壶春瓶名字的由来，各种资料显示都说是因宋人的诗句"玉壶先春"而得名，也有的说是因诗句"玉壶买春"，即诗句："玉壶买春，赏雨茆屋。"中国古代"买春"就是去打酒的意思，古代玉壶春瓶也就是盛酒器，而现在成了收藏界的收藏品、陈设器、观赏器。

　　此玉壶春瓶底足与底面都有乾隆时期的特点，圈足泥鳅背底，面刷深褐色底釉，特别是釉面包浆灿然，老气十足，古旧感强烈。

　　综上所述，此件仿石釉玉壶春瓶是清乾隆时期民窑精品瓷作。

236　明清瓷器识真（续篇）

清中期广彩人物故事纹双耳盘口罐

高: 19 厘米　　**口径**: 9.6 厘米　　**足径**: 13 厘米

广彩创烧于清雍正，大量生产在乾嘉时期，是景德镇烧好白瓷或青花瓷运到广州，彩绘后二次入窑低温烧成釉上彩瓷，即广彩瓷，从广州出口。当今市面上的很多广彩瓷，都是当年出口现在又回流的。现在市面上见到的多数是晚清、民国时期生产出口现在又回流的。雍乾时期的也有，不多。

这件广彩人物盘口罐是清中期的，从彩绘纹饰及纹饰釉层的厚薄上可断其年代。雍乾时期的纹饰彩釉层很薄，绘画精细。而到了光绪、民国时期，纹饰釉层变厚且显粗糙。这件罐的彩绘比光绪的精细得多，但没有雍乾的细腻，该是清中期的。

广彩纹饰多以开光画人物、花鸟，这件罐就是一个开光画人物，另一个开光画花鸟。

广彩本身就是粉彩，粉彩里有玻璃白。广彩多用金彩，多用描金装饰，两个狮头铺首和开光边饰的回纹都是用描金装饰的。

广彩的另一大特点是多用藕荷色。这件盘口罐的纹饰中人物身上几乎都有藕荷色，门窗的玻璃上也有藕荷色，花朵中也是藕荷色。广彩瓷多生活实用器，盘碗类、文房用具等小件多些。

综上所述，这件广彩人物故事纹双耳盘口罐器型秀美，老气十足，是清中期的制品。

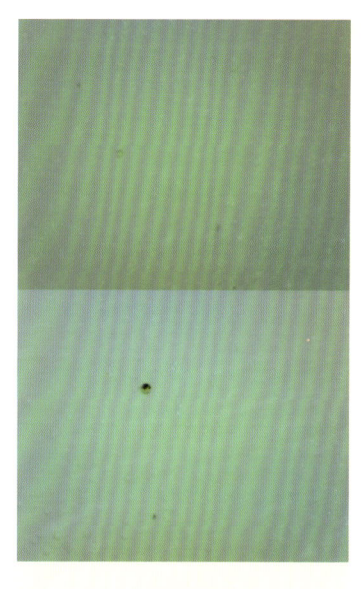

微观图

七、清中期　237

清中期孔雀蓝釉抱月瓶

高: 29 厘米　　**口径**: 6.5 厘米　　**足径**: 7.8 厘米

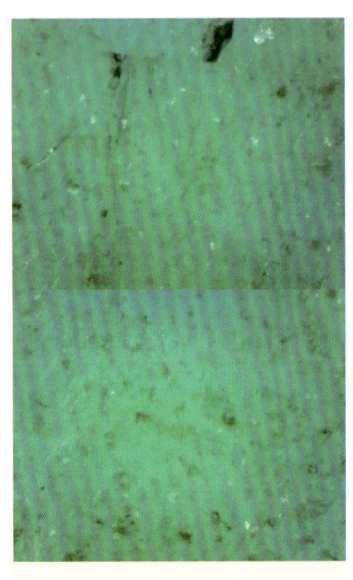

微观图

这件孔雀蓝釉的器物，是清代流行的抱月瓶。抱月瓶与明清都有的绶带葫芦瓶很近似，不同之处后者是葫芦形的，而抱月瓶是直颈小翻口（或不翻口），也称宝月瓶。

再说孔雀绿（蓝）釉，也称其"法翠釉""翡翠釉""吉翠釉"，是低温单色釉，最早见于宋代磁州窑，景德镇元代开始烧制孔雀绿釉瓷。现今市场上都可见到磁州窑与景德镇窑的孔雀绿（蓝）瓷器，二者很好区分：其胎质有别，磁州窑的瓷胎疏松泛香灰色。本文中的这件抱月瓶不是景德镇窑生产的，而是磁州窑系的窑口生产的。

该件孔雀蓝釉抱月瓶色彩纯正，光泽温润有古旧感、陈旧感，是件清中期的民窑制品。

238　明清瓷器识真（续篇）

清中期炉钧釉六方撇口瓶

高：27.5 厘米　　**口径**：15 厘米　　**足径**：11.8 厘米

　　炉钧釉瓷是景德镇创烧于清雍正时期的，而后各朝都有烧造。但特征各不相同：雍正或说到乾隆早期，其釉色里有高粱红纹理，并多流淌痕；到了清中晚期，没有高粱红纹理，而多是蓝白斑点纹，就如这件六方瓶上的纹理。

　　炉钧釉，也叫炉均釉，中间的"钧"与"均"音同意义不同，但都指同一物。炉钧釉是低温釉上彩瓷，也叫低温窑变花釉。带有高粱红的雍乾时期的炉钧釉器物现市面上很少见到，见到的多是清中晚期的，但也属稀少品种。

　　在古玩行里，玩家常说炉钧釉中晚期的也可区分，蓝地色深者多是中期的，色浅的多是清晚期的，这也不无道理。这件炉钧釉六方瓶圈足胎质有老相、有包浆。釉面温润，有古旧感、熟旧感。

　　综上所述，该件炉钧釉六方撇口瓶是清中期的民窑制品。

微观图

清中晚期青花花卉纹竹节壶

高：10厘米　　**口径**：9厘米　　**足径**：9厘米

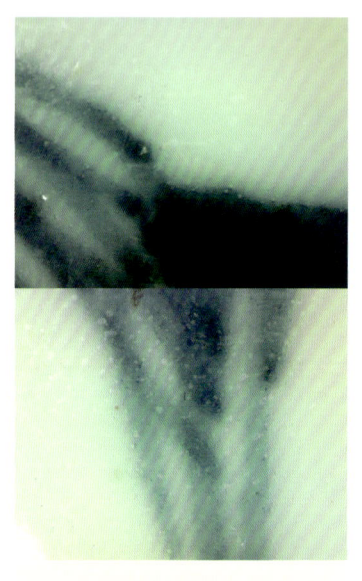

微观图

　　这件茶壶很有特点，全身是竹节。竹不仅外形美，而且寓意更好。中国的竹文化深远。据传，大画家郑板桥无竹不居，留下大量竹画和咏竹诗。大诗人苏东坡则留下"宁可食无肉，不可居无竹"的名言。汉语中多有提到竹子的成语：青梅竹马、势如破竹、胸有成竹、竹篱茅舍、竹报平安，还有"松竹梅"被称作"岁寒三友"，"梅、兰、竹、菊"被称作四君子。

　　上述说辞的内容将这件很不起眼的小茶壶的品位提升了很多。话说这件竹节茶壶器型有古趣和现实生活的情趣。壶的外表面有老气，从壶盖和底足上都可见其胎质是老的。青花用料是浙青料，矿物料。

　　综上所述，该件青花花卉纹竹节壶是清中晚期的民窑制品。

清中期洒蓝五彩人物纹棒槌瓶一对

高: 35 厘米　　**口径:** 11.3 厘米　　**足径:** 12 厘米

　　这一对祭蓝金彩地开光五彩人物纹棒槌瓶是我们大众收藏品中的较高档的器物。

　　其大小开光中的人物众多,可见其是画意、诗情、艺风融于一体,布局疏朗,场面开阔,有意境有格调,呈现古人的生活场景,让我们现代人可穿越历史感受古人的生活。

　　这对瓶从它的微观图见死亡气泡色深,可断其是清中期的,其绘画技法、祭蓝色彩、圈足的胎质,也都能说明它的年代该是清中期的。另外,从器型上看也是清中期棒槌瓶的器型,其肩是清中期专有的端肩,而不是溜肩。

　　综上所述,此对洒蓝五彩人物纹棒槌瓶,是清中期的民窑细路精品瓷。

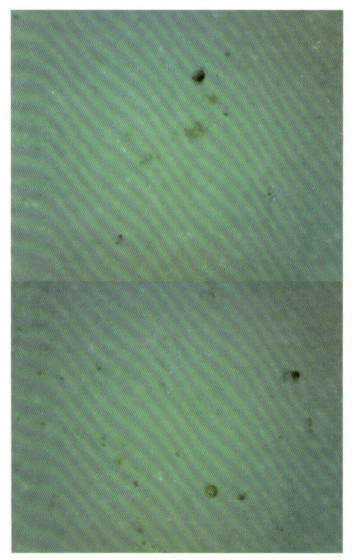

微观图

七、清中期　241

清中期洒蓝金彩万字锦地开光花鸟棒槌瓶

高: 46 厘米　　**口径:** 12 厘米　　**足径:** 15 厘米

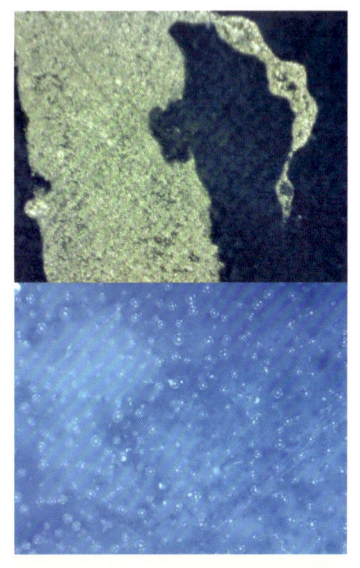

微观图

　　这件洒蓝金彩万字锦地开光花鸟棒槌瓶绘画结构严谨、精细，釉凝厚古朴，蓝色与金彩色泽亮丽浓深，是一件不可多得的单色釉金彩物件。

　　先说说纹饰中的万字锦地。万字纹是中国传统纹样之一，还有金钱纹、星光纹等。万字纹是以"卍"字形绘制的纹饰。"卍"字是古代一种符咒，用作护身符或宗教标志，常被认为是太阳或火的象征。"卍"字在梵文中意为"吉祥之所集"，佛教认为它是释迦牟尼胸部所现的瑞相，有吉祥、万福、万寿之意。万字纹有绵长不断、万福万寿不断头之意。

　　该棒槌瓶开光中的纹饰是雉鸡牡丹，这种纹饰在瓷器上的绘画始于元代，盛于明嘉万时期，清代各朝都有。

　　该棒槌瓶是亮青蓝色釉面，而且是少见的洒蓝釉。洒蓝釉是高温单色釉，创烧于明早期，上釉方法是吹制，工艺复杂，当年生产量远少于祭蓝，市面上多见清康熙及以后各朝的。

　　从其圈足上的胎质看，是清代老胎，胎上有老化痕，有火石红，有包浆。

　　综上所述，此棒槌瓶是清中期的民窑制品。

七、清中期 243

清中期天蓝地福寿纹双象耳大尊

高：36.8 厘米　　口径：9.5 厘米　　足径：11.5 厘米

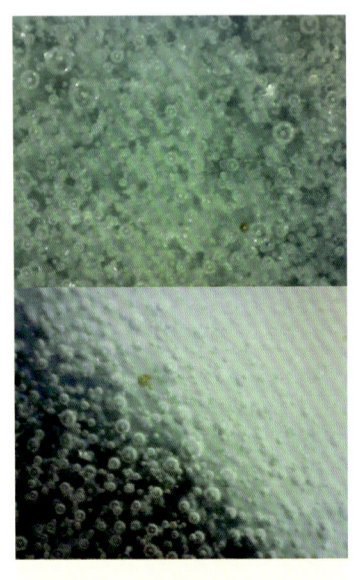

微观图

这件双耳大尊有几个独特之处：器型硕大，通体是康熙时期创烧的天青釉，主纹饰是白地福寿字。双象耳做工考究别致，整个器物高达 36.8 厘米，不是很大，也不算小，是件难得的重器了。收藏贵在珍奇少，这件大尊该归类到奇少之列。

看它的圈足是宽大的泥鳅背，有清代风格，天青釉和圈足露胎处之间有一道"火石红"，实则该叫"一线红"，是护胎水与釉烧制中接触时产生化学反应形成的，这是古瓷常有的。人们常把它叫成火石红，实际这样叫是不对的。圈足上边微微泛黄或红的颜色才是火石红。

尊肩部的两道弦纹和双象耳都是棕色的铁泥花，这种工艺是清乾隆时期及以后都有的。另则其微观图里的气泡已是破损严重，连成片状，行里人常把这样的气泡微观叫"唾沫釉"，这种"唾沫釉"在乾隆及清中期的瓷中有出现。

综上所述，这件天蓝地福寿纹双象耳大尊是清中期民窑制品。

244　明清瓷器识真（续篇）

清中期胭脂红罐

高：19.8 厘米　　口径：7.3 厘米　　足径：10 厘米

这样的红罐，要么是釉里红，要么是胭脂红；釉里红是高温单色釉，胭脂红是低温单色釉，是釉上彩，更少更珍贵。

很多人，特别是玩瓷时间不长的人会把它看成高温的釉里红，这件是我的收藏品，卖我这件罐的店主刚玩瓷两三年，经手得少，见得少，他就是把它当成祭红罐卖给我的。他说来得便宜，卖得也便宜，行里人管这叫"高来高走，低来低走"。

实则，此罐是不多见的低温釉上彩的胭脂红罐。我之所以把这样一个普通红罐纳入书中，就是为了告诉大家注意别把少见的胭脂红器物当成高温多见的祭红器，这两个是不同瓷器品种，一个釉上，一个釉下，看多了就好区分了。

再说这件红罐，其器型就是清中晚期的，特点是短颈釉口，其圈足形状与胎质都是清中期的。另外，大家注意单色釉器物的胭脂红色与纹饰绘画的胭脂红色不同，纹饰绘画的胭脂红色，要么是浅淡的胭脂红，要么是稍深一点的胭脂紫，都不是像这个单色釉罐表面的胭脂红色，是深重的红色。这种红色在单色釉的器表上确实叫胭脂红，不要有疑问。

综上所述，此红釉罐是清中期胭脂红罐，稀少，有一定的收藏价值。

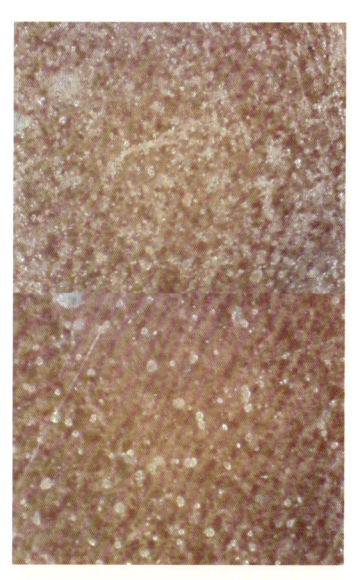

微观图

七、清中期　245

清中期窑变釉螭龙雕天球瓶一对

高: 45 厘米　　**口径**: 14 厘米　　**足径**: 13 厘米

这对窑变釉螭龙雕天球瓶确实高雅，天球瓶本身就是明清瓷中高雅之器，又盘有雕塑的螭龙，就更难得。但是真是仿、是真是假更重要，买真别买假。

首先我们说说窑变釉。窑变釉是红釉的一种，创烧于清雍正，是高温单色釉。它与祭红釉的区别主要是所用材料不同，祭红釉的材料就是氧化铜，而窑变釉材料中除氧化铜，还有其他不同的金属元素。烧制中不同的金属元素形成不同的颜色，有紫、黑、黄、褐等，形成窑变，它跟宋钧瓷很接近，因此窑变釉也叫仿钧瓷。

这件窑变天球瓶，口部的窑变色泽凸显了清乾隆期的窑变特征，是丝条状红、紫、黄色斑纹，而不是晚清时的斑块状斑纹。

另外，窑变釉瓷底足的做法为大撅底，即把流淌到底足下的釉块打掉，形成凹凸不平瘢痕状，这件是把底部凹凸瘢痕打磨成圆状削足了。

在清中期的窑变釉器物表面都有其独有特征，即"凿坑"（实物明显可见，图片上看不见）。另外，大家要注意区别祭红和窑变釉瓷，除了颜色，更重要的一点是，窑变釉的釉面上有开片，而祭红的釉面上没有开片。这件上面就有开片。

看两件天球瓶的釉面有明显的古旧感、熟旧感，是老的瓷器无疑。

综上所述，此对窑变釉螭龙雕天球瓶是清中期的民窑制品。

清中期窑变釉大尊

高: 57 厘米　　**口径**: 25 厘米　　**足径**: 18 厘米

　　这件窑变釉大尊，是清中期出国留洋，今天又返乡回国了，也就是人们说的海外回流。在出国留洋期间被装饰了金属件，更美了。

　　这件大尊说它是清中期的，根据有这么几点：其一，窑变成丝条状纹理，以蓝紫色为主，不是晚清的片状、块状斑纹，通体色彩非常接近雍乾时的色彩。其二，通体釉面有传世留下的自然划痕及牛毛纹。其三，表面光泽有古旧感、熟旧感。其四，从底足露胎处可见胎是清代的老胎，古旧感强烈。其五，器型如果仿是很难仿制到位的，线条流畅，有清中期的器型美感。

　　综上所述，不论从哪个角度看，从哪个方面说，它都是件老器物，应是清中期的民窑细路制品，品位上乘，器型硕大，不可多得。

微观图

七、清中期　　247

清中期窑变釉粉彩孔雀花卉纹长颈瓶

高: 41.8 厘米　　**口径**: 4.2 厘米　　**足径**: 15.9 厘米

这件窑变釉瓷上挂粉彩纹饰，实属少见。我看过实物，没有疑问，是真品。我愿与藏友热议这件不多见的瓷器，希望这些热议尽在笑谈中。

窑变釉是红釉的一种，红釉除窑变釉还有祭红、豇豆红、郎窑红，应该说还有低温釉的胭脂红。窑变釉瓷创烧于清雍正，是明清瓷中主要瓷器品种之一。窑变釉属高温单色釉，不是釉下彩也不是釉上彩，说它是釉中彩更合适。

当初我上手这件瓷器时，最怕的是窑变釉瓷后挂彩，有如当今多有的嘉庆豆青盘后挂粉彩纹饰一样，但当我仔细看后，忧虑解除了，彩面的老化程度告诉我，不是后挂彩，是原彩。是不是原彩，我告诉大家一个简单的检测方法：看划痕，如果是同一划痕，釉面和彩面是连通不间断的，就是原彩。如果划痕仅釉面有，到了彩面就没有了，说明是后挂彩。当然，还要看彩的老化程度，彩的新老。

从该件长颈瓶的窑变纹理看是清中期的，不够乾隆，又比光绪早，其圈足与微观图都说明了这个结论。纹饰也很好，是孔雀梅花。

综上所述，此窑变釉粉彩孔雀花卉纹饰长颈瓶是清中期民窑制品。

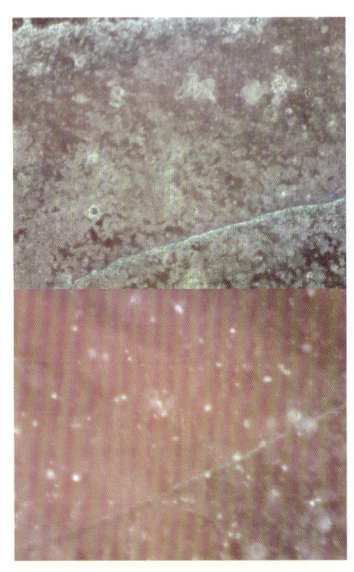

微观图

清中期窑变釉双耳炉

高: 6.8 厘米　　**口径**: 9.8 厘米　　**足径**: 8.3 厘米

　　这件小炉之美在：器型美，釉水美。这种炉的器型是清代的器型，多是清早中期的。

　　这种红釉是窑变釉，是清代创烧的，明代瓷器里没有这个瓷器品种。釉里红是元代创烧。明初一度是景德镇瓷器生产的主流，主导产品，但质量不行。洪武的多是釉里黑、釉里灰。

　　窑变釉之所以有窑变是因为釉的材料里除有祭红釉有的氧化铜之外，还有其他金属元素。烧制中，这些金属元素产生不同的色彩，有紫、黑、白、褐、黄等色，让人感受到窑变之美。

　　这件小炉，圈足是清中期多有的，不规整。器型是小扁炉，很美。釉面光洁平滑闪光，但有温润的古旧感。祭红釉面没有开片，窑变釉瓷器釉表有开片，这件炉有。炉的里面是清代的亮青釉。

　　综上所述，此窑变釉双耳炉是清中期民窑制品。

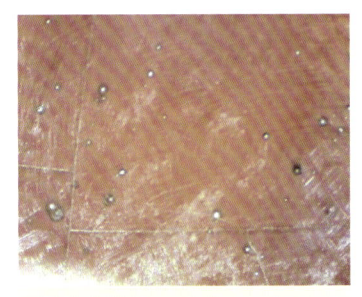

微观图

七、清中期　249

清中期青花粉彩人物故事纹鼻烟壶

高：9.5 厘米　　**口径**：1.7 厘米　　**足径**：2.5 厘米

清明时节雨纷纷，路上行人欲断魂。借问酒家何处有？牧童遥指杏花村。

话说这件"牧童遥指杏花村"青花粉彩人物故事纹鼻烟壶是盛鼻烟用的。鼻烟是16世纪在欧洲开始流行的。明万历九年（1581），意大利传教士利玛窦来中国把鼻烟送给了万历皇帝。那时鼻烟是用盒装着的。鼻烟壶是后来中国人发明创烧的。鼻烟——开始在皇亲国戚中流传，后国内可以生产了，清中晚期普及民间。

鼻烟壶在清代一度是人们地位与身份的象征，很珍贵。其工艺复杂，有内画、浮雕、套色、阴刻、阳刻、镶嵌；材质珍贵多样，有象牙、犀角、翡翠、水晶、玛瑙、珊瑚、珐琅、玉石、高级木料，最多的还是瓷质的。

这件鼻烟壶画面上的青花粉彩是乾隆时期创烧的，是二次烧成，先烧成青花瓷，再二次彩绘釉上的粉彩，二次入窑烧成。

画面上的人物虽小，但绘画细腻，牧童和行人的表情与神态甚至眼神都清楚可见。釉面硬朗细密，温润如玉，青花发色有乾隆时期青花色泽的凝重沉稳色深特征，底款是"乾隆年制"四字楷书款。圈足是尚好的泥鳅背状，胎质硬朗细密洁白，没有火石红，但包浆灿然，有老气。

综上所述，此件鼻烟壶是清中期民窑细路制品。

八

清晚期

清咸丰矾红蝠寿万字纹筒觚

高: 17 厘米　　口径: 8.5 厘米　　足径: 7.5 厘米

　　繁与简，疏与密，古意民俗雅趣为一体，这件小筒觚的纹饰中福寿、万字锦纹齐集聚，可见其继承古法有创意。

　　这件小筒花觚是矾红彩。矾红彩是釉上彩，是在烧好的白瓷上绘画，二次入窑低温750℃~800℃烧成。矾红彩又叫"铁红釉"，因为矾红有时在瓷器上做单色釉使用。矾红彩瓷创烧于明中期，嘉万时期最盛，比高温釉里红容易烧制，明早期曾一度成为瓷器主流产品的釉里红，这时已被矾红彩取代。釉里红是铜红，矾红是铁红，是青矾炼红。

　　这件筒瓶上的"卍"字纹饰、福寿纹瓷器上多见。它是中华民族传统文化中具有吉祥意义的图案，是中国本土的传统纹样，明清时期使用最为鼎盛。这件矾红小筒觚就是晚清咸丰时期的作品。

　　这件器物器型高雅。花觚清早中晚期都有，但器型各时期略有不同，这件的器型就是晚清时期的。

　　这件小花觚虽是民窑器，但有"大清咸丰年制"红料楷书款，相对没有款的档次高，是要加分的。圈足的胎也是清代的老胎。

　　综上所述，该件矾红蝠寿万字纹筒觚是清咸丰时期民窑细路精品瓷。

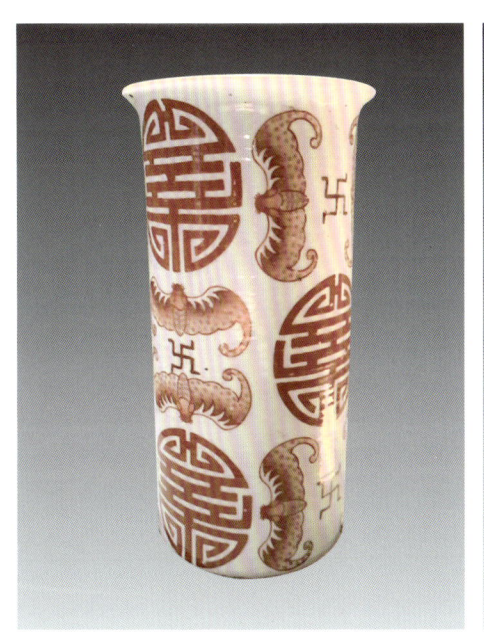

八、清晚期

清咸丰粉彩锦地开光人物纹长颈瓶

高: 37 厘米　　**口径:** 12 厘米　　**足径:** 12.5 厘米

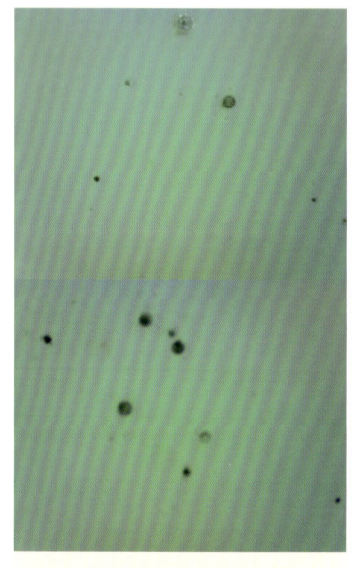

微观图

这件粉彩开光人物纹长颈瓶圈足的胎质已呈微黄色，是火石红，是时间岁月使它老化的痕迹。从胎质看，比同光早，该是咸丰时期的。釉面微微闪绿，呈亮青，是晚清典型的亮青釉。

螭龙缠颈，也是清中晚期多有的制瓷工艺。人物眼睛的画法不是清同光时期的有眼无珠，而是有眼有珠，是咸丰时期的画法。口径和足上方的边饰画法都是清中晚期多有的，如意云纹、变形莲瓣纹等。

从这件粉彩长颈瓶的微观图上也可以看到深棕色的死亡气泡，说明它年代久远，是件老器物，证明了目测鉴定的结论。

综上所述，该件粉彩锦地开光人物纹长颈瓶是晚清咸丰时期的民窑制品。

清咸丰粉彩人物故事双象耳盘口瓶

高: 34 厘米　　口径: 11 厘米　　足径: 9.5 厘米

　　粉彩与五彩的区别主要是粉彩料里边加了玻璃白粉。粉彩与五彩都是釉上彩，都是在烧制好的白瓷或青花瓷上二次绘画再入窑经700℃~800℃低温烧制而成的。

　　粉彩创烧于清康熙晚期，由于其彩料里加了玻璃白，同一色彩的绘画中有色阶，使纹饰有立体感效果，因此粉彩很快取代了五彩的使用，雍正朝以后成为景德镇瓷器生产的主流，即主导瓷器品种之一。雍乾时期多厚粉彩器，而到了晚清民国时期又出了薄粉彩、水粉彩，咸丰到民国初年的浅绛彩也是粉彩的一种。

　　这件粉彩人物故事双象耳盘口瓶的纹饰绘画技法有清咸丰时的特点，特别是人物的画法，到了同光时期就不这样画了，同光时期是有眼无珠，特点很明显。

　　此器不仅器形有晚清特点，圈足的胎质也是晚清的，疏松不细密不硬朗，也就是绕"松"、"软"、颗粒感强。但已有了包浆，器物表面有古旧感，是老器物没问题，是清咸丰民窑细路制品，款识是乾隆寄托款。

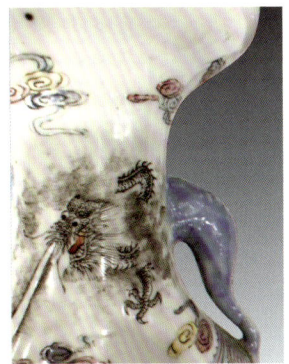

清咸丰粉彩竹节席纹帽筒

高: 28 厘米　　**口径（对角）:** 13.8 厘米　　**足径（对角）:** 13.8 厘米

鉴定瓷器也讲绝招，夏衍先生说得有道理。什么绝招？就是勤快，拼命干！还有一条不要怕失败。我从实践中也深深地体会到了这一点。

就拿本文中的这件帽筒说吧，对于竹节起棱席纹地的帽筒，我见得很少，这是我玩瓷几十年中见过的第二例，见得少就要多总结，不要怕失败。

这件帽筒的底款是"大清乾隆年制"，肯定不是乾隆时期烧造的，最多是寄托款。因为帽筒是清嘉庆时期创烧的，有资料可查。再看其圈足的胎质，有清晚期的特征，又不是光绪时期胎质的特点。另则，粉彩的彩面有比光绪更深重些的古旧感与熟旧感，显得更温润柔和，我认为该帽筒应是晚清咸丰时期的。

帽筒多圆形无开窗，此帽筒是六棱形，又有开窗，且是少见的席纹地，所以十分珍贵。

这里多说两句席纹。早在新石器时期的半坡遗址出土的陶器上，就有扁平人字形席纹。古代陶器上的席纹是陶坯未干时放在席子上印出的席子编织印痕。与瓷器上的麻布底成因近似，后来席纹扩展延伸到制瓷工艺上，人工刻画出席纹。实物见有雍正粉彩席纹杯。

至此，给这件帽筒下个结论：该件席纹地开窗帽筒是晚清咸丰时期民窑细路制品，很稀少，有很好的收藏价值。

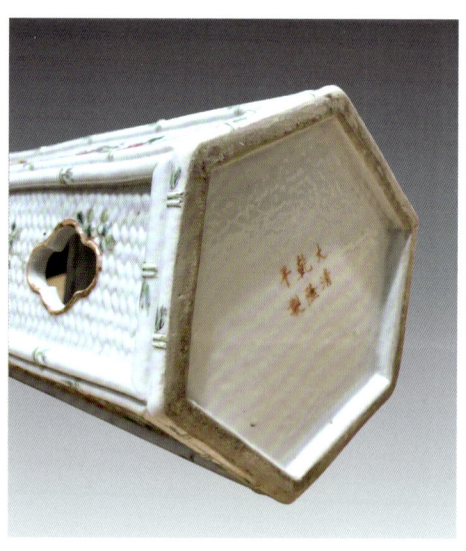

清同治豆青地弦纹尊（官）

高：33 厘米　　**口径**：5 厘米　　**足径**：9.5 厘米

这件豆青釉弦纹尊，是件高温单色釉瓷器。单色釉分高温单色釉和低温单色釉，单色而不单调，单色釉有单色之美。单色釉瓷在明清瓷器收藏中是一大种类。明清瓷器分釉上彩、釉下彩和单色釉三类，其中单色釉瓷器是最不好鉴定的，而当今在收藏界有人专玩单色釉，对单色釉瓷情有独钟。

这件豆青地弦纹尊上有六道弦纹，显得十分壮美。弦纹在中国的陶瓷史上已是由来已久，在我国新石器时代的陶器上就有弦纹，商周时期的原始青瓷弦纹罐就很有名，以后的汉唐宋元瓷器上都有弦纹装饰。明清瓷器上更多用，明清时有更多种弦纹表现形式，有彩绘的、堆贴的、刻划的，总之是单一或若干道平行线条排列在器物的颈、肩、腹等部位。

底款是"大清同治年制"楷书款，是标准的官窑款，且底足胎质硬朗细密，有官窑器的质地。器物整体釉光有古旧感、熟旧感。

综上所述，该件豆青地弦纹尊是清同治本朝官窑制品。

微观图

八、清晚期

清同治粉彩草虫花卉调色格盒

高：13 厘米　　**口径**：24.5 厘米　　**足径**：17 厘米

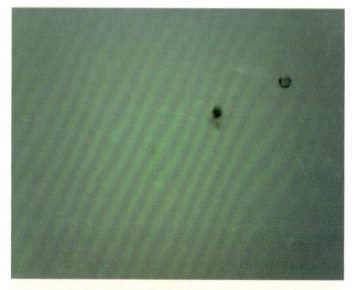

微观图

　　这件调色格盒是件实用器，而又绘画得如此精细，如今已是件观赏器和收藏品了。

　　纹饰中的草虫是一只蚂蚱。在明清瓷器中，道光时期的草虫绘画得最好，细腻入微。说起草虫，我们知道走兽、游鱼、禽鸟、草虫在瓷器上入画是在东汉时期。

　　这件调色格盒属大号的，口径尺寸达到24.5厘米。从它的几处露胎可看到是清代的老胎，已有包浆。粉彩也是晚清的矿物料，该盒属薄粉彩，"大清同治年制"红色篆书款，是手工绘制的。不够官，是民窑款、民窑器。釉面粉白，微微泛青，平整光洁，做工很细，没有晚清的波浪釉。

　　综上所述，该件粉彩草虫花卉调色格盒是晚清同治时期的民窑制品，属细路精品。

258　明清瓷器识真（续篇）

清同治粉彩人物故事纹六方花盆

高：17 厘米　　口径（对角）：27.5 厘米　　足径（对角）：20 厘米

　　这件六方花盆粉彩纹饰是十二花神。十二花神是民间的传说，传说中说：以农历十二个月，每个月都有自己的代表花，称之十二花神。有光画十二种花的称十二花神，也有画十二位神仙举着花的，且有解说，如一月兰花屈原……五月苏东坡。中国还有花神节，农历二月十二，是纪念百花的生日，也称花朝节。

　　这件六方花盆上画的就是人物花神，绘画精细，人物传神，花卉逼真，似在绽放。花盆的底面和六个足脚，包浆浓重，有浅淡的火石红泛出。足脚做工精细，可见到老花盆的制作工艺。粉彩已是薄粉彩，红彩彩料涂层上有描金，是清同光粉彩的特征，到了民国，红彩上就很少有描金了。

　　综上所述，此件粉彩人物故事纹六方花盆是晚清同治时期的民窑制品。

清同治粉彩人物六方镂空帽筒

高: 28厘米　　**口径（对角）**: 13厘米　　**足径（对角）**: 13厘米

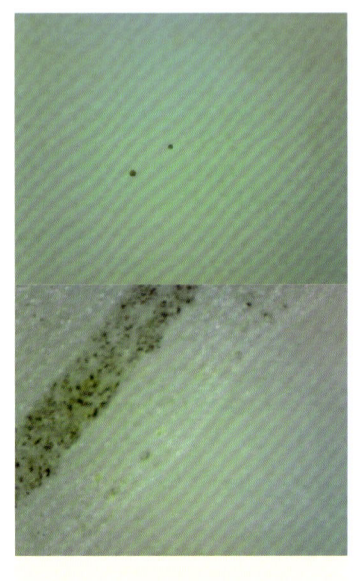

微观图

　　这样一对六方开窗人物故事帽筒，不付出岸上寻觅、下海搏击的努力是拿不到手的。

　　我们知道帽筒创烧于清嘉庆时期，多为圆形没有开窗的，创烧之初是实用器，是官员用来置放帽子用的。现在已是古玩收藏爱好者的收藏品，之前一度也是室内的陈设器。

　　这件帽筒在帽筒中是规格档次较高的，不多见。从圈足的制式与胎质可说它是晚清同治、光绪时期的，圈足上已有老化的包浆和使用痕，釉面有自然形成的牛毛纹，且光泽温润，古旧感强烈。人物衣着的红彩彩面有描金，这是同光时期粉彩器物的纹饰绘画特征。

　　综上所述，该件粉彩人物六方镂空帽筒是晚清同治时期的民窑细路制品。

清同治祭蓝双象耳琮式瓶（官）

高：30 厘米　　**口径**：9.3 厘米　　**足径**：12 厘米

　　这件祭蓝釉琮式瓶的器型来自仿高古玉——玉琮而来。琮式瓷瓶最早见于宋代（南宋），宋代盛行仿古之风。南宋龙泉窑瓷、官窑瓷都有琮式瓶的烧造。古玉琮是上下通透、内圆外方，即寓意天圆地方。这种玉琮是新石器时期的礼器，在良渚文化遗址中有见。而瓷仿玉琮的琮式瓶不是上下通透，有底，是件方瓶，因此有的把这种器型也称方瓶。

　　这件琮式瓶有晚清同光时期的时代特征。如祭蓝的色泽有微微泛灰之感，有光绪青花的发色效果。圈足做工十分精细，是同光官窑制品的特征。民窑的胎质是很显疏松的。有"大清同治年制"楷书官窑款。从其微观图上可见到深棕色的死亡气泡生成，说明是件老器物没问题。

　　综上所述，这件祭蓝双象耳琮式瓶是晚清同治本朝的官窑，很有收藏价值。

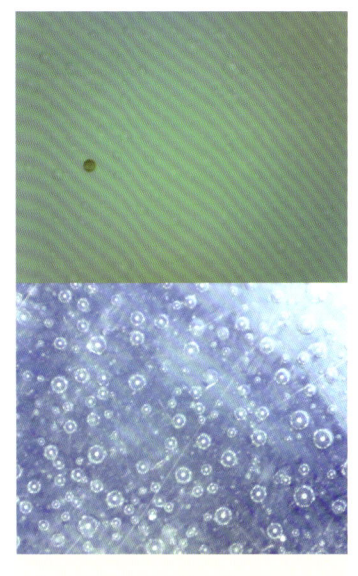

微观图

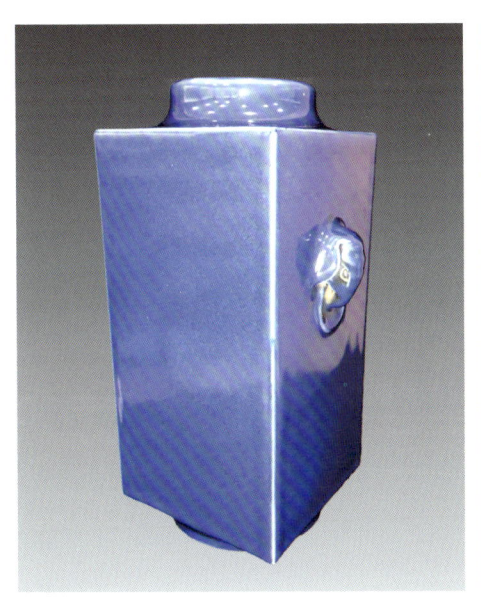

八、清晚期

清同治墨地素三彩"一路连科"纹盖罐

高：25.6 厘米　　**口径**：7.9 厘米　　**足径**：12 厘米

微观图

这件素三彩盖罐很有特色，一只白鹭站在荷塘里，被称作"一路连科"，是幅名片儿，多出现在清代瓷器上。"一鹭"对应"一路"，"莲荷"对应"连科"，一路连科是科举时代对考生的祝愿词。

这件雕塑"一路连科"盖罐罐底落款是王炳荣，王炳荣是活跃在晚清同治光绪年间的瓷雕名家，与道光年间的瓷雕大师陈国治齐名。从二人所作的传世品看，王炳荣与陈国治都是采用堆雕工艺技法，有浅浮雕的效果。陈国治的特色是雄浑苍茫，而王炳荣多细丽柔和。

这件王炳荣的素三彩雕瓷盖罐，浅浮雕纹饰布局疏朗，场面开阔，呈现写实技法，荷叶脉络清晰，白鹭脖颈前探，似在沉思，有意境有格调。底足做工规范，泥鳅背圆润，落款篆书凸雕"王炳荣作"，是王炳荣作品真迹。从器物的胎、釉、绘画技法、款识都可看到王炳荣作品真迹的特征与风范。

综上所述，此墨地素三彩"一路连科"纹盖罐是晚清同治时期的民窑精品瓷，是王炳荣真品之作。

清同治青花对头凤纹盘（官）

高：4.8 厘米　　**口径**：26.8 厘米　　**足径**：16 厘米

这件青花对头凤纹盘主纹饰是凤凰。凤凰是远古传说中的一种神鸟，在中国传统文化中它是"百鸟之王"，汉代的瓦当中就有凤凰纹、龙凤文出现，唐宋时期的瓷器上已有成熟的凤穿牡丹、凤衔牡丹纹饰。明清瓷器上的凤纹常有双凤纹、团凤、夔凤、凤凰牡丹、龙凤纹等，这件青花盘上的凤纹是"对头凤"，是清代中晚期出现在其官窑制式制品中的标准纹样。

凤凰，凤是雄、凰为雌，汉代四大风流韵事中有"相如窃玉"，说的是司马相如弹唱了一曲"凤求凰"感动了卓文君，即"情定一曲"，唐代的一大才女卓文君就嫁给了司马相如。这件"对头凤"盘就是历史上"凤求凰"故事的写照。

这件盘子的做工规范，圈足是圆润的泥鳅背，胎质白洁细密，"大清道光年制"楷书款是道光官窑款，书写很到位。器型周正，釉面莹润，青花色彩微微泛灰，有其时代特征。特别是釉光温润，有古旧感、熟旧感，故此该件青花对头凤纹盘是清道光本朝官窑器。

微观图

八、清晚期　263

清同治素三彩鹿纹鹿头尊

高: 16 厘米　　**口径**: 5.8 厘米　　**足径**: 7.6 厘米

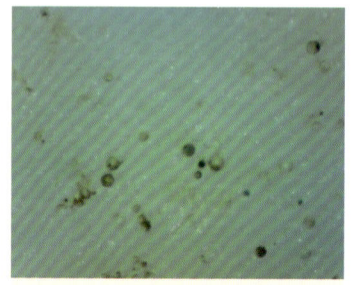

微观图

　　这件鹿头尊，纹饰画的是多只鹿，又可叫百鹿尊，这样的器型多在清代瓷器里出现。始见于清康熙，乾隆时更盛行。这种器型原本是青铜器中尊的一种，因将其倒置形似鹿头而得名。

　　"鹿"与"禄"同音，有了高禄位，才有高薪，发财。所以在瓷绘中鹿是备受欢迎的，这件既是百鹿又是鹿头形尊，就更加有品位了。

　　从器底看，圈足的胎质已不是清早期乾隆以前的硬朗细密，而是有疏松感，但确是清代老胎。底部可见"大清同治年制"方章篆书蓝料款，比红方章款高一个档次。款的制式及人工书写都很老气，其双兽形耳也很老气。特别是整体釉面，有强烈的古旧感和自然形成的牛毛纹、蛤蜊光。

　　综上所述，此件素三彩鹿纹鹿头尊是清同治时期的民窑细路制品。

明清瓷器识真（续篇）

清同治窑变釉贯耳方瓶

高：30 厘米　　口长：11 厘米　　口宽：9 厘米

足长：12 厘米　　足宽：9 厘米

这件窑变釉贯耳方瓶与本书中的另一件——光绪窑变釉贯耳方瓶（309 页）如出一辙，器型、釉色、斑纹、底足及款式写法都近同，只是年份不同。这件官窑器的器型与款式特征十分明显，长方口、倭角、直口、溜肩、腹部两面凸杏圆格外耀眼。

该器造型源于汉代青铜投壶。底足齐平，圈足内底面上有"大清同治年制"楷书款是标准的官窑款。从微观图上可以看到釉面上有开片；祭红釉上是没有开片的，这是二者的区别之处，可以此区分祭红釉与窑变釉。器物完整，器型秀美，釉色亮丽，纹理清晰，是清同治本朝官窑器，是一件不可多得的古瓷收藏品。

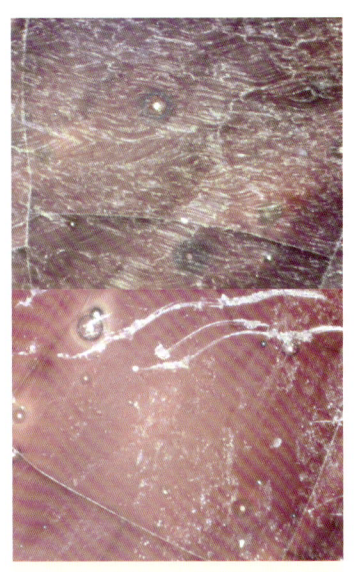

微观图

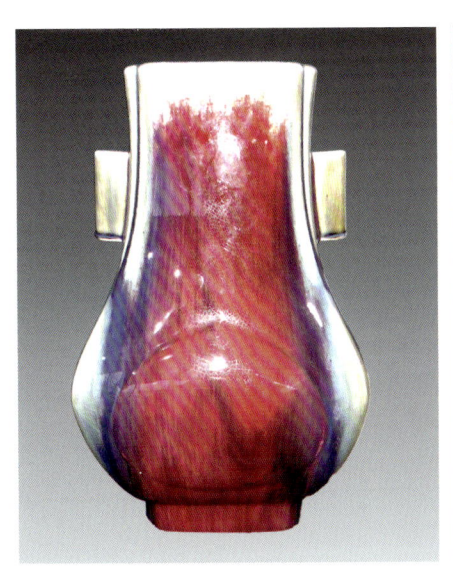

清光绪斗彩"二龙戏珠"纹杯

高: 11 厘米　　口径: 11 厘米　　足径: 6.4 厘米

　　这件斗彩"二龙戏珠"纹杯器型一般,年份也不怎么久远,高看它一眼的地方是"斗彩",因为斗彩器物少见,特别是斗彩杯更少。

　　这件斗彩杯釉面使用痕迹明显,牛毛纹遍布全身,光泽呈现古旧感、熟旧感、陈旧感,是件清光绪时期的老器物。

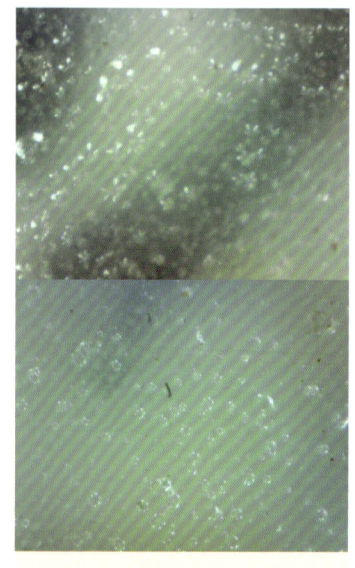

微观图

清光绪粉彩"百花不落地"一品锅

高：9.5 厘米　　**口径**：19.8 厘米　　**足径**：9.5 厘米

　　这件器物的器型叫一品锅，也有叫它汤盆、盖盆的。一品锅是晚清民国时期多有的器型，从这件一品锅上可见其造型秀美，"盖"在锅内，与一般的粥罐、盖碗不同。再说说"一品锅"的来历，那是明代一位皇帝到徽州，席间四部尚书的"一品诰命夫人"余氏制作上来一个徽州家常菜"火锅汤"。皇帝吃了，赞美不绝，得知是"一品诰命夫人"亲手所烧，便命名为"一品锅"。

　　另则，这件一品锅的纹饰是"百花不落地"或叫"百花不露地"，也称"万花锦""万花堆""万花献瑞图"。这种纹饰创烧于清雍乾时期，因为雍乾二帝最喜欢这种纹饰，其繁美的花纹彰显了帝国的昌盛与统治者追求完美的审美爱好。"百花不露地"的特点在纹饰中不仅不露地，纹饰中也不露出花卉的枝梗，只有花朵与叶片。确实，有画意、诗情、艺风融于一体之美。有艳丽夺目的花朵，红花绿叶相映成趣，美不胜收。

　　这件粉彩"百花不落地"一品锅有"大清光绪年制"款。圈足的胎也是光绪时期的老胎。彩面釉面温润，有古旧感。据此，该件器物应是清光绪民窑制品。

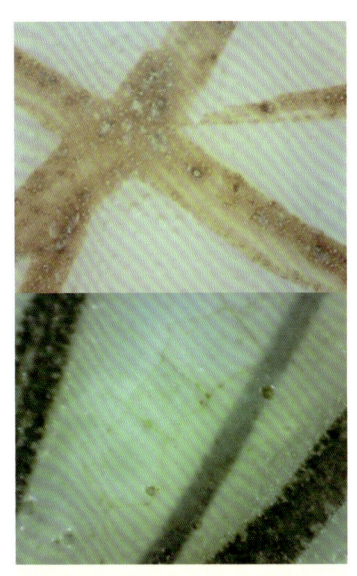

微观图

八、清晚期　267

清光绪粉彩荷叶形洗

高：2 厘米　　**最长**：10 厘米　　**最宽**：7 厘米

微观图

　　能装水的应叫笔洗，像这件不该是装水的，我看叫它笔舔合适。笔舔器型多样，这件是荷叶形的，有仿荷叶的叶脉纹，色彩是墨绿色外加粉红、蓝色花瓣的点缀，有艺术家的审美，不乏古雅秀俊，器小却完美大气，叶脉绘画突显奔放流畅，整体凝重华贵。是件实用器，也是件观赏器，也可以说是件把玩之器。

　　器底胎面有老气，胎是晚清的胎质，有较浅淡的包浆，微微泛黄。绿色有晚清绿色的特征，即深绿泛浅黑色，不像清早期康雍时期的绿色微微泛黄。器物的外墙是微微泛绿的亮青釉，是晚清釉面的特征。

　　综上所述，该件粉彩荷叶形洗是清光绪时期民窑制品，属精品细路。

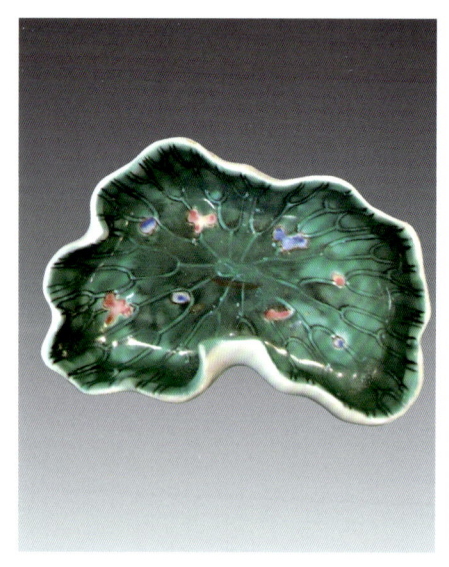  

清光绪粉彩花鸟纹梨形尊

高: 28 厘米　　**口径:** 11 厘米　　**足径:** 10 厘米

这件梨形尊，器型少见，不失典雅，有线条流畅的造型，纹饰布局疏朗，有意境有格调，色彩淡雅柔丽，是件柔润之器，是摆在家中的很好的陈设器立件。纹饰中的粉彩花朵色彩阶梯明显，立体感强，有晚清时粉彩的没骨画法。

再看其底足是平切足，露胎处呈现晚清瓷胎特征，没有清乾隆瓷胎的硬朗细密，有疏松感，即：松、软、颗粒感强。足上方与瓶颈下的边饰都是清代多有的，釉面粉白，有古旧感和熟旧感。

综上所述，此件粉彩花鸟纹梨形尊是清光绪时期的民窑细路精品瓷。

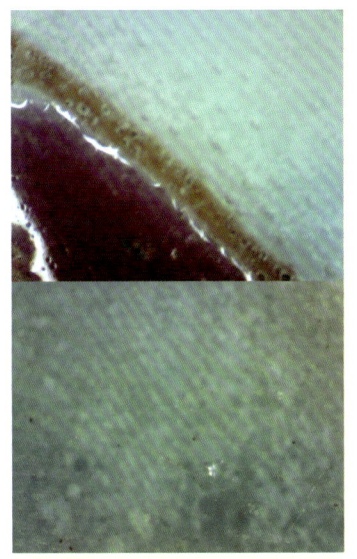

微观图

清光绪粉彩锦地开光堆雕人物四方瓶

高: 35 厘米　　**口长:** 12 厘米　　**口宽:** 9 厘米

足长: 9.8 厘米　　**足宽:** 7 厘米

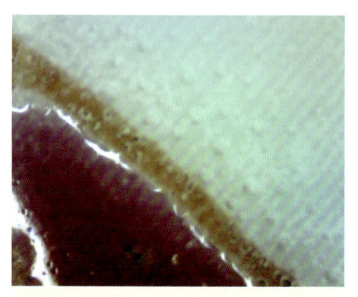

微观图

　　这件粉彩锦地开光堆雕人物四方瓶很有特色。堆雕多有浅浮雕的效果，比彩绘要高一个档次，"堆雕"也叫"凸雕""凸花"。堆雕是采用堆、贴、刻画，使瓷器表面产生立体纹饰。堆雕分为高浮雕和浅浮雕两种，也有两者同时在一个画面上出现，高浅结合。堆雕工艺较复杂，先用瓷泥浆堆塑，再用刀手工修改致细，高温烧好后，再上色，二次入窑低温烧成。

　　这件堆雕人物四方瓶是高浮雕，人物堆塑刻画细腻，立体效果明显。

　　从四方瓶的圈足胎质看，比光绪晚些，该是光绪晚期民国初年的制品。四方瓶的四个面都有堆雕纹饰，是件堆雕瓷中的标本器，有收藏价值。

270　明清瓷器识真（续篇）

清光绪粉彩九桃双象耳尊

高：36.2 厘米　　**口径**：13.8 厘米　　**足径**：13.8 厘米

　　明清瓷器的纹饰是画必有意，意必吉祥。桃子寓意长寿，多与寿星一起出现在画面上。清代瓷器中画桃子有"雍八乾九"之说，清中晚期瓷作上的桃子都是要么八个，要么九个，即不是仿雍就是仿乾。这件我上手实物时数了一下，是九个桃子，是仿乾隆的。

　　这件九桃双耳大尊，五彩缤纷，艳丽凝重，釉厚重古朴，色彩亮丽浓深，构图完美大气，笔墨线条奔放流畅，其双耳更是有难得一见的美。双蓝圈款，平切圈足是晚清大器物的特点。其高，美，厚重，放在室内是一件上好的陈设瓷，又是一件古玩，可给居室增光添彩。

　　这件粉彩九桃双象耳尊有自然的古旧感、熟旧感，是晚清光绪时期的民窑制品。

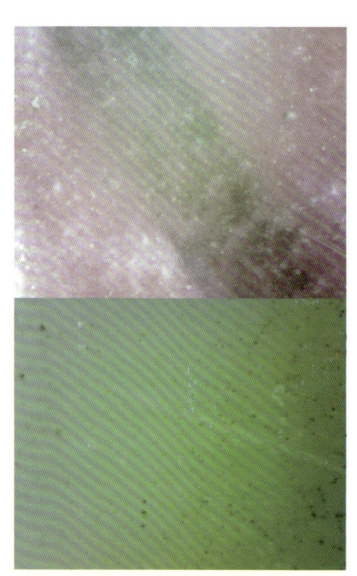

微观图

八、清晚期　271

清光绪粉彩孔雀纹墨彩文字笔筒

高：14厘米　　口径：13厘米　　足径：13厘米

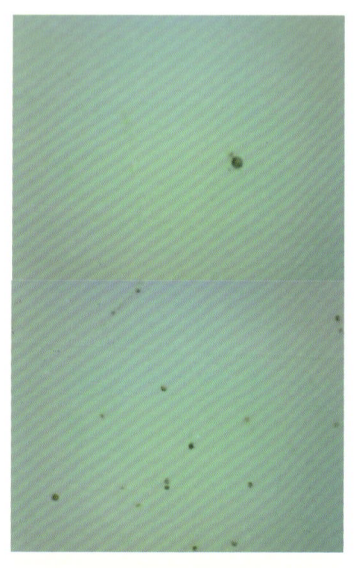

微观图

　　这件粉彩孔雀纹墨彩文字笔筒上的诗文落款"凤池书"，即王凤池。王凤池，赋性聪慧，才气过人，17岁府试夺冠，35岁乡试中举，41岁中进士，47岁授翰林院编修，51岁时以知府分发江右。江右即江西饶州府，辖景德镇、上饶等地。他是与金品卿、王少维同时代的瓷绘名家，在景德镇御窑厂留下很多官窑器作品，该件笔筒就是其一。笔筒文字中有干支纪年款"辛卯"，即1891年，光绪十七年，王凤池1898年病逝。

　　该件笔筒有"大清光绪年制"青花楷书款，是官窑款，圈足做工规范。特别是文字书写与王凤池真迹相同。笔筒整器釉表有温润的苍古熟旧感，微观图上已有老器物才有的死亡气泡。可证明其是件老器物，且是晚清光绪本朝官窑。

清光绪粉彩莲托八宝纹大盘（官）

高：5.5 厘米　　口径：34 厘米　　足径：22.5 厘米

　　八宝特指佛家常用的象征吉祥的八件宝物，即：法轮、法螺、宝伞、白盖、莲花、宝瓶、金鱼、盘长结。常说成：轮、螺、伞、盖、花、瓶、鱼、结。宋元时期，八宝由西藏喇嘛教传入内地。在瓷器上绘制八宝纹始于元代，流行于明清，多有莲托八宝纹的绘画。

　　在瓷绘纹饰中，常有"八"字，如这里的八宝纹，还有八卦纹、八吉祥、暗八仙、八仙人物等。八字象征上、下、左、右、东、西、南、北整个时空，有海纳之意。

微观图

　　这件大盘说它老，是从釉光上看，有强烈的古旧感，这是时间岁月留在它身上的痕迹。另则看其彩面，是矿物料，釉面是亮青釉，这都是清代光绪粉彩瓷的特征。

　　说它够官，是从器物制作的精致程度上说的，另则其"大清光绪年制"红料款是标准的光绪官窑款。再者，看盘子的圈足胎质硬朗细密，泥鳅背圈足十分规整，这都是官窑器物才有的。

　　综上所述，该件粉彩莲托八宝纹大盘是清光绪本朝官窑器物。器型尺寸之大不多见，尽管有残，但却是学习的好标本。

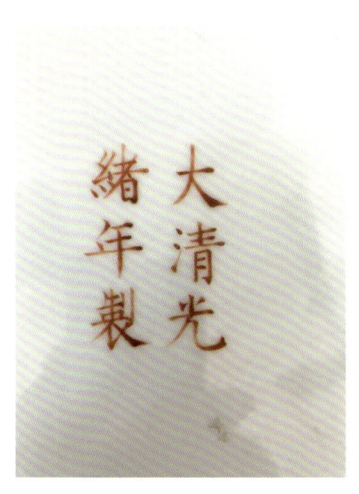

八、清晚期　　273

清光绪粉彩镂雕开光灯纹灯罩一对

高：32 厘米　　**口径（对角）**：12 厘米　　**足径（对角）**：10.7 厘米

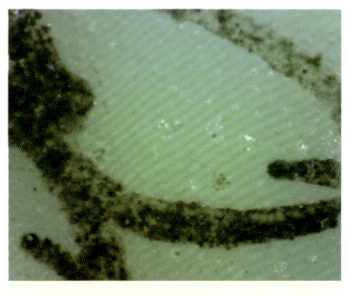

微观图

　　这一对粉彩镂雕开光灯纹灯罩做工精细，特别是镂空雕，呈几何图案，棱棱角角排列整齐。这种镂空雕，早在宋代的熏炉上就有出现。景德镇现今的一款名瓷青花玲珑瓷，就是宋代镂空雕的传承和发展。

　　这对灯罩是粉彩彩绘纹饰，有彩色锦地，而且是六面形。形制典雅精细，罩与座是分体制作。从露胎处可见胎是清代的老胎，已有老化痕。

　　综上所述，该对镂空雕灯罩是晚清光绪时期的民窑制品，属精品瓷。

清光绪粉彩秋操杯

高: 8.5 厘米　　**最长**: 16.5 厘米　　**最宽**: 11 厘米

这件不像杯的杯在当时也确有新创意，并可谓民俗雅趣为一体之作。

清光绪三十一年（1905）至三十四年（1908），朝廷共举行过三次秋季大型军事演习：河间秋操、彰德秋操、太湖秋操。为纪念太湖秋操盛事，清廷特命景德镇御窑厂烧制了粉彩牡丹式的"太湖秋操纪念杯"，即此样式杯。

此杯式样如图，要指出的是花梗内空，一直通到底部花蕊，以作吸水之用，花梗处书墨彩文字"大清光绪三十四年安徽太湖附近秋操纪念杯"款识。

此种秋操杯市场上仿品多多，作为工艺品购买赏玩尚可，与真品有别，别误判。

此件粉彩秋操杯釉面亮丽，但温润有古旧感，文字书写有古人书写的风范与韵味。

综上所述，此秋操杯是清光绪本朝官窑制品。

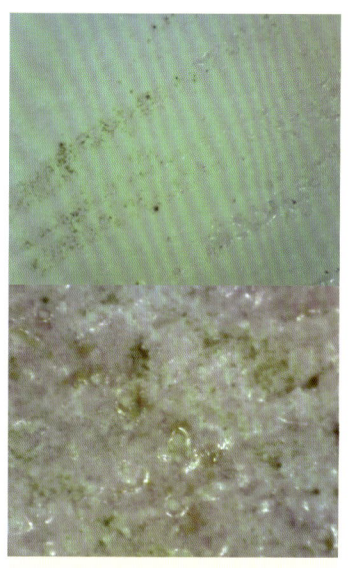

微观图

八、清晚期　　275

清光绪粉彩人物花卉双耳大尊

高: 55 厘米　　**口径:** 25 厘米　　**足径:** 24 厘米

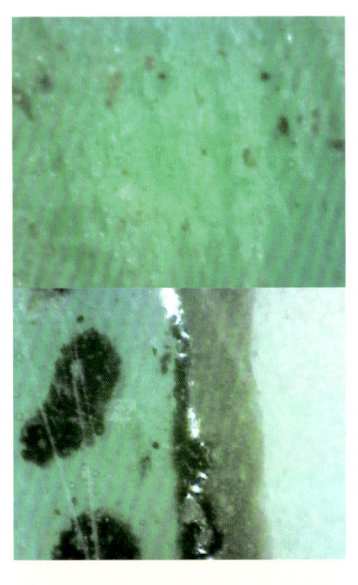

微观图

　　尊这种器型比瓶、罐档次都高，图中这件粉彩人物花卉双耳大尊尺寸如此之大，高 55 厘米，实属少见。且有海外回流的痕迹，如底部的四个黑胶垫圈，是欧洲人使用或收藏中的习惯做法。海外回流的藏品比国内传世品的品相都要好，特别是彩面釉面都保存完好，一点损伤都没有，有如刚生产出来的新品一样，这件正是如此。

　　此件大尊有九层纹饰，主纹饰是黄地花卉开光杂宝，而颈部的一圈人物纹饰更为观者所关注，是"五老观图"。观的是何图，没有展示清楚，一般该是五老观"太极图"，"五老观太极"是个名片儿。此片儿中的五老绘画得十分传神、细腻，胡须都根根清晰可见。

　　此罐釉表、彩面、露胎处的胎面都是包浆深厚，古旧感强烈，是一件不可多得的晚清民窑精品大件器物。

276　明清瓷器识真（续篇）

清光绪粉彩人物狮纹多方方口长颈瓶

高: 21 厘米　　**口径**: 3×3 厘米　　**足径**: 3.5×3.5 厘米

　　这件粉彩人物狮纹多方方口长颈瓶器型独特，做工十分精细，瓶体多方，口是四方盘口，足也是四方，人物及瑞兽绘画精准到位，这样的器物实属不多见。主纹饰绘制的是一幅童叟图，老者神态安详敦厚，童儿持物稚气可嘉，透出一片孝心，老少一前一后都略有所思，慢步前行。另一组画面是一瑞兽卧地戏物，十分可爱。画面生活气息浓厚，透出古趣与生活的情趣。器型与纹饰都有晚清的风范与文化内涵。

　　圈足的胎质，是晚清的老胎，微微泛黄，已有火石红呈现。器物整体有古旧感、熟旧感。仔细看实物表面，有自然的使用痕，即牛毛纹。

　　综上所述，此粉彩人物狮纹多方长颈瓶是清光绪时期的民窑精品瓷。

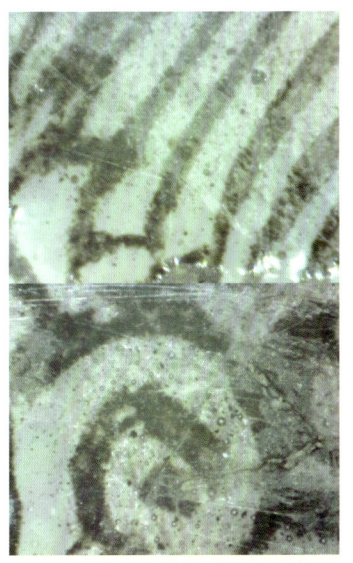

微观图

八、清晚期　277

清光绪粉彩轧道雕龙纹笔筒

高: 12 厘米　　**口径**: 7.8 厘米　　**足径**: 7.8 厘米

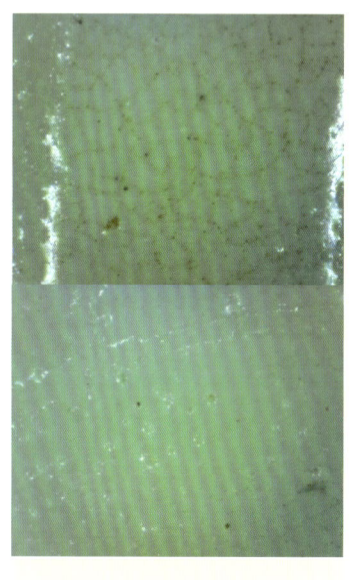

微观图

　　这件笔筒既是雕瓷,又是轧道。轧道粉彩创烧于清乾隆,之后的清中、清晚期都有烧制。这件笔筒就是清晚期光绪年间烧制的。再说雕瓷,雕瓷最早可以追溯到西晋时期,雕瓷与瓷塑同源,但兴于清乾隆,盛于道光、同治年间。从存世的雕瓷器物说,清中晚期的陈国志、王炳荣是公认的雕瓷名家。

　　这件粉彩轧道雕龙纹笔筒是光绪年间烧造的,有"大清康熙年制"寄托款。龙纹雕制的立体感强,苍古温润,质简雄劲,凝重华贵。视觉上给人以无限的美感。

　　从该件笔筒的圈足上看,胎是老的,但年份不深,是光绪时期的。整体釉面彩面有古旧感、熟旧感,说明它是件老器物。

　　综上所述,该件粉彩轧道雕龙纹笔筒是清光绪时期的民窑制品。

清光绪黄地暗纹绿里碗（官）

高：4 厘米　　**口径**：12.5 厘米　　**足径**：4.5 厘米

五代和北宋的越窑是我国最早的"官窑"。我们说官窑是"流"，民窑是"源"，民窑是发明者，官窑是集大成者。明洪武二年，景德镇创办御窑厂，生产官窑瓷器。有人问元青花该是官窑吧，我告诉大家，元青花是属于官窑品质、民窑性质的"出口贡器"，是外国商人、外国官员进贡给外国宫廷的"贡瓷"。元代皇宫很少用青花瓷，而是用枢府白瓷，因此元枢府白瓷里有官窑瓷。

这件黄碗精奇、典雅，做工精致，"大清光绪年制"六字楷书款是标准的官款。青花发色凝重，笔触沉稳，官窑特点突出。特别是碗的圈足，有硬朗细密的胎质，圆润的泥鳅背，还有周正的器型，都见证了此碗的官窑品质。

综上所述，该件黄地暗纹绿里碗是清光绪本朝官窑器。

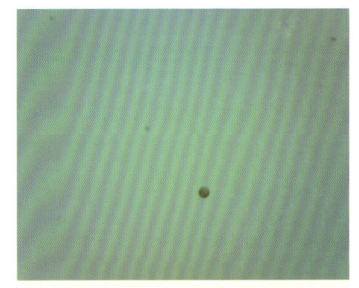

微观图

八、清晚期　279

清光绪黄地粉彩九桃将军盖罐一对

高: 43 厘米   **口径**: 12 厘米   **足径**: 18 厘米

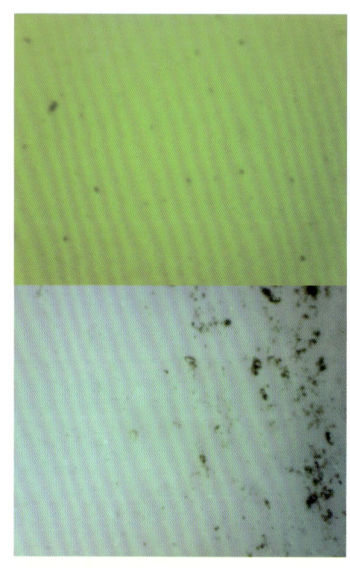

微观图

这对黄地粉彩九桃将军盖罐是真是假，一看便知。首先看它的胎质，从罐的盖里口的露胎处就可看出，胎是清代的老胎，已微微泛黄，有老化痕，给人以老的感受。

我看了这一对九桃大将军罐，其釉表面有传世品具有的自然形成的牛毛纹及蛤蜊光。器型端庄浑厚大气，线条流畅，有光绪仿康熙将军罐的风范。

雍八乾九，每个罐子上是九个桃子，是仿乾隆时期的九桃画法。笔法清新明快，画风随意自然，枝干交错，错落有致。

综上所述，此对黄地粉彩九桃将军盖罐是晚清光绪时期的民窑制品。

清光绪黄地粉彩开光人物故事纹大尊

高：32.5 厘米　　**口径**：16.5 厘米　　**足径**：18.5 厘米

　　这件黄地粉彩开光人物故事纹大尊，其古韵见之于图中古代先人的日常生活劳作：织布、成筐的稻米送去茅草棚里打碾，又能见到古人的着装服饰，也能看到古人日常的辛劳和劳动成果，体现了古人的智慧。

　　我们在现实中赏玩这样的器物，确有融入其中之感。这使我们心中生梦想，而在收藏的路上永不迷航。

　　这件大尊有古朴典雅的造型，多姿多彩的纹饰，晶莹艳丽的釉色。其纹饰上粉彩的特征是晚清薄粉彩，彩面淡雅平和描绘清晰，有明显的古旧感、熟旧感。另外看其圈足的胎质，是清代瓷胎的特征，并有老化痕。从底面和里口可以看到是松石绿里，即绿里粉彩，绿里粉彩创烧于清乾隆时期，后朝都有生产，这件大尊就是其中之一。

　　综上所述，此件黄地粉彩开光人物故事纹大尊是件不可多见的清光绪时期民窑精品瓷作。

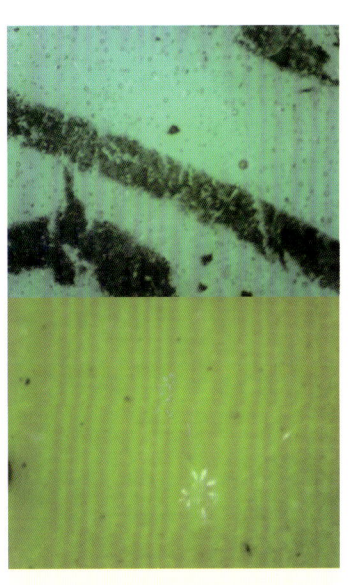

微观图

八、清晚期　281

清光绪黄地粉彩描金皮球花纹碗（官）

高：5.7 厘米　　**口径**：12.4 厘米　　**足径**：5 厘米

　　黄色是至尊之色，历朝都把黄色用于皇帝的衣食住行中，自隋唐以后，黄色成为皇帝的御用色，明清两朝黄釉瓷器只供宫廷使用。

　　瓷器上纯正的黄釉，永乐年间始有，到明弘治时期已近乎完美，达到历史上低温黄釉的最高水平，明晚期一度停烧，清初恢复，康熙朝黄釉瓷又现高峰。

　　清代黄釉瓷在宫中是按等级使用的。里外黄釉龙纹为皇帝专用，皇太后、皇后用里外黄釉瓷器，皇贵妃用黄釉白里器，嫔、贵人、常在只能用其他颜色釉瓷，普通百姓更不准用黄釉瓷了。

　　这件黄釉碗，纹饰华丽，有团寿、蝠纹、万字纹，一目了然是皇家用瓷，外黄里白，是皇贵妃用瓷。

　　此碗形制周正，红款"大清光绪年制"是标准的官窑款，特别是圈足，泥鳅背十分规整，可见胎质细腻白润。

　　综上所述，此黄地粉彩描金皮球花纹碗是清光绪本朝官窑制瓷。

清光绪黄釉双狮耳尊

高：19.5 厘米　　**口径**：6 厘米　　**足径**：6.7 厘米

这件黄釉双狮耳尊，迷人的色彩与线条流畅的造型，给人以深沉似水、凝重华贵之感，特别又是周身黄釉。

这件黄釉双狮耳尊是单色釉中的低温单色釉，是在烧成的白瓷或没上釉的瓷胎上涂上黄釉二次入窑烧成。还有一种是高温黄釉。

黄釉最早出现于唐代，安徽淮南寿州窑、河南密县窑等都有烧制，明清时的黄釉成为一款名瓷，这件黄釉双狮耳尊就应列入清代名瓷之中。

这件黄釉瓷上可见到明显的蛤蜊光，有温润的古旧感、熟旧感，是一件老器物。

综上所述，该件黄釉双狮耳尊是清光绪时期民窑制品，属精品瓷。

微观图

八、清晚期

清光绪祭蓝金彩皮球花纹赏瓶（官）

高：39厘米　　**口径**：10厘米　　**足径**：13厘米

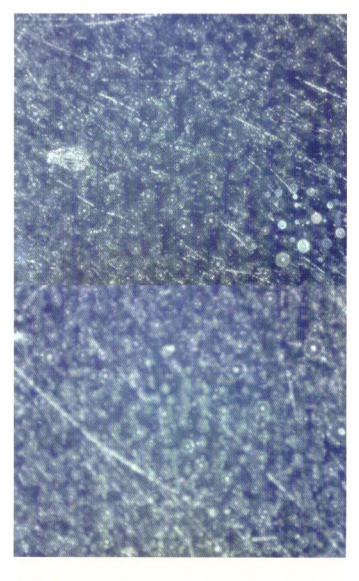

微观图

　　这件祭蓝金彩皮球花纹赏瓶，有古朴典雅的造型、晶莹艳丽的釉色。绘画淡朴、真率、简约、自然，主纹饰就是皮球花，整体就两个颜色，一蓝一金，蓝者凝重、金者华贵，气韵盎然，别具风采，之美、之秀，让人陶醉。

　　仅一个小小的皮球花，让人联想多多。皮球花，也叫绣球花、团花，三三两两聚在一起，每个大小在3厘米，呈散点状，舒密有致。早在三千年前的青铜器上、白陶上就有这样的纹饰。瓷器上的皮球花创烧于清雍正，多出现在清中晚期的粉彩瓷器上。官、民窑中都有皮球花纹饰使用，这件赏瓶是光绪官，皮球花雍正朝创烧时也多用在官窑器上。

　　赏瓶是雍正朝创制的皇帝赏给有功的文武官员的赏器。这件光绪祭蓝描金赏瓶，器型周正。釉面古旧感强烈，圈足硬朗细密、周正。做工精细，是标准的官窑器。

　　综上所述，这件祭蓝金彩皮球花纹赏瓶是晚清光绪本朝官窑制品。

284　明清瓷器识真（续篇）

清光绪祭蓝金彩皮球花纹赏瓶

高：40 厘米　　**口径**：9.8 厘米　　**足径**：12.5 厘米

　　这个器型叫"赏瓶"，不是欣赏的赏，而是奖赏的赏。这种器型创烧于清雍正时期，是皇帝奖赏有功的文武大臣用的，雍正皇帝节俭，不奖金银，给个瓶子吧，当时多生产青花的，又多画有莲花，意在清正廉洁。后朝都有生产沿用，到了晚清光绪时期，不仅有青花的，还多有粉彩的。这种赏瓶官民窑都有生产。

　　再说这件祭蓝赏瓶的纹饰是金彩"皮球花"，皮球花也叫绣球花、团花，始创于清雍正。瓷绘的纹饰中三三两两聚在一起，大小个头在三厘米左右，出现在明清各种瓷器上，实际这种皮球花纹饰早在三千年前的青铜器上、白陶上就有出现。

　　这种祭蓝金彩皮球花纹赏瓶做工十分精致，胎质坚硬细密，釉面莹润如玉，苍古温润，质简雄劲。皮球花绘制构图严谨，气韵盎然，别具风致，但这件纹饰布局有些零乱，金彩与官窑器相差较远。只能把它归类到民窑细路里了。

　　综上所述，此赏瓶是清光绪时期的民窑细路精品瓷作。

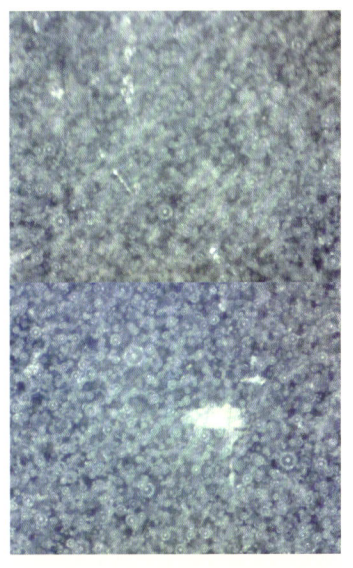

微观图

八、清晚期

清光绪孔雀绿釉琮式瓶

高：30厘米　　口径：8厘米　　足径：11厘米

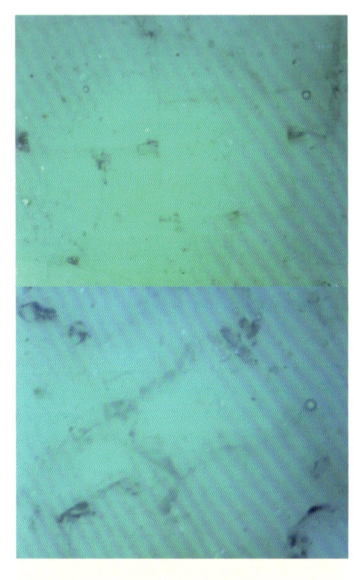

微观图

　　这件琮式瓶独特在是孔雀绿釉上，琮式瓶多是单色釉，祭蓝、豆青的多，孔雀绿釉的少见。

　　孔雀绿釉也称翡翠釉，最早见于宋代磁州窑，明成化时景德镇开始烧制。孔雀绿釉是低温单色釉，有两种上釉方法：一是在素胎上挂釉烧制；二是在烧好的白瓷上罩釉烧制。前者易开片脱釉。磁州窑和景德镇窑烧制的好区别，主要是从胎上区别，这件就是磁州窑烧制的，因为胎是香灰色较粗且不硬朗的磁州窑的胎，不是景德镇的硬朗细密白色的胎。

　　琮式瓶多为凸雕八卦纹，这件就是。八卦纹是道教纹饰，是用两种基本线条组成八个图形，象征天、地、风、雷、水、火、山、泽八个卦象，八卦纹始于元代，盛于明清。八卦纹常与太极图放在一起，有太极生两仪，两仪生四象，四象生八卦，八卦定凶吉，凶吉生大业之说。

　　琮式瓶是仿高古玉——玉琮而来。瓷琮式瓶最早见于南宋的龙泉窑瓷官窑瓷上。

　　这件孔雀绿釉琮式瓶做工精细，古旧感强，釉表有自然形成的牛毛纹和蛤蜊光，是件老瓷，其年代是晚清光绪的民窑制品。

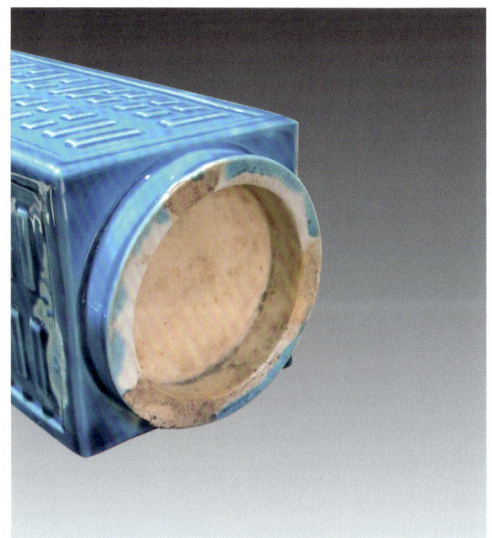

清光绪白地绿龙暗刻海水纹盘（官）

高: 4.3 厘米　　口径: 18 厘米　　足径: 11.3 厘米

这件白地绿龙盘是官窑器，明清瓷器中绿龙盘有白地的（如这件），也有黄地绿龙盘。

黄地绿龙盘，最早出现在明宣德时期，多为官窑器。白地绿龙盘以清代为多见，多是康熙和光绪朝的。这件是落有光绪年款的。

这件绿龙盘的外壁是暗刻海水纹，这是要加分的，一般都是白色素面，没有暗刻海水纹。盘的里心是龙游云海，云是山字形火云纹，龙是狮子头龙，与明代的区别：明代都画猪嘴龙。龙爪是五爪，官窑龙多为五爪，当然，官窑器龙也有四爪三爪的，行里有人说，五爪龙是皇帝用的，四爪三爪龙纹是皇子皇孙用的。

该盘"大清光绪年制"青花款是标准的光绪朝官款。光绪官款青花款高于红款。在清代，官窑器红款康熙朝就有，雍乾及以后各朝都有，有人认为红款不是官窑，这个说法不对，用矾红彩或红料彩写的红款也是官窑（只要器物够官）。

该盘里外壁四道弦纹都是手绘，自然，不呆板。圈足制作是上好的泥鳅背，圈足内的底面有自然形成的棕眼，虽是官窑，其釉面也有时代特征——波浪釉。

综上所述，此件白地绿龙暗刻海水纹盘是标准的清光绪本朝官窑器。

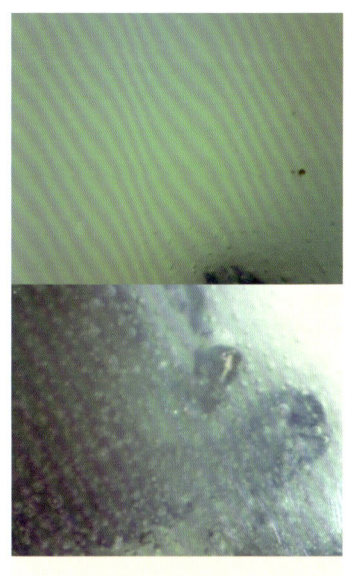

微观图

有晚清光绪时期微观特征，并有死亡气泡生成。

八、清晚期

作者：女儿李莉

清光绪两色瓷胭脂红龙纹摇铃尊

高：22.5 厘米　　**口径**：2 厘米　　**足径**：6.6 厘米

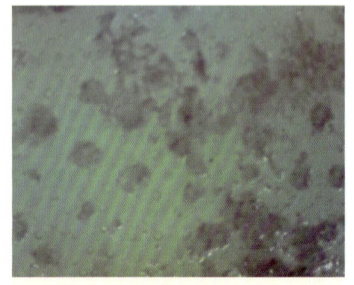

微观图

　　这件两色瓷胭脂红龙纹摇铃尊的肩部以下部分是祭蓝，器物的长颈部分是白地胭脂红龙纹戏蝙蝠，挺有特色。

　　说来胭脂红这种彩料是从西方传到我们中原大地的，因此我们也称它"洋金红""西洋红"，西方人叫它"蔷薇红""玫瑰红"。因为其色彩很像妇女化妆用的胭脂色，故名胭脂红，其中色深的叫它胭脂紫，色浅的叫它胭脂水。其彩料中含微量黄金（万分之一二）。

　　胭脂红釉瓷创烧于康熙末年，后朝都有烧制，雍正时期相对最多又最精。

　　大家注意到，这件胭脂红龙纹是印花工艺，不是手绘。印花也叫贴花、移花，是将纹饰做成纸质彩色印刷品，贴在烧好的白瓷上，二次入窑低温烧成。

　　这种工艺最早起源于日本，是日本明治维新时期（晚期）创烧的，后传入我国。这种工艺制瓷省工省时成本低，现代很多制瓷工艺都是采用此法。我们日常用的青花瓷都不是手绘，是贴花，只不过是在未烧的瓷胎上贴花后入窑高温一次烧成，不像釉上彩是二次入窑低温烧成。

　　这件摇铃尊的祭蓝瓶体的色彩已是较浅淡亮丽的蓝色，是光绪时期的色泽，而不是清乾隆祭蓝的沉稳深蓝。加工贴花工艺，可敲定其年代是光绪时期的。

　　综上所述，该件摇铃尊是清光绪时期民窑制品，是件细路精品瓷，有很好的学习与收藏价值。

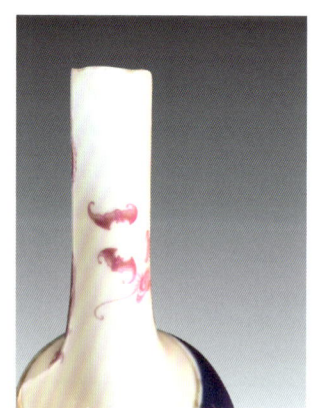

清光绪墨地粉彩花卉案缸

高：13 厘米　　口径：31 厘米　　足径：11.2 厘米

这件墨地粉彩案缸，是光绪时期的。

其一，圈足与底面的胎质告诉我们，该墨地粉彩案缸是开门的老，底面上不仅有慢轮产生的旋削式跳刀痕，还有老的包浆。

其二，胎质已微微泛黄，百余年之后的现在，墨地没有脱落，是因为墨彩里放了铅粉。清早期的墨彩里没有铅粉，必在墨彩上加一层玻璃白，这件的墨地没有玻璃白也没有脱彩，说明它是晚清的。

其三，这件案缸的纹饰是梅花，梅花为古今文人、百姓所喜爱。诸如这样的诗句："腊梅傲霜驱冬寒，万物复苏迎春暖""不经一番风霜苦，哪有梅花飘香来""墙角数枝梅，凌寒独自开，遥知不是雪，为有暗香来"。这些诗句都是赞美梅花品格的，也说明人们对它的喜爱，它们也都把该件案缸的品位述说到位了。

该案缸器表包浆灿然，古旧感强烈，是清光绪时期的民窑精品瓷。

微观图

有晚清光绪时期微观特征，并有死亡气泡生成。

八、清晚期　289

清光绪墨地素三彩人物纹棒槌瓶

高：45 厘米　　**口径**：12.5 厘米　　**足径**：13 厘米

微观图

  尽收眼底瓷圣康雍乾，青花之神明永宣。康雍乾是明清瓷的第三个黄金时代，这个时期的瓷器对前朝有继承并有更多的创新。

  墨地素三彩就是康熙时期的创新，釉上素三彩是明宣德时期创烧的，但墨地素三彩康熙之前没有。在古玩行里大家都说，墨地素三彩要么康熙、要么光绪，是的，这种三彩瓷别的时期非常少见，只有康熙、光绪两朝多见，并官民窑都有烧制。

  从图中可见其瓶的内口与底足老气十足，亮青釉面等都有古旧感，其纹饰、器型都是仿康熙时期的。圈足也是仿康熙时期的二层台圈足。在光绪的瓷器生产中多有仿康熙之作，更多的是仿康熙五彩，仿康熙青花瓷的。仿得很到位，有的真假难辨，但不乏光绪的时代特征，也可辨认真伪。

  综上所述，此棒槌瓶是清光绪时期的民窑制品。

清光绪浅绛彩人物纹双耳四方瓶

高：42.8 厘米　　**口边长**：13.2 厘米　　**足边长**：10 厘米

　　这件人物四方瓶是用浅绛彩绘制的。绛——赭红色，前边再加一个浅，即淡淡的赭红色。浅绛彩是以水墨为主色调，加上淡蓝、水绿、草绿等，特别是通常都有淡淡的赭红色在其内。瓷上的浅绛彩与国画中纸绢上的浅绛彩画法近似。

　　这种瓷器上的浅绛彩始烧于清咸丰，烧至民国初年，被民国时期的水粉彩取代。浅绛彩也是粉彩，它不像厚粉彩，要用玻璃白打底，它不用。浅绛彩里的黑彩不在其上再涂玻璃白，因为黑彩里加了铅粉，附着性好。

　　浅绛彩瓷绘画第一人应是张熊，其浅绛彩瓷作品仅发现一件，是《四清图》瓷板。其次是程门、金品卿、王少维。其他还有高心田、任焕章、余焕文、汪照藜、汪友棠等，民国初年的王琦、王大凡、马庆云、方家珍、许品衡等。本文中的这件四方瓶就是高心田的作品。

　　这件人物四方瓶浅绛绘画特征明显。画面人物端凝、秀雅，整个画面蕴含古趣和生活情趣，之美、之秀、之润，让人陶醉在美的境界中。让人感到树在摇，人在动，仿佛把我们拉入了仙境。四方瓶两面是画，两面是高心田的文字书写，书写有干支纪年款，"戊子"是光绪十四年。

　　这件四方瓶有温润的古旧感，可见圈足上的胎是清光绪时期较疏松的胎质，有老相。

　　综上所述，该件浅绛彩人物纹双耳四方瓶是清光绪时期的民窑制品。

微观图

有晚清光绪时期微观特征，并有死亡气泡生成。

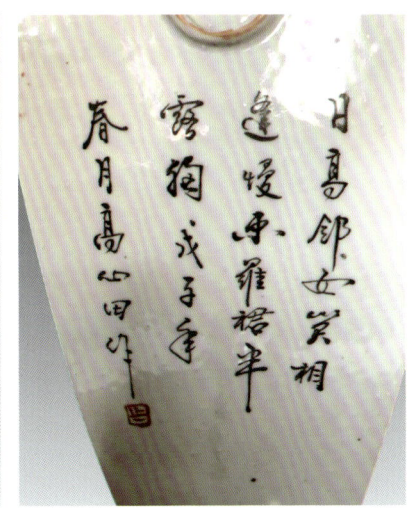

清光绪浅绛彩山水纹花瓣形盘

高: 6 厘米　　**口径**: 22.5 厘米　　**足径**: 14 厘米

　　浅绛彩瓷器由于当年生产时间短，现在存世实物很少，因而市场上仿品甚嚣尘上，十有八九是仿品，且很多是老器后挂彩。

　　我们这里呈现的浅绛彩瓷盘是件开门的真品，不仅盘体本身是老的，彩绘纹饰也是原作真品，这是很难得的。

　　从其干支纪年款上可知，其"壬午"是光绪八年（1882），浅绛彩是从咸丰到民国初期，80余年的生产时间。

　　说此盘是开门的老主要看它的釉面与彩面的包浆，即古旧感确实到位，从放大图上可看到其绘画技法娴熟，没有做旧痕。

　　从盘圈足上看到胎质是清代的，其圈足上的包浆也是自然形成的，非人工做旧。

　　文字中有"仿八大山人"字样，八大山人是明末清初人士，是明朝王孙，明朝灭亡后，国毁家亡，心情悲愤，落发为僧，不肯与清朝合作。他的画作意境深远，笔墨苍劲元秀，清逸横生，对后世影响极大。清代多有瓷作提到八大山人。

　　当今发现最早的一件浅绛彩实物是咸丰五年一件山水人物"螭耳扁瓶"。

　　综上所述，该件浅绛彩山水纹花瓣形盘是清光绪时期民窑制品。

清光绪浅绛彩松鹿纹六方帽筒

高：28.2 厘米　　**口径（对角）**：13.2 厘米　　**足径（对角）**：13.2 厘米

  这件帽筒的纹饰是松鹿灵芝图，松树象征长寿，"鹿"与"禄"同音，一灵芝在右下角处，灵芝是长寿的代名词，有了禄寿就是福，福禄寿全齐了，寓意美好。

  六方帽筒又带开窗，是帽筒中的最佳制作，加之纹饰的寓意美好，这件帽筒是帽筒中的精品了。

  纹饰绘画落款"余焕文"，是晚清浅绛彩绘画名家，并有文字干支纪年款"乙未"，是光绪二十一年（1895）。

  帽筒底足是窄圈足，是清代的帽筒圈足特征，并有黑色垫片在足上，是海外回流的标识。

  综上所述，此六方帽筒是光绪时期的一件民窑精品之作。

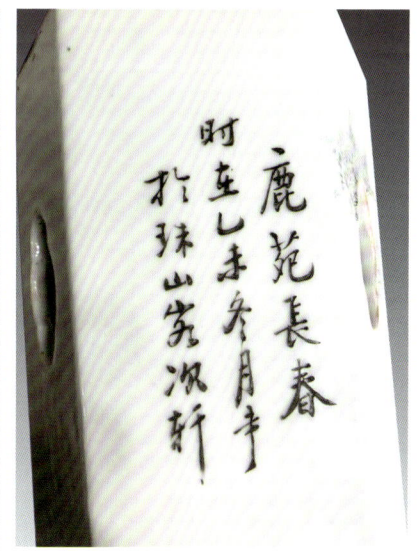

八、清晚期

清光绪青花八仙祝寿纹碗（官）

高: 7 厘米　　**口径**: 22 厘米　　**足径**: 9 厘米

　　这件青花碗的纹饰是八仙祝寿，八仙人物是明清瓷器上多有的纹饰，八仙人物元青花瓷上就有，八仙是道教中的八位神仙，都是凡人得道成仙，个性接近百姓，备受百姓喜欢。八仙人物起源于唐代，定型在元代。核心人物是吕洞宾，但名气最大的是铁拐李，其次是汉钟离。这样的八仙祝寿大碗官、民窑都有，且多是釉上矾红纹饰做地，釉下青花人物纹的多见，这件只有青花人物纹，是件官窑大碗。说它是官窑，是因为青花款写得到位，圈足做工到位，纹饰绘画得精细到位，器型周正到位，总之是景德镇御窑厂生产的皇宫实用器。

　　综上所述，该件青花八仙祝寿大碗是清光绪本朝的官窑制品。

294　明清瓷器识真（续篇）

清光绪青花缠枝莲赏瓶（官）

高：39 厘米　　**口径**：9.8 厘米　　**足径**：13 厘米

　　这种赏瓶是清雍正时创烧的，是皇帝赏给有功的文武官员的，之后各朝都有烧造。最早雍正时多是青花缠枝莲赏瓶，其寓意清正廉洁。到了晚清，不仅有如本文中的这件青花的，还有粉彩的、单色釉的，等等，且官民窑都有。

　　这件青花缠枝莲赏瓶器型十分标准，青花发色一流，是上等浙青料绘制，有凝重华贵之感。"大清光绪年制"楷书款是标准的光绪官窑款。圈足的胎质硬朗细密没有杂质，不出现火石红，跟光绪民窑器的胎质截然不同，呈泥鳅背状。瓶体肩部的四道弦纹更增加了美感。

　　综上所述，该件青花缠枝莲赏瓶是清光绪本朝的官窑制品。

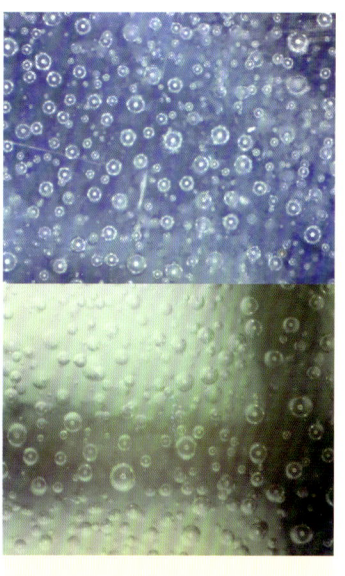

微观图

有晚清光绪时期微观特征，并有死亡气泡生成。

八、清晚期　　295

清光绪青花粉彩桃纹大梅瓶

高: 34.5 厘米　　**口径:** 8 厘米　　**足径:** 11.8 厘米

　　这件青花粉彩桃纹大梅瓶,有一定眼力的人,一看就会说是老的。因为底足的胎十分清楚地告诉我们:其古旧痕、老的包浆、使用痕都十分明显。透过包浆看它的胎质是老胎,该是清光绪时期的。

　　画桃纹,有"雍八乾九"之说,即或是清中晚期的仿品,也有是仿雍正还是仿乾隆之分,就看是九只桃还是八只桃。然而这件大梅瓶上的桃子,既不是八也不是九,而是多个,那就是光绪自有风格了。

　　说这件大梅瓶是光绪时期的,是因为其青花发色浅淡,没有清早雍乾或清中乾嘉时的厚重色深,釉色偏白,缺少清早中期的亮青特点。

　　据此,该青花粉彩桃纹大梅瓶是晚清光绪时期民窑制品,是一个很好的立件陈设器、收藏品。

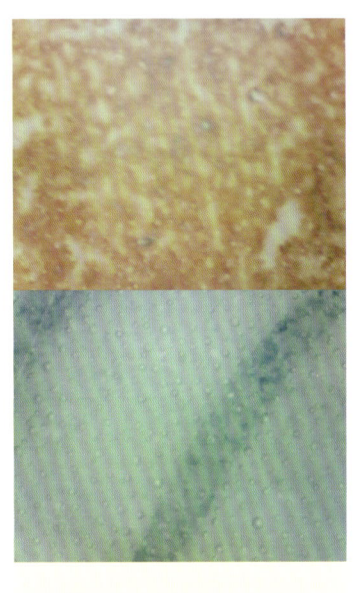

微观图
有晚清光绪时期微观特征,并有死亡气泡生成。

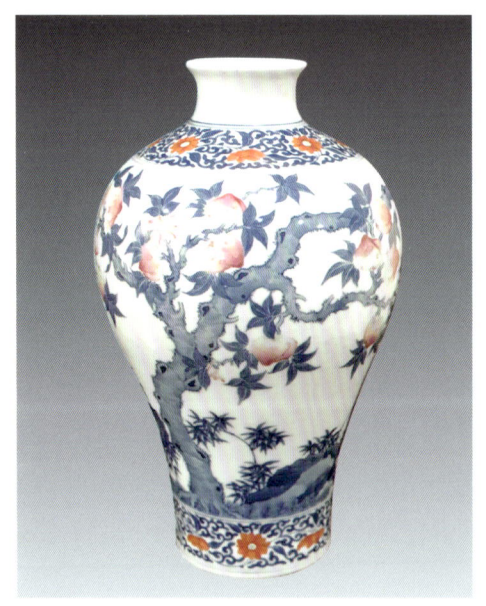

清光绪青花花卉鱼篓尊

高：37.5 厘米　　口径：15.3 厘米　　足径：16.2 厘米

这件青花花卉鱼篓尊器型独特，确有艺术的雅趣与生活的情趣。

从器物遍身的青花色彩，就可断其是清晚期的，因为青花发色没有清早、中期的沉稳亮丽，显暗淡沉静。纹饰也不那么活泛及线条流畅。从其胎上看已是光绪到民国时期的胎质了。特别是"大清乾隆年制"篆书款是这个时期多有的寄托款。

从其微观图上看到有明显的棕色死亡气泡生成，说明它该是晚清光绪时期的老器物。器表有明显的古旧感、熟旧感。

据此，该件青花花卉鱼篓尊是晚清光绪时期的民窑制品，因其器型独特，有一定的收藏价值。

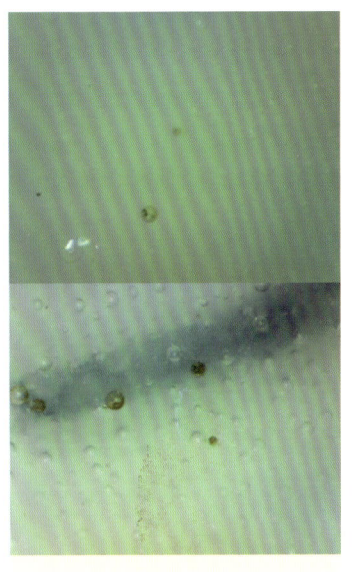

微观图

有晚清光绪时期微观特征，并有死亡气泡生成。

八、清晚期　297

清光绪青花九龙纹天球瓶

高：35.6 厘米　　**口径**：6.4 厘米　　**足径**：15 厘米

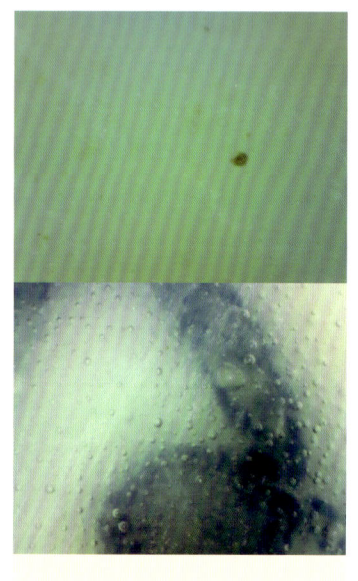

微观图

有晚清光绪时期微观特征，并有死亡气泡生成。

　　这件青花瓷的器型叫"天球瓶"，也叫"千秋瓶"，是来源于西亚文化的金属器。"千秋"，有千秋万代之意，寓意天长地久，也能见证朋友一辈子牵手走在一起，让人们活出胜利，轻看挣钱，把挣钱当成游戏。

　　天球瓶创烧于明永宣时期，明清各朝都有烧制。特别是清乾隆时期天球瓶更为盛行，有名的粉彩九桃天球瓶，有大到几十厘米高的，小到十几厘米之小。

　　这件青花九龙纹天球瓶也别具特色，九条龙云中飞舞，各具姿态，有二龙戏珠，又有正面龙赏珠。云有三种呈现在画面中：火云纹、朵云、蝌蚪云。无论是龙还是云，其笔法清新明快，画风随意自然，青花发色浓淡有致，色彩柔和又艳丽酣畅，有轻有重，体现了别致高雅的绘画章法。

　　再看其圈足的胎质，有足够明显的光绪瓷胎的特征：较疏松泛白，颗粒感强。

　　综上所述，此件青花九龙纹天球瓶是晚清光绪时期的民窑精品瓷作。

298　明清瓷器识真（续篇）

清光绪青花龙纹盘（官）

高: 3.5 厘米　　**口径:** 15 厘米　　**足径:** 8.8 厘米

官窑，人们把它说成是鸡群里的凤凰，百草中的灵芝。是的，官窑来自民窑，民窑是发明者，官窑是集大成者。

这件青花龙纹盘说是官窑，它够吗？我们看一看便知。首先看"大清光绪年制"楷书款，够官，是标准的光绪官窑款。一般说官窑盘子、碗的圈足都做得很规范，是圆润的泥鳅背，且胎质细密无杂质。龙纹一般应该是五爪龙，画工细腻，也有苍老之态。另外，盘的器型周正，釉面平整光洁，青花亮丽。虽是晚清，却不能有波浪釉，这件也达到了。据此我认为该件青花龙纹盘够官，是清光绪本朝的官窑器。

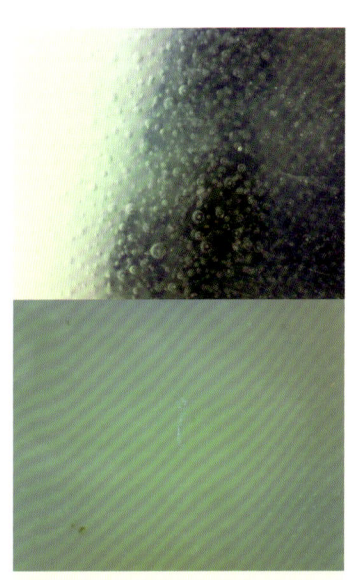

微观图

有晚清光绪时期微观特征，并有死亡气泡生成。

八、清晚期　　299

清光绪青花龙纹碗一对（官）

高：7.2 厘米　　口径：14.8 厘米　　足径：5.8 厘米

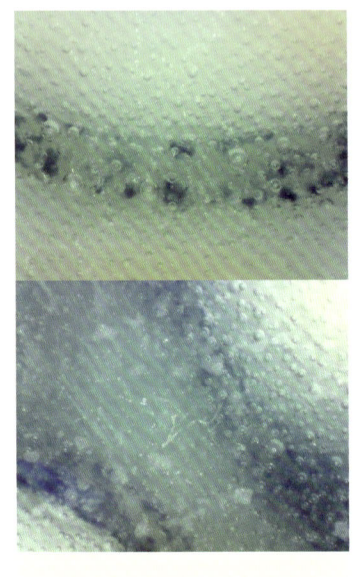

微观图

有晚清光绪时期微观特征，并有死亡气泡生成。

这对青花碗是光绪官窑，还是海外回流品。说到官窑讲上两句。明代官窑分钦定、部定两种。钦定指御用器，部定（工部）瓷器主要用作赏品。清代官窑分御窑、部定窑、王公大臣窑三种。

1. 御窑厂烧造的瓷器，绝大部分有帝王年号款，当然是绝对的官窑。
2. 朝廷在民窑中定烧的器物，无款，也是官窑。
3. 清代王公大臣定烧的，也属官窑之列。
4. 民窑进贡的本窑优质品给朝廷，也是官窑。

收藏的实践中，人们对有款的官窑器认知度高，对无款的器物分辨度低。2015年，首都博物馆联合故宫博物院举办了一个康熙御窑瓷器展，我带北大资源学院四十几名大二、大三的学生去看了，看到展品中有约1/3是无款的，我想名曰"御窑瓷展"一定都是官窑。但其中就有相当一部分瓷器是无款的。可见无款官还是有相当一部分不被人们认知的。

这一对碗是光绪官，有如下几点：款写的是标准的官款，绘画精准细腻，龙纹是官窑制式，器型规整。

综上所述，该对青花龙纹碗是清光绪本朝官窑制品。

300　明清瓷器识真（续篇）

清光绪青花山水楼宇纹葫芦瓶

高: 28.2 厘米　　**口径**: 4.2 厘米　　**足径**: 8.8 厘米

说起葫芦瓶，新石器时期就有了彩陶葫芦瓶，如仰韶文化中就发现有大量的陶质葫芦瓶，唐三彩里有葫芦瓶，宋辽金时期也见少量的陶瓷葫芦，如宋龙泉窑有葫芦瓶，南宋的官窑有粉青釉葫芦瓶等。元代的八方葫芦瓶，明永乐时期的抱月瓶，也叫扁腹绶带葫芦瓶，都是很有时代特征的葫芦瓶。明中期开始渐多，到了明晚的嘉万时期，葫芦瓶进入繁荣期，清代康熙始，各瓷器品种的葫芦瓶都有生产。

这件葫芦瓶的时代特征是晚清的，如寄托款是"康熙年制"，这种款多在晚清使用。青花发色已没有乾隆时期的色深沉稳，而有漂浮感。但其发色仍然很亮丽，该是上等浙青料绘制的纹饰。圈足的胎质还有清中期的特征，不是特别疏松又白，而是有了一层淡淡的包浆。微观图上可见到死亡气泡生成。

综上所述，该件青花葫芦瓶是清光绪时期的民窑制品。

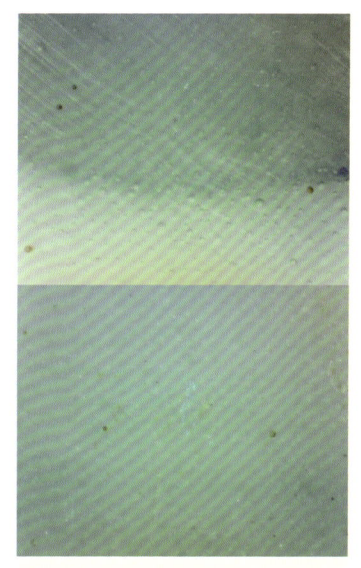

微观图

有晚清光绪时期微观特征，并有死亡气泡生成。

清光绪青花"五老观太极图"帽筒

高: 39.2 厘米　　**口径:** 12 厘米　　**足径:** 12 厘米

  "五老观太极"是明清瓷器上的一幅名片儿。据有关资料载，位于安徽六安市的万佛湖西北岸有五座山峰相连，背靠"玄武"，面向"朱雀"，左拥"青龙"，右牵"白虎"，中有峭壁悬崖，有人称这里为"五老观太极"。据说龙舒周氏祖坟就在此地，因得山水之灵气，三国时期就出了一位叱咤风云的人物周瑜，这是"五老观太极"之解说。

  再说这件帽筒上的人物，五老表情传神，仪表绘画精细，身后有不老松高高竖立，其中二位老者手扯太极图，十分壮美。说到太极，太极在道家中一般是指宇宙最原始的秩序状态，较早使用"太极"概念的有《易传》和庄子。有太极生两仪，两仪生四象，四象生八卦之说。太极生两仪，便是由太极的分化形成天地的过程，两仪就是天地。

  此件帽筒青花发色亮丽，是用上等浙青料绘制，并有深沉感，这种青花在光绪时期是少见的，圈足胎质已有点状火石红生成，圆柱形帽筒有开窗，是加分点。釉面有温润的古旧感。

  综上所述，此帽筒是清光绪时期的民窑制品。

清光绪素三彩南极仙翁塑雕像

高：23 厘米　　**底长**：10.6 厘米　　**底宽**：9.6 厘米

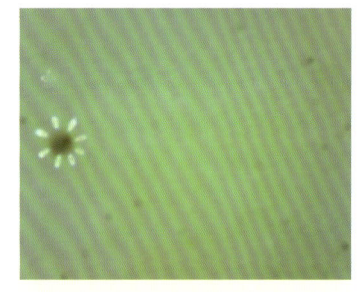

微观图

　　这件素三彩老寿星塑像，雕的是南极仙翁，中国神话中的长寿之神，头大如斗，胡须垂胸。在明清瓷器的神话人物绘画中，多有罗汉、八仙等佛、道教人物，还有传说中的神仙人物，如刘海、麻姑、飞天、西王母等。神话人物最早出现在瓷器上，不早于魏晋南北朝时期，明清两代神话人物最盛行，本文中的南极仙翁造像就是其一。

　　这件寿星塑像，还是素三彩绘制的，比其他彩绘更高一档。素三彩创烧于明宣德，明清各朝都有生产。这种素三彩是釉上低温彩，是在素坯上或烧好的白瓷上绘画后二次入窑经 700℃~800℃烧成。

　　这件寿星塑像，底胎是老胎，晚清的胎质，已有老旧的包浆与微微泛黄的火石红。彩绘与雕塑技法都有晚清的时代特征，整体古旧感强烈。

　　综上所述，该件素三彩南极仙翁塑雕像是清光绪时期民窑制品。

清光绪王炳荣雕瓷笔筒

高: 12 厘米　　**口径**: 7 厘米　　**足径**: 7.2 厘米

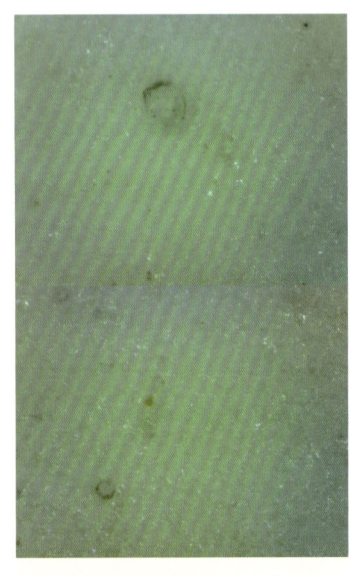

微观图

　　这件白色雕瓷荷塘纹笔筒，底落篆书款王炳荣。王炳荣是清朝同治、光绪年间景德镇瓷雕名家，与时代稍早些的另一位瓷雕名家陈国志齐名，善画山水，受业于张宗苍之门。其传世品以文房用具为多见，如本文中的白色雕瓷荷塘纹笔筒。

　　瓷雕，是绘画与雕刻的结合，将绘画、书法等艺术形式表现在瓷器上的一种特殊工艺过程，瓷雕与石雕、木雕、骨雕、贝雕、根雕、牙雕、冰雕、漆雕等诸类雕塑制作工艺的不同点是：瓷雕必须入窑，在1300℃的炉火中高温烧成，其他上述那些雕塑都不用。1300℃这一过程使"泥"变成"瓷"是一个脱胎换骨的过程。有人说这可谓"凤凰涅槃"，我觉得这样的说辞恰如其分。

　　高浮雕与浅浮雕都是堆塑工艺，这件该是高浮雕，雕工精细，荷叶与枝梗立体感强，是在水塘中摇摆、飘动。王炳荣的作品题材广泛，动物、花鸟、人物皆有。在清人许之衡所著《饮流斋说瓷》一书中提到王炳荣与陈国志制作的笔筒有雕"竹林七贤"、东坡赤壁、垂杨条马等。

　　这件白色雕瓷荷塘纹笔筒，通体有温润又显深厚的古旧感、陈旧感与熟旧感，有传世品的沧桑岁月感。

　　综上所述，该件笔筒是王炳荣晚清时期的大师之作。

清光绪五彩凤凰牡丹纹太白罐

高：31 厘米　　**口径**：12.5 厘米　　**足径**：18.5 厘米

微观图

　　这件五彩瓷有人会说是康熙的，有人会说是新的，也有人说是光绪仿康熙的，也就是行里人常说的小康仿老康。我同意第三种说法，是小康仿老康。牡丹绘成双犄牡丹是康熙时期牡丹的画法，但瓷罐整体有晚清的特征，如平砂底上见到包浆不厚重，年头不深，釉面的包浆不厚，也就是说釉表的老化程度不够。绿色没有康熙时期绿色微微泛黄的感觉，而是呈现晚清的深绿色。

　　据此，你若是按老康时期的买下就是打眼了。虽说捡漏打眼都是歌，但我看还是少要这种打眼的歌，多唱捡漏的歌吧，那就必须练好眼力。

　　此罐中的团凤牡丹纹也有讲究，凤是鸟中之王，牡丹是百花之首，寓意富贵，丹凤结合象征着美好、光明和幸福。晚清瓷器是画必有意，意必吉祥，此纹饰正是如此。

　　此件五彩凤凰牡丹纹太白罐包浆虽浅，但也不失老气，是清晚光绪时期的民窑制品。

八、清晚期

清中期五彩锦地开光山水纹棒槌瓶

高：46厘米　　**口径**：13.4厘米　　**足径**：15厘米

微观图

　　棒槌瓶是清代的器型，始于康熙早期，这件棒槌瓶是清代中期的器型。晚期光绪多是仿康熙五彩，而其光绪五彩棒槌瓶的器型也多是仿康熙时期的器型。清中期、光绪时期的器型的不同点是：康熙与清中期是端肩的多，少有溜肩。而光绪时期多是溜肩，即向下斜的。这件是端肩的，该是清中期的。

　　该件棒槌瓶纹饰绘画端凝质重，有松风流水的情韵，让人看到古人寄情山水的好心情。其纹饰画的是"后赤壁赋"，是以金代武元直的《赤壁赋图》为蓝本在棒槌瓶的画面里描绘"苏轼夜游赤壁"的场景。"游于赤壁之下，江流有声，断岸千尺，山高月小，水落石出。"是后赤壁赋中的诗句，恰恰是这五句话描绘了这件棒槌瓶中的全部景致。而这景的核心是苏东坡与友人坐在木船上，赏月观景谈天说地，舒展情怀。在同一个星空下，有两条船，两个画面，苏东坡坐在大船上，人物虽小，刻画精致细腻，长袍儒冠，眼神胡须清晰可见。

　　棒槌瓶的全身是绿色锦地，颈部有小开光，小开光中有矾红雁纹，又是一景。另外我们看到其圈足上的胎质是清中期的老胎，有明显的火石红。圈足内的底面有清中期不平整的底面，这底面既不是晚清的波浪釉，也没有康熙时期的光亮平整的釉面。釉面是亮青釉，有清中期的特征，整体有古旧感、熟旧感。

　　综上所述，该件五彩锦地开光山水人物故事纹棒槌瓶是清中期的民窑细路制品。

清光绪五彩镂雕开光顽童纹灯罩

高: 25.5 厘米　　**口径**: 10 厘米　　**足径**: 8.5 厘米

  这件五彩镂雕开光顽童纹灯罩，制作精美，工艺复杂，布局疏朗大气，有意境，有格调，个个孩童勾描细腻，画意传神十分可爱。灯罩是分体的，底座上画了11个小孩，罩体是42个小孩，共53个小孩都各有各的姿势，可称百子图了。百子图也称百子戏春图、百子迎福图。以玩童为题材的绘画在明清瓷器中很多，如五子夺魁、三娘教子、四妃十六子、皇六子、五子登科、百子耍龙灯等。百子图不一定画足一百个小孩，百是多的意思，只要众多即可称百。

  从灯罩的三处露胎处可见其瓷胎是晚清的胎质。已有微微泛黄的火石红，其上面的五彩是仿康熙五彩，红色是枣皮红。灯罩整体已有温润的古旧感、熟旧感，包浆灿然。

  综上所述，该件五彩镂雕顽童纹灯罩是清光绪时期的民窑细路制品。

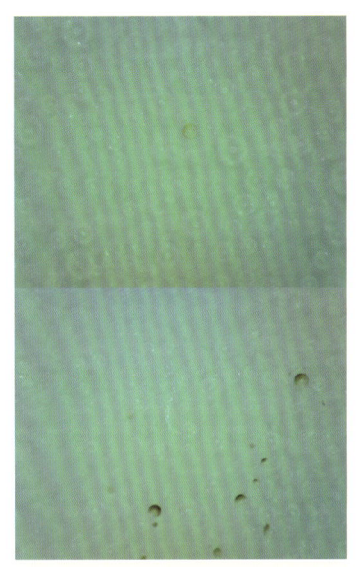

微观图

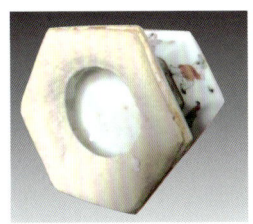

清光绪五彩绿锦地开光花鸟纹观音瓶

高: 44.8 厘米　　**口径**: 12.8 厘米　　**足径**: 12.6 厘米

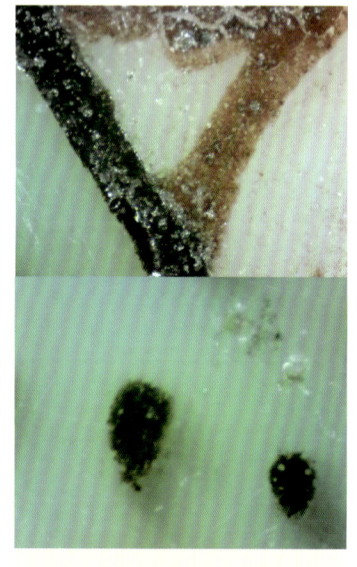

微观图

这一对五彩绿锦地开光花鸟纹观音瓶，挺拔玉立，绘画厚重古朴，色泽亮丽浓深，该是室内很好的陈设器。

自从康熙晚期有了粉彩瓷，五彩瓷就很少有烧造了，但到了晚清光绪时期又出现了大量仿康熙青花瓷、五彩瓷的潮流。这一对观音瓶就是这个潮流的作品。

这一对瓶绘画、做工都十分细腻。有康熙鸟肥的特点，除了开光，再没有露出白地儿的地方，锦地的每一笔纹饰都有认真地绘画，笔触严谨。

虽是有明显的康熙时期五彩作品的风格特征，但也有十足的光绪时期瓷器的时代特征，如圈足的胎质，是典型的晚清光绪时期的瓷胎。疏松、不光洁似泛起渣渣点点的胎面，颜色白中泛黄。

综上所述，该对观音瓶是清光绪时期仿康熙五彩的民窑细路制品。

308　明清瓷器识真（续篇）

清光绪窑变釉贯耳方瓶（官）

高：30 厘米 **口长**：10.5 厘米 **口宽**：9.5 厘米
足长：12 厘米 **足宽**：9 厘米

窑变釉，也叫仿钧瓷，创烧于清雍正，这件窑变釉贯耳方瓶，也定是雍正以后的了。是的，底足有"大清光绪年制"楷书阴刻款。行家一看器物的底便知是件光绪官窑。因为这底足的做法与款的写法都是标准的光绪官。

窑变釉是红釉的一种，明清瓷器中高温单色釉中的红釉瓷主要有祭红、豇豆红、窑变釉、郎窑红这四种。低温单色釉中的红釉还有胭脂红釉。窑变釉跟祭红的主要区别有两点：一是釉面有不同颜色的斑纹；二是釉面有开片。从 192 页祭红盘的微观图上可见到，祭红没有，而窑变釉中。雍乾时期的与清中晚期，特别是清晚期的区别是釉面上的斑纹不一样，雍乾时期的是丝条状的，晚清的是斑块状或片状的斑纹，如本文中的这件贯耳方瓶。

这件贯耳方瓶，釉面温润，有很重的古旧感、熟旧感。

综上所述，该件窑变釉贯耳方瓶是清光绪本朝官窑制品。

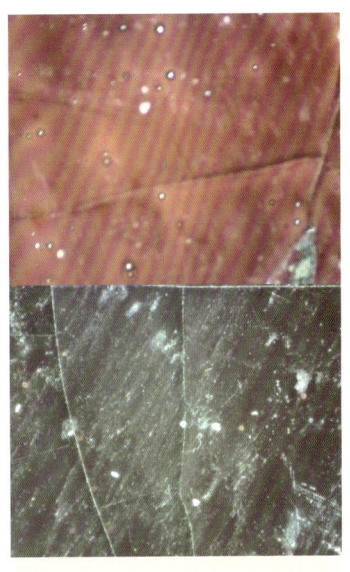

微观图

八、清晚期　309

清光绪紫金釉碗（官）

高：6 厘米　　**口径**：12.2 厘米　　**足径**：6.3 厘米

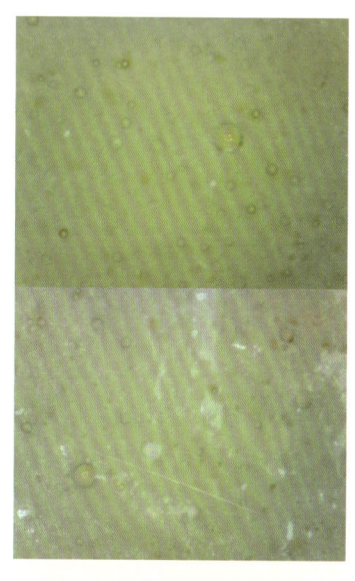

微观图

　　我们说景德镇从东晋时期开始烧制瓷器，距今已有1600多年的历史，而景德镇烧制紫金釉瓷是从明初开始的，紫金釉最早应见于北宋北方窑口，如北方的定窑、耀州窑均有烧造，以定窑的紫定最为著名。

　　这件紫金釉碗是光绪官窑烧制的。紫金釉清代最早康熙时期就有烧造。紫金釉是高温单色釉，这件碗的釉面虽是单色，却显凝重华贵有娇艳欲滴之美感。

　　说它够官，不仅"大清光绪年制"楷书款写的有官款风范，圈足也十分规矩，并且胎质硬朗细密，器型周正，古旧感强烈。

　　综上所述，该件紫金釉碗是清光绪本朝官窑器。

光绪民国斗彩缠枝花卉纹小天球瓶一对

高: 20 厘米　　**口径**: 4.4 厘米　　**足径**: 7 厘米

　　单只的好找一对的难求,这一对又是斗彩,又是小天球,器型好,品种好。只不过年份浅了点,但毕竟也够民国,目测够民国,微观图也证明了它够民国,是老的。微观图中有死亡气泡生成,而且民国时期的瓷器釉微观表有深棕色死亡气泡的很少,光绪、民国很难分,我看说它是晚清光绪的也不为过,因为看它圈足上的胎质还高于光绪。

　　这一对斗彩小天球已是晚清民国的了。跟成化斗彩鸡缸杯没法比。但也是收藏的佳品,值得收藏啊!

　　综上所述,该对斗彩缠枝花卉纹小天球瓶是清光绪到民国早期的民窑细路精品瓷。

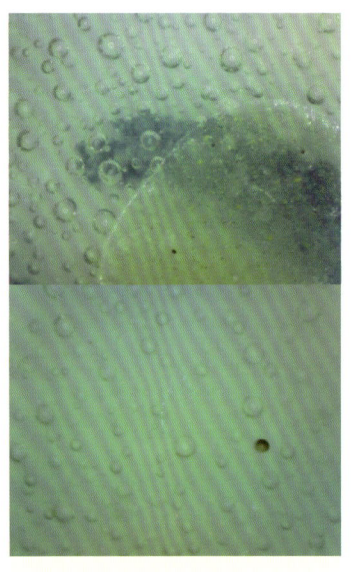

微观图

八、清晚期　311

光绪民国浅绛彩"九子图"攒盘一套

高：2 厘米　　**总长**：28 厘米　　**总宽**：28 厘米

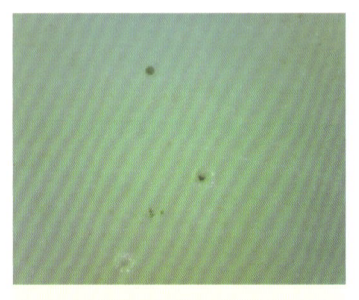

微观图

生活有苦有甜，有泪有汗，沟沟坎坎在所难免，收藏也是这般，不可能光有捡漏，没有打眼。打了眼怎么办？兴趣不减，执着不变，多翻书本，多跑市场，接着干。

这件马庆云的浅绛彩"九子图"攒盘是我在市场地摊上淘来的，是捡漏了还是打眼了，我们一块分析一下。首先说它是一件老的器物，该是没问题，细砂底胎是晚清民国的老胎，可见到微微泛黄的火石红。"九子图"的孩童的绘画技法是那个时期的手工绘制。色彩有浅绛彩的特点：如多有赭红色、淡蓝、浅绿，墨彩作画勾边，偶见粉红色，也是浅绛彩瓷上常有的。

这种攒盘也是清中晚期、民国时期多有的，其边沿多描金，孩童头上多有刘海或两三个髽鬏头发。我手上还有一对马庆云的浅绛彩孩童小碗（下图），上有干支纪年款，是一对很开门的马庆云作品。本文中的攒盘与这对碗的色彩、绘画技法及风格都十分相似。

综上所述，这套攒盘是清光绪到民国时期的民窑制品。

八、清晚期 313

清光绪民国粉彩"五子摘桂"纹观音瓶一对

高：45厘米　　**口径**：14厘米　　**足径**：13厘米

这对粉彩"五子摘桂"纹观音瓶是新是老是真是假？

首先看它的圈足胎质，就可以给它个初步说法：是老的，而且是清光绪晚期到民国早期景德镇瓷窑制品。当然光看圈足上的瓷胎还不够，有时候是新瓷接老底的呢！

另则我们看它的微观图：可见到黑灰色的死亡气泡，这种气泡多在晚清时期的瓷微观上呈现。清代中期以前的微观上的死亡气泡多是棕色或深棕色。微观看气泡是鉴定瓷器的一个辅助手段，但微观一般造假的少，而且真微观的气泡是很难仿造出来的。

另外从粉彩的纹饰的彩面上可看到已是用薄薄的水粉彩作画，且没有了同治、光绪早期薄粉彩的特征，如红色上面多有描金。因此我们说它是清光绪晚期到民国早期制品。

人物故事内容是"五子摘桂"，是个名片儿。据说这五个孩童后来都考中了状元。"五子"，还有"五子夺魁""五子登科"等明清瓷画中的名片儿。

底款"乾隆年制"，是寄托款。我们熟知，民国瓷常用的寄托款多是乾隆款。

综上所述，这对粉彩"五子摘桂"纹观音瓶是清光绪时期到民国早期的民窑制品。

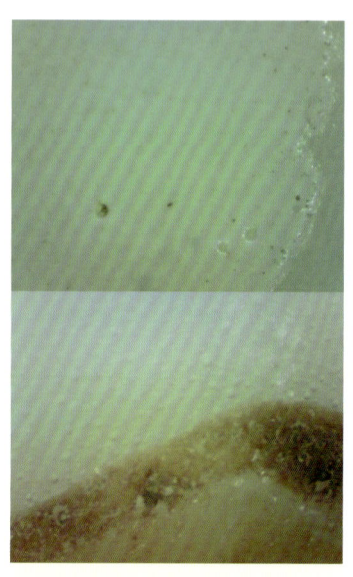

微观图

314　明清瓷器识真（续篇）

清宣统浅绛山水松树瓷板

直径：26 厘米

这件瓷板画就该是件珍奇之器。其干支纪年款是"庚戌"，应为宣统元年（1909）。宣统仅三年，流传于世的瓷器少之又少，非常珍贵。

这件瓷板绘画十分精细，有奔泉之动与山石松树之静的对比美，有松风流水的情韵，从山石的放大图上可以看到浅绛中的墨笔之细腻，透视出古人寄情山水、潜心丹青、默默耕耘的情怀，及艺术家扎实的艺术功底。

再看瓷板的底面，是清代的麻布底和清代的老胎质。

综上所述，该件浅绛山水松树瓷板画是清宣统时期民窑细路制品。

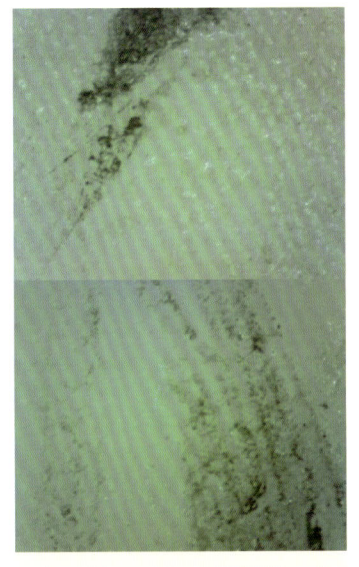

微观图

八、清晚期　315

清晚期粉彩开光人物故事葫芦瓶

高: 30 厘米　　**口径**: 5.5 厘米　　**足径**: 11 厘米

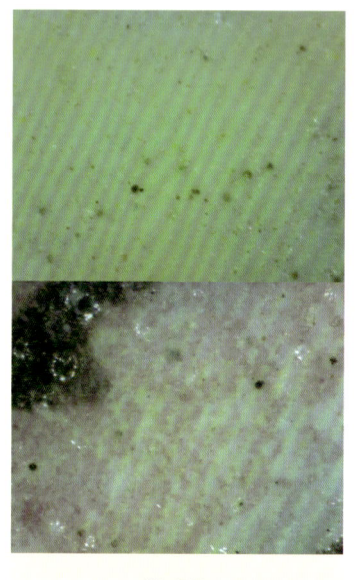

微观图

　　葫芦瓶在新石器时期就有了，如在仰韶文化遗址中发掘出的陶质葫芦瓶。唐代的唐三彩中有葫芦瓶，也是陶器。宋辽金时期南北方各窑口，都有葫芦瓶烧造。

　　明清时期的葫芦瓶应该说嘉万时期最盛，到了清代康熙时期，进入葫芦瓶烧制的繁荣期。本文中的这件粉彩开光人物故事葫芦瓶已是清晚期的了。从胎上看比光绪略早一点。从彩面的光泽上看也是清晚期的，古旧感虽不是太强烈，但也是老的。看底面有烧制中自然形成的棕眼，彩面釉面上有自然形成的牛毛纹。

　　该葫芦瓶器型秀美，又有飘带在身，开光里人物众多，绘画细腻，是件很好的收藏品。

清晚期孔雀绿釉长颈瓶

高: 23 厘米　　**口径**: 5 厘米　　**足径**: 7 厘米

这件孔雀绿釉长颈瓶，有新创意，特别是器型，长颈上的雕塑与众不同，是飞龙缠瓶颈，态势生动，常说的画龙点睛在这件长颈瓶的雕龙上就有完美体现，看这龙的眼睛正在注视着观者。

孔雀绿釉瓷也是高档的瓷器品种，传世品较其他瓷器品种少。现存于世的大体有两个窑口的，一是景德镇窑生产的；二是磁州窑或磁州窑系窑口生产的。这件是磁州窑生产的器物，因为与景德镇窑生产的胎不一样，这件从图上就可以看出是磁州窑的胎。

磁州窑与景德镇窑生产的器物有等同的收藏价值。因为孔雀绿瓷器是宋元时期磁州窑创烧的，而景德镇现存于世的孔雀绿釉器物都是明清时期的产品。

这件孔雀绿釉长颈瓶该是清晚期制品。

清晚期粉彩海水锦地三星人纹盘

高：3.2 厘米　　**口径**：21 厘米　　**足径**：11.6 厘米

民以食为天，藏以真为先，藏机有深浅，瞬间见亮点，这件粉彩盘的亮点是什么？是三星人，绘画精细。

这件粉彩盘画的是"福禄寿"三星人，指"福星、禄星、寿星"。该三星是道教的三位神仙，道教是中国的本地教，佛教、伊斯兰教都是外来教。

民间有"三星高照"之说，三星可给人们带来幸福、吉祥、长寿。福星根据人们的善行施赐幸福，禄星掌管人间的荣禄贵贱，寿星又叫南极老人，古人认为南极星可预兆寿命的长短，可给人增寿，是长寿的象征。

这件粉彩三星人纹盘有"大清康熙年制"青花楷书款。纹饰的绘画技法也有康熙时期的特征，但从其盘外墙的纹饰青花发色与款的青花发色看，都不够康熙，该是晚清时期的，人物眼睛的画法也是晚清时期的。圈足上的瓷胎是晚清的老胎，有老器物的古旧感。它是粉彩不是五彩，从寿桃上看出粉彩的色阶，五彩没有色阶。

综上所述，这件粉彩海水锦地三星人纹盘是清晚期民窑制品，绘画十分精细，器物完整，有一定的收藏价值。

晚清矾红金鱼纹胆式瓶

高: 40 厘米　　口径: 4.5 厘米　　足径: 11.5 厘米

这件胆式瓶全身画满金鱼,有金玉满堂之美意,金鱼是吉祥富贵的象征,年年有余,财源滚滚来呀!

这件胆式瓶,从纹饰到器型,有其笔墨的情趣与自然的雅趣,是雅趣与民俗为一体的可赏玩之物,更是收藏家可以收藏的高雅之器。

从该器的底足与器表釉面可看到其老气十足,古旧感强烈。其矾红彩也有清晚期的特征,矾红涂层均匀,红里透点黑,没有颗粒感。清末粗制的矾红彩与民国的矾红彩都有颗粒感,且涂层不均匀,偏厚。

综上所述,这件矾红金鱼纹胆式瓶是清晚期的民窑精品瓷。

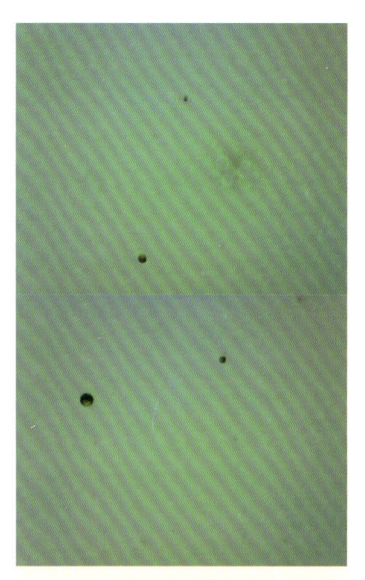

微观图

八、清晚期　319

晚清民国粉彩锦地开光花鸟盖罐

高：32 厘米　　**口径**：9.6 厘米　　**足径**：14 厘米

微观图

　　这件粉彩锦地开光花鸟盖罐作为一个立件放在室内，会给生活增光添色。

　　主纹饰是梅花与青竹。梅花，有诗句称其"腊梅傲霜逐冬寒，万物复苏迎春暖"，有迎春之意。梅开百花之先，独天下而春；竹经冬不凋，虚怀若谷，直而有节。宋代范成大诗曰："纷纶草木变暄寒，竹节松心故凛然"，赞其气节坚贞。

　　罐体修长，有外形的美，又是锦地，这样的红色锦地明末清初就很多，有时代的延续性，这件罐已是晚清民国时期的了。从盖内口和底足上就可看出年份浅，但是老的器物。特别是"大清乾隆年制"寄托款，多在民国时使用。

　　综上所述，此粉彩盖罐是晚清至民国时期的民窑制品。

九

民国时期

民国粉彩"八仙祝寿"天球瓶

高：47 厘米　　口径：18 厘米　　足径：10.5 厘米

　　如此大的天球瓶，人物故事纹又画得超凡精细，这该是一位为了健康玩好收藏的大家该收下的藏品。

　　这件天球瓶有民国瓷的特征：粉彩已是民国时期薄薄的水粉彩，圈足上的瓷胎接近现代胎质。底面几乎没有清代瓷出现的棕眼，釉面泛白。

　　综上所述，此件硕大粉彩"八仙祝寿"天球瓶是民国仿乾隆之作。

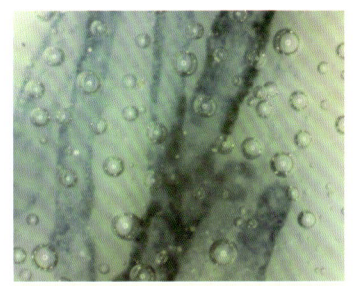

微观图

九、民国时期

民国粉彩草虫花卉李明亮瓷板

长：38 厘米　　**宽**：26 厘米

微观图

今天我们古玩爱好者所做的是我们民族历史的传承。

瓷板画有它的历史传承。最早可以从秦汉时期的原始青瓷中找到，隋唐时期的瓷板画以墓志的形式出现，明宣德时期景德镇御窑厂烧制较厚的板面装饰瓷板，嘉万时期开始有家具、文房用具上装饰瓷板画，大型独立瓷板画是出现在清雍正时期，最盛行的瓷板画，该是民国时期了，最有名的是珠山八友的瓷板画。

这件瓷板画是落款李明亮的粉彩花虫38×26厘米的瓷板画。画工精细，值得一看和收藏。

李明亮，皖南人，被号称小珠山八友成员之一，中国陶瓷美术大师，民国时期瓷板画家。画风清秀不凡，雅致大方，擅长粉彩瓷画，题材多为花卉草虫，如本瓷板画就是他的真品之作，境界脱俗，古朴典雅，晶莹柔丽，可谓独树一帜。此瓷板画中的虫落栖草之态，形态逼真，让观者眼前一亮，心头一振，品味到其整体的秀美，细微的柔美。

文字款中看到有干支纪年"乙亥"该是民国二十四年（1935）。瓷板古旧感强烈，有其时代特征。

综上所述，此粉彩草虫花卉瓷板画是民国瓷板画大师李明亮的真迹作品。

民国粉彩冲天耳三足炉

高：31 厘米　　**口径**：17 厘米　　**足间距**：10.5 厘米

在明清瓷器中，这种冲天耳炉，最早也最有名气的是永乐、宣德的青花冲天耳三足炉，本文的这件冲天耳三足炉是仿这款炉的器型而烧制的。明代的这款炉是仿古青铜器鼎式器物而成。耿宝昌老先生的《明清瓷器鉴定》一书的封皮就是明早期的青花炉，通体以苏麻离青料海水纹绘制。这款炉的实物存放在北京故宫博物院，现景德镇在御窑厂的遗址发掘中也有残器出土。

这件粉彩冲天耳三足炉是民国时期烧造的，是海外回流。从其整体彩面釉面特别是足底的露胎处，可看到有一定的老相，与现在新仿制的器物有别。首先是表面光泽不刺眼，没有火光，有民国时期的古旧感。口沿处的矾红纹饰可看出其矾红彩料有晚清民国时期的特点。

综上所述，这件粉彩冲天耳三足炉是民国时期的民窑制品。

微观图

九、民国时期

民国粉彩达摩瓷板插屏

高：26 厘米　　宽：33.5 厘米

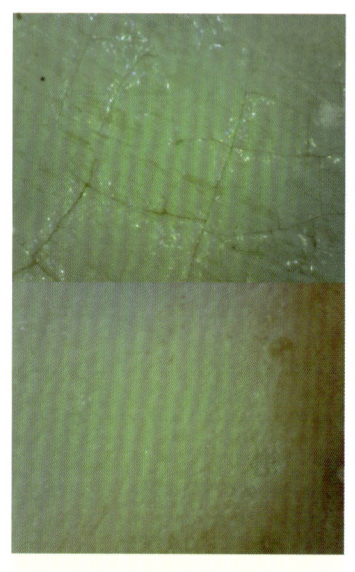

微观图

　　这块"一苇渡江"瓷板画，画的是达摩祖师的宗教故事。相传达摩传道返回时，路遇一江无船可渡，即在江岸折了一根芦苇，立在苇草上过江的。画中达摩长袍在身，袖手赤脚，手托草履，站在苇草上，脚下浪花翻滚，粗眉垂耳，双目圆睁，形象庄重。长袍随风翻动，芦草纤细于脚下，与达摩形成鲜明对比，更显现出达摩得道之后神通广大。

　　达摩能不用船渡江的支点，看上去是一根苇草，但实际是他勤奋执着练就的功夫。达摩是赢在了本文开头说的勤奋执着这个最坚实的支点上了，这个支点也是收藏家们玩好收藏所需要的。

　　现在少林寺有达摩"一苇渡江"的石刻碑一座。这块瓷板画一揽视野的有三点：一是气度非凡的达摩；二是浪花汹涌的江涛水面；三是笔翰墨饱的书写。如此画面可见其笔势刚健，结构严谨，不俗不躁，凝重华贵，端凝质重，别具风采。

　　这件粉彩达摩瓷板釉面与彩面苍古温润，古旧感强烈，书法文笔及印章都是古意得体，据此这件瓷板是民国时期的原作，非仿制品。

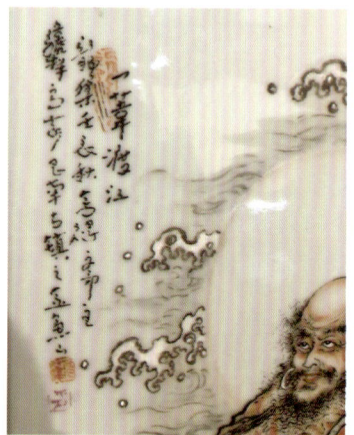

326　明清瓷器识真（续篇）

民国粉彩大肚弥勒佛塑雕一尊

高: 27.3 厘米　　**底长**: 23.5 厘米　　**底宽**: 16.2 厘米

　　这里我们一起看看这件大肚弥勒佛雕瓷的年代与真伪。大肚弥勒佛也称弥勒菩萨，是佛教八大菩萨之一。弥勒是梵文音译，译成汉文是"慈氏"。弥勒佛常被称为"阿逸多菩萨摩珂萨"，是世尊释迦牟尼的继任者。弥勒佛像，可见身躯肥胖，慈颜善目，袒胸开怀，笑口常开。人们常说弥勒佛"大肚能容，容天下难容之事"，代表了中华民族宽容、和善、智慧的美德。其坐像不仅出现在寺庙中，也被很多家庭供奉。

　　这尊弥勒坐佛的面容、坐姿，包括衣着纹饰、色彩都是民国时期的。从其微观图上可见到老化气泡中的棕色死亡气泡，可见其是晚清到民国早期制品。底面上的砂底露胎处已有微微泛黄的火石红。

　　综上所述，该件大肚弥勒佛坐像是民国早期的民窑制品。

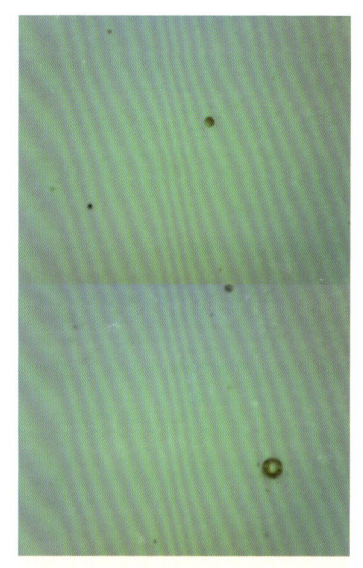

微观图

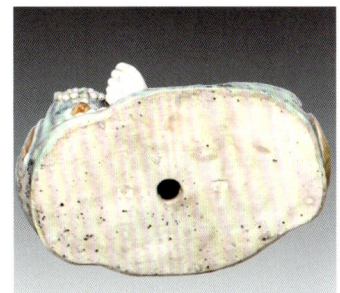

九、民国时期　327

民国粉彩菱形小笔筒

高: 11.2 厘米　　**口长**: 6 厘米　　**口宽**: 4 厘米

足长（对角）: 5 厘米　　**足宽（对角）**: 7.3 厘米

　　这件小笔筒十分特别：一是形体是菱形；二是堆塑效果的饕餮纹饰。

　　大家知道瓷笔筒古玩行里仅见明末始有，而其他材质的笔筒，据史料记载最早出现在汉代。笔筒是人们熟知的"笔、墨、纸、砚"文房四宝之外，几十种文房用具中的一种，很多人把它称作文房第五宝，我看这也不为过，是恰如其分的称谓。

　　文房用具最早出现的是人们书写用的笔，而后又有了笔筒、笔洗、笔架、笔床、笔插、笔格、笔山、笔屏、笔船、笔捧等，而其中重要的是笔筒。

　　古来有之的其他文房用具还有：如意、钵、禅灯、花尊、韵牌、诗筒葵笺、钩、箫、番经、轩辕镜、五岳图，等等。有的名称不查字典都很难知道它是个什么样的物件。

　　说到这件笔筒是一件粉彩器，做工精细，整体都涂满了色彩，除在百花不落地瓷器的纹饰上能见到此景，其他瓷器品种上还真少有少见。

　　底落"乾隆年制"寄托款，民国瓷多落乾隆款，粉彩多是蓝料款或红款。

　　综上所述，此件粉彩菱形小笔筒是民国仿乾隆制品中的民窑制品。

民国粉彩菊纹赏瓶

高：46 厘米　　**口径**：13.5 厘米　　**足径**：14.7 厘米

　　这件粉彩菊纹赏瓶底款"洪宪年制"。民国初年，袁世凯复辟称帝，定国号为"洪宪"。袁世凯称帝后设御窑，让古玩商人郭世五任"陶务总监"烧制官窑瓷器，落款"洪宪年制""居仁堂制"，后来藏界有的把有洪宪款和"居仁堂"款瓷都定为袁世凯官窑器。"居仁堂"是原总统府，称帝后是袁世凯的居所。郭世五开始先烧制"居仁堂制"款瓷，做了83天皇帝的袁世凯，未等洪宪款瓷烧制出来便倒台了，所以现市面上的"洪宪年制"款、"洪宪御制"款瓷都是20世纪二三十年代的民窑制品，且出现"居仁堂制"款官窑的可能性还是有的。

　　这件粉彩菊纹赏瓶，器型端正，做工与绘画精细，釉面与彩面古旧感、陈旧感十足，特别是其圈足包浆古旧。

　　此瓶主纹饰是菊纹，花逼真备受藏者玩家喜爱。菊花也别有特殊情趣，它是在百花凋零之际破霜而开，有抗逆性格。另者，清代常把菊花和鹌鹑画在一起，有"安居乐业"之美意。

　　综上所述，此粉彩菊纹赏瓶是民国时期民窑细路制品，很有收藏价值。

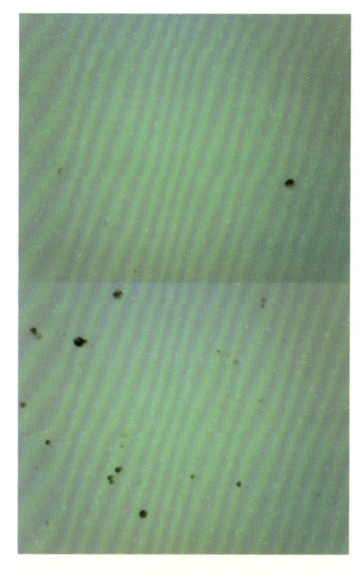

微观图

可见小气泡，且有明显的死亡气泡生成，是老器物的微观。

九、民国时期　　329

民国粉彩"麻姑献寿"双耳大瓶

高：58 厘米　　口径：20.5 厘米　　足径：17 厘米

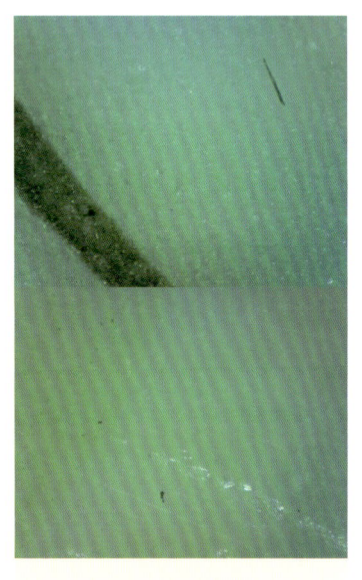

微观图

这件大掸瓶高 58 厘米，很重，若买上搬回家，也要付出汗水。

这件粉彩人物故事大瓶款落毛子荣，毛子荣是晚清民国早期的瓷绘名家，他的作品传世挺多，价格不高，尽管价格不高，是因为多，但毕竟是名家呀！

"麻姑献寿"是个名片儿。麻姑又称寿仙娘娘，是中国民间信仰的女神，属道教人物。"麻姑献寿"讲的是南北朝时期一个心地善良的少数民族姑娘的故事。

这件粉彩"麻姑献寿"双耳大瓶有民国时期水粉彩的特点，圈足可见是晚清民国时的老胎，有包浆。釉面温润，有古旧感。器物完整，故事情节好，是一件很好的室内陈设器。

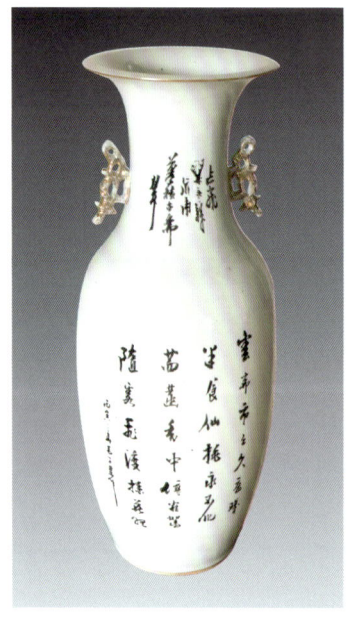

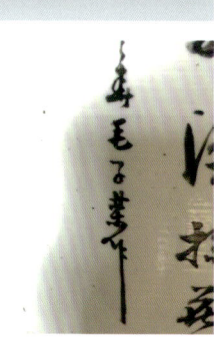

民国绿里红地粉彩葫芦瓶

高: 25 厘米　　**口径**: 3.8 厘米　　**足径**: 9.5 厘米

　　说到这件葫芦形的器物，既是件观赏器，更是件实用器，用来做什么呢？我认为可用来温酒，上半葫芦装酒，下半碗式的器皿装热水。

　　这件葫芦瓶是件绿里色地粉彩器。绿里粉彩创烧于清乾隆，之后各朝都有生产，包括民国时期。纹饰是花鸟，并且粉彩上边有描金，更显珍贵。

　　寄托款是"大清乾隆年制"青花款，我们知道民国时期落寄托款的，多是落"大清乾隆年制"款。

　　在明清时期瓷器中葫芦瓶是多见而又受欢迎的器型，特别是明嘉万时期葫芦瓶是最时尚的器型。"葫芦"谐音"福禄"，因而葫芦在佛教与道教中都受欢迎，都有一定的角色，是驱魔辟邪的灵物。葫芦常与神仙为伍，八仙中的铁拐李身背葫芦，还有寿星南极翁、济公和尚等，都身不离葫芦。嘉靖、万历皇帝也十分喜欢、崇拜葫芦，因此那个时期瓷质葫芦非常时尚，官窑、民窑葫芦都有大量烧造，流传于世的明晚嘉万葫芦有各式各样的。

　　这件葫芦年份晚，是民国时期的了，它身上多有民国时期的时代特征，如薄薄的水粉彩绘画，多加描金。两个圈足及下碗口沿的胎质近似现代瓷胎，没有火石红生成。器物周身有淡淡的古旧感。

　　综上所述，此件绿里红地粉彩加描金双耳葫芦瓶是民国时期的制品。

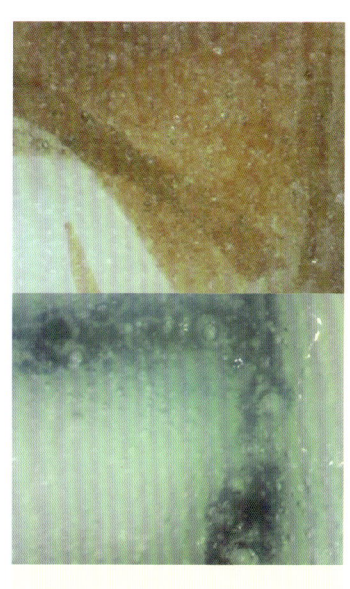

微观图

九、民国时期　　331

民国豇豆红柳叶瓶

高：15.9 厘米　　口径：3.2 厘米　　足径：2.15 厘米

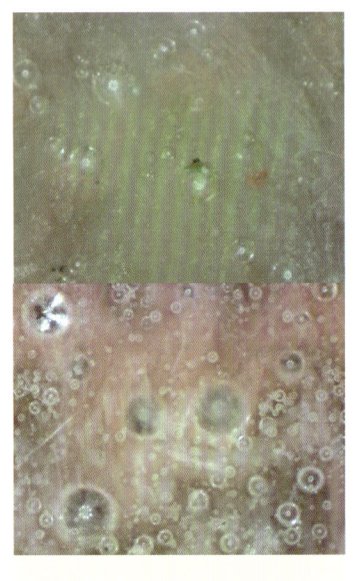

微观图

柳叶瓶因其形体纤细似柳叶而得名，又宛如亭亭玉立的美人，又被称为"美人醉"。柳叶瓶敞口、长颈、丰肩、长腹下敛、深圈足，足外墙露胎，深足内有釉，瓶身釉面呈淡雅的桃红色，在其上常有散缀的深红色斑点和苹果绿色苔点，精美难求。

这件豇豆红柳叶瓶有绿色苔点，色彩通体艳丽，该叫它美人醉。其年份较晚，够民国。豇豆红、柳叶瓶的特征明显，器身光泽有古旧感、熟旧感，牛毛纹自然。

综上所述，该件豇豆红柳叶瓶是民国晚期的民窑制品。

民国木纹开光粉彩人物故事铺首耳尊

高：18厘米　　口径：6厘米　　足径：6.5厘米

这件铺首耳尊，其色地是仿木纹。仿木纹出现在瓷器上是清雍乾时期，最多见的还是乾隆时期的，清晚期到民国也有烧制。

这件木纹开光粉彩人物故事铺首耳尊该是民国时期的，因为它有这个时代的特征，如粉彩的色彩不够晚清光绪，其红彩上没有描金，人物的开脸和眼睛都不是晚清的，很接近现代人物的开脸及眼神。光绪时期人物多有眼无珠。胎质不是光绪时瓷胎那样疏松而是较致密硬朗，但其上又没有晚清时的或更早些的包浆。

但该件器物色地及人物绘制都很精细，器型也好，不失为一件好的观赏器、陈设器、收藏品。

微观图

九、民国时期　　333

民国浅绛彩人物故事双狮耳四方瓶

高: 41.8 厘米　**口（边长）:** 10.42 厘米 / 5.2 厘米
足（边长）: 13.8 厘米 / 7 厘米

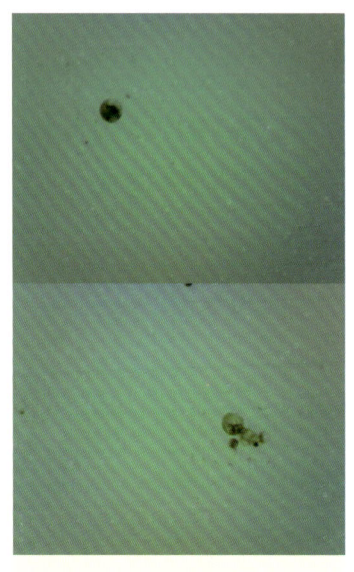

微观图

微观图中已有死亡气泡形成。

　　浅绛彩是晚清的粉彩瓷中的一个品种，生产时间很短，在咸丰到民国初年有生产，仅存 80 余年。因此现存世品很少。

　　浅绛彩瓷的特点是：整体色调素雅，多以墨彩在白瓷上绘画，然后涂以赭红、草绿、淡蓝、淡紫、藤黄、熟褐等色，时而也点画少许厚粉彩粉红色。

　　此件浅绛彩人物故事双狮耳四方瓶是当时的名家绘制，其落款是蒋润之。蒋润之是晚清到民国时期的浅绛彩大家。图中落笔有"八大山人笔意"。八大山人一名朱耷（1626—1705），字刃庵，号八大山人、雪个、个山、人屋、道朗等，出家时释名传綮，信奉道教，汉族，江西南昌人，明末清初画家，中国画一代宗师，是明太祖朱元璋第十七子朱权的九世孙，明亡后消发为僧。朱耷一生坎坷，对他的画作来说，"墨点无多泪点多，山河仍是旧山河。横流乱世杈椰树，留得文林细揣摩"。

　　该四方瓶器型秀美，画作细腻典雅，文字意义深藏，画作又是名家之作。器物完美，其釉面、彩面、露胎的圈足古旧感强烈，特别是其微观图可见死亡气泡。另从其干支纪年款可知，"壬子"年是"民国元年"，因而可见其绘画与器物整体都有清代风格。

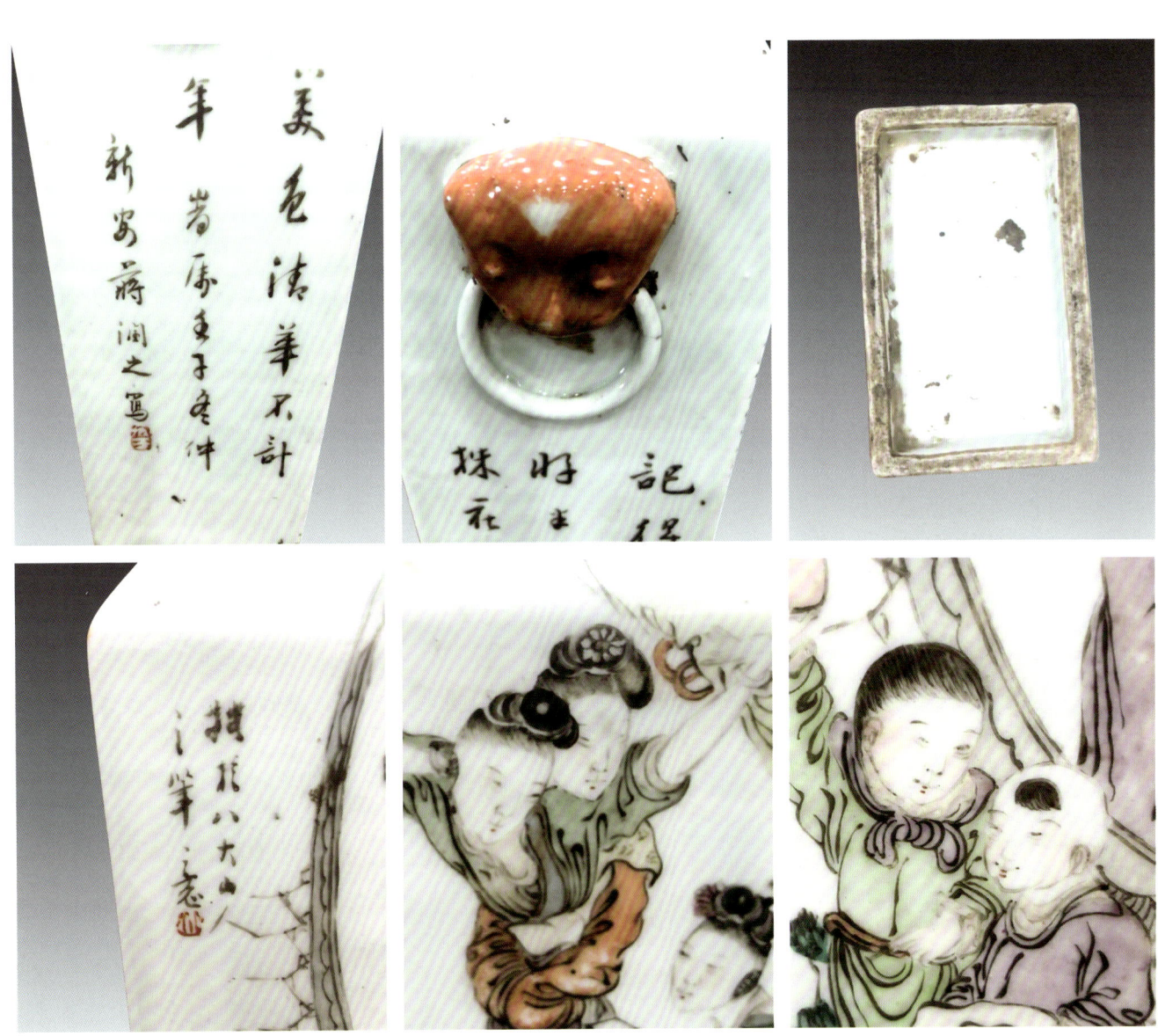

九、民国时期　335

民国青花粉彩花鸟纹天球瓶

高：47厘米　　**口径**：11厘米　　**足径**：17.4厘米

微观图

　　这件天球瓶器型硕大，可算说得上是一件立体的画了。有近半米高（47厘米）。器型高档，天球瓶也被称之"千秋瓶"，有千秋万代之美意。天球瓶创烧于明早期永宣时代。在清代是一款名瓷，有各色瓷器品种，青花、五彩、粉彩、各色单色釉的居多。这件天球瓶不仅器型大，绘画精细，又有青花纹饰配伍。青花粉彩创烧于清乾隆时期。

　　这件天球瓶的器型有乾隆天球瓶的特征，即扁圆，而清中期的多略瘦高些。该件天球瓶，还有"大清乾隆年制"篆书款。但它不是乾隆时期的，是民国仿乾隆，一般说民国仿乾隆的瓷器多数都落乾隆款。说它是民国仿，是因为它上边有民国时期的时代烙印：如瓷胎有民国时期瓷胎的特征，比光绪的硬朗，不像光绪时期的疏松，但上边的包浆又显轻薄。圈足内一点棕眼都没有，如镜面，是工艺水平接近现代的制瓷工艺的表现。

　　据此，该件粉彩花鸟纹天球瓶是民国时期制品，但也不失为一件有品位有档次的陈设器、观赏品、收藏品。

336　明清瓷器识真（续篇）

民国方形脉枕

高: 15 厘米　　**宽:** 10 厘米　　**厚:** 3.5 厘米

这块方形脉枕两面书法,是民国时期林抚民所作,林抚民曾是民国时期景德镇属地浮梁县县长,与珠山八友关系密切。这方瓷枕两面书法的内容是林抚民盛赞一位名老中医篆丹先生行医声誉及双方交往之经历,书法俊逸,笔力柔润中见刚劲,用笔流畅,陈雄舒展,清逸出神。这两幅书法作品是苍松不是枯藤,是冬梅不是寒柳,是翠竹不是败叶,给人以暖春盛夏处处喜人的感受。

这件方形脉枕古旧感强烈,传世品的使用痕明显,牛毛纹遍及全身,是件不可多得的民国时期的文字装饰瓷作。

文字装饰在瓷作上始于唐代的长沙窑,宋代的磁州窑也见书写。最早可追

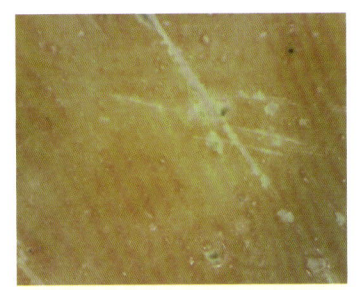

微观图

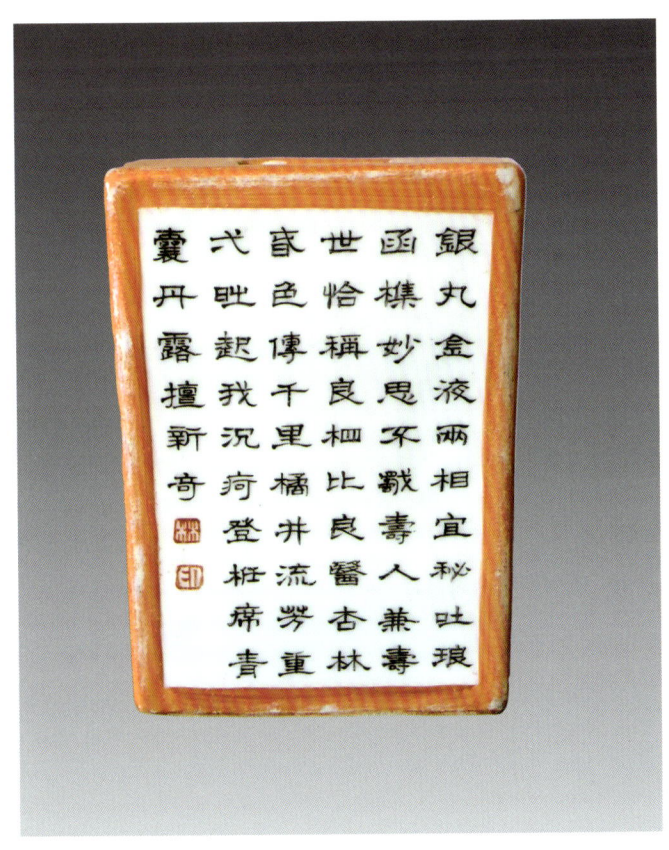

九、民国时期　337

溯到新石器时代的陶文,在陶器上出现。宋、元、明、清瓷器上的文字装饰更多,特别是清代。康熙青花笔海书写全篇如后赤壁赋、兰亭序等诗篇。

此件文献上记载是脉枕,也有的藏家学者提出这件器物不该叫脉枕,叫书挡更合适。我想名称不重要,重要的是观其形,赏其工,品其内涵。

综上所述,此件脉枕(或叫文字书挡)是民国时期景德镇民窑制品。

民国鱼纹彩瓷盘

高：4厘米　　口径：21.5厘米　　足径：12.5厘米

　　这件瓷盘的纹饰十分特殊，仅两条鱼，蓝色鱼是釉下青花，橘黄色的鱼是釉上堆塑即浅浮雕制作。两条鲤鱼生动活泼，摇头摆尾似在游动。特别是盘底落有"公府稽查长少将程凤翔监制"字样，可见是私人定烧物。从有关资料上查到，民国时期确有此人，程凤翔是少将军衔。

　　从瓷盘的古旧程度看应该够民国时期。

　　这件鱼纹瓷盘值得收藏是因为有它的特殊之处，纹饰简单仅两条鱼纹，确有"繁与简、疏与密"，古意民俗为一体，继承古人又有新创意。

九、民国时期　　339

民国何许人墨彩雪景小罐

高: 10.9 厘米　　**口径**: 5.2 厘米　　**足径**: 7 厘米

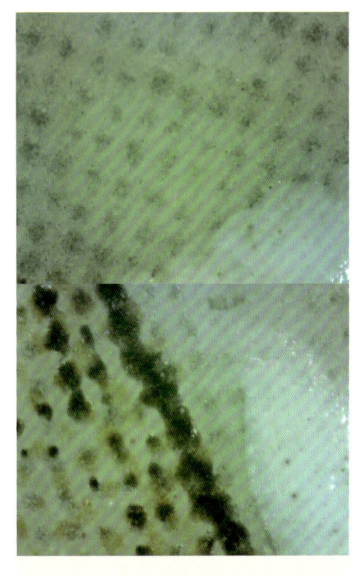

微观图

这件何许人的墨彩雪景小罐是件印花制品，不是手绘。印花也叫贴花。

为什么说它是印花制品，不是手绘。微观图告诉我们纹饰上的彩色图案是印上去的，微观图呈网状，有很多排列整齐的小点是印刷痕。两个微观图都是如此，请看图片。

何许人（1882—1940），陶瓷美术大师，擅长画雪景，民国时期先后在景德镇九江办彩瓷作坊。

他的雪景布局疏密有致，构图简练明快，景物传神，画风雍雅细丽，雪景中必有细微的人物点缀其间，如这件制品中有彩色的人物骑驴背柴图，堪称一绝。

这件制品制作很到位，可以想象是拿真品做样本成批量生产的模板，批量制作而成。肯定有何许人的风格风范，一样落款"丙子"冬月，该是1936年民国时期，而且罐底有"许人"款。

用一般的放大镜就能看出印刷纹饰上的网纹，我这两张微观网纹图是用专用设备拍摄下来的。

综上所述，这件墨彩雪景小罐是民国时期的批量生产的印花制品。

十

宋代八大窑系

对于我们玩明清瓷器、收藏明清瓷器、研究明清瓷器的收藏爱好者来说，对高古瓷也应该有所了解和进行标本的采集收藏。下边我对这方面实践中掌握的知识和收集的标本实物一并写在这里，以供大家学习参考。

宋代八大窑系：

定窑系、磁州窑系、耀州窑系、钧窑系、龙泉窑系、景德镇青白瓷窑系、越窑系、建窑黑瓷系。

定窑系

①窑址：河北曲阳县为代表，又有山西的平定窑、阳城窑、介休窑、盂县窑，四川的彭县窑。因宋时曲阳县隶属定州，故名定窑。

②定窑是在唐代邢窑白瓷的基础上发展起来的，是我国宋代五大名窑之一，以生产白定（图三、图四）而驰名；但也有紫定、黑定等名品（图二、图五）。

创烧于唐，盛于北宋、金，终于元（或说衰于元）。

③定窑有"南定""北定"之分。北定在今河北定州市。宋时金人南侵，定窑被摧毁，宋室南渡，在景德镇烧制定窑白瓷，被称作"南定"（图一）。

④定窑白瓷的特点：定窑胎骨薄而精细，瓷化程度高，釉色白而滋润，釉面常有泪痕，釉为玻璃质，雪白似粉，又称"粉定"。烧制时器物倒置，口沿呈芒口无釉。釉面装饰常是刻花，有浅浮雕的美感（图一）。

⑤白定：唐代偏青，宋代偏黄。有民用，有宫廷贡瓷。

⑥定窑款识：唐代有"官"字款、"新官"款，宋代有"尚食局"款、"尚药局"款。

微观图

 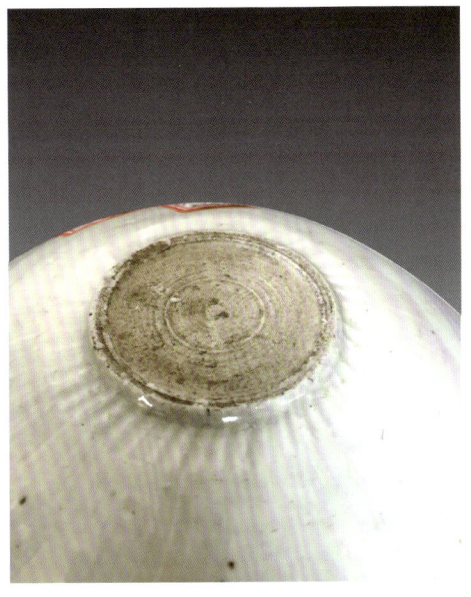

图一

十、宋代八大窑系　343

图二　　　　　　　　　　　图三

图四　　　　　　　　　　　图五

磁州窑系

①窑址：今河北邯郸市观台镇、彭城镇。这一带宋代曾属河南广平府磁州，而得名磁州窑。

②磁州窑又被河南、山西、陕西、江西仿烧，一时成为北方民用瓷器的主流，而形成磁州窑系。

③磁州窑是有史以来北方最大的民窑体系，号称"南有景德，北有彭城"。磁州窑始创于隋唐，北宋中期达到鼎盛，元、明、清、民国，直到现今仍很红火。

④磁州窑品种诸多，以白地黑花、刻划花、印花、剔花、窑变黑釉最为著名，是釉下彩瓷，釉下黑彩、褐彩是其特征。

⑤磁州窑都是民用器，没有官窑生产。

⑥磁州窑的另一大亮点是创烧了金五彩，是五彩瓷的先祖。

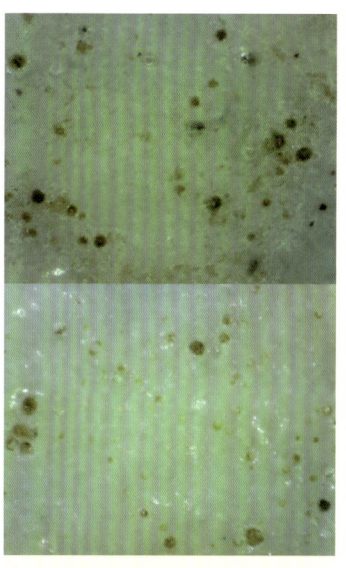

微观图

宋磁州窑瓷片

元末明初磁州窑花卉纹盘

耀州窑系

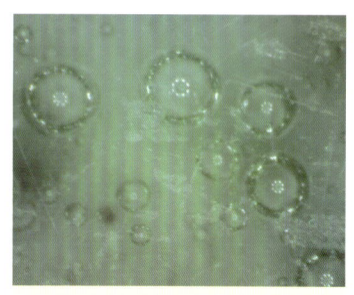

微观图

①窑址：位于陕西铜川市，地属古耀州而得名。也有称"黄堡窑"，是北方青瓷的代表。

耀州窑系是以耀州为中心，由广西、福建、河南等地窑口烧造耀州窑瓷，形成耀州窑系。

②耀州窑创烧于五代后唐，青瓷生产盛于宋。宋朝时被列为贡品，有大量上乘之作作为贡瓷供朝廷使用。

③宋早中期以刻花为主，晚期刻印并用。纹饰布局工整，讲究对称，较繁密。耀州窑瓷胎大体有三种：黑胎，浅灰，白胎（少）。耀州窑青瓷以其瓷质细腻、色泽青翠晶莹、刻划纹饰线条明快流畅、造型端庄浑朴名震于世。

④唐和五代时，耀州青瓷胎质稍松，呈灰色，釉质失透，有乳浊感。宋代时胎体较坚，呈灰褐色或灰紫色，釉质莹润透明，釉色青绿如橄榄，釉薄处呈姜黄色。釉面多数姜黄。

⑤宋代耀州青瓷窑款识有："三把莲花""龙"字款。

⑥20世纪70年代，铜川市恢复了耀州窑青瓷的传统生产制瓷工艺，生产出了耀州青瓷、黑釉、剔花瓷、白釉、蓝花瓷、铁锈花瓷六大系列瓷种，有餐具、茶具、酒具及少量陈设器，制瓷业成为铜川市一大支柱产业。

现代仿品

346　明清瓷器识真（续篇）

五代宋耀州窑瓷片

五代宋耀州窑瓷片

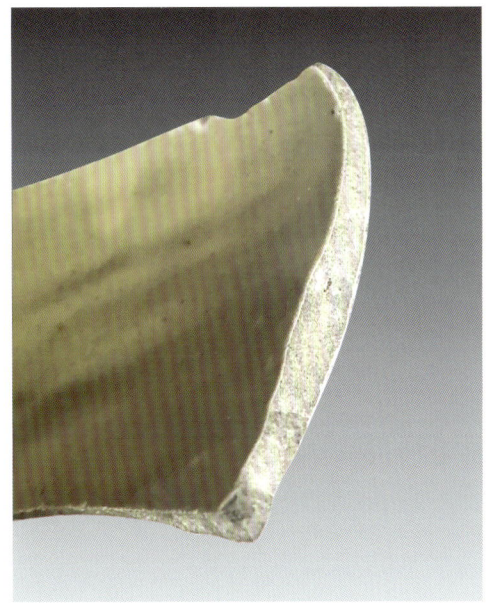

五代（后唐—宋）宋耀州窑瓷片

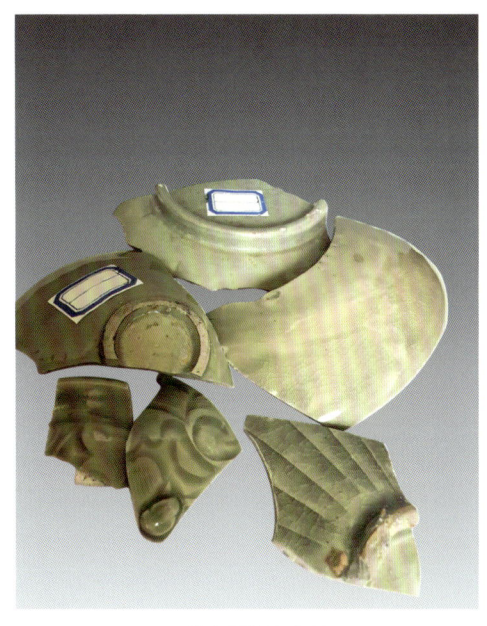

五代宋耀州窑瓷片

十、宋代八大窑系

钧窑系

微观图

①钧瓷始烧于唐代，盛于北宋。由于宋室南迁，钧瓷生产渐衰，到了元末明初，由于战乱，使之停烧。钧瓷是中国五大名窑瓷之一，在世界陶瓷史上占有重要地位。民间常说："家有万贯，不如钧瓷一片"，"黄金有价钧无价"。窑址在河南禹州市，属北方青瓷系列。

钧瓷系：包括浙江宁波、金华等地，山西的浑源窑等多处窑口都有烧制，还有陕西。

②在中国陶瓷史上，唐以前，青瓷一直是陶瓷生产的主流。钧瓷以红、蓝为主色，是一种窑变釉，有"入窑一色出窑万彩"之美誉。有其特殊的美感和艺术效果，名扬中外。

③钧瓷的胎釉特征：

宋元钧瓷胎骨都相当粗重，胎土因淘炼不精而夹有各种杂质呈土黄色，也有少量白、红、灰色的，瓷化程度差，胎和釉之间有一层白色或灰色的化妆土，厚有一毫米，或叫护胎釉。

宋元钧瓷的釉色有蓝、红两大类。蓝色的有天蓝、翠青、天青、月白等；红色的有火焰红、朱砂红、鸡血红、玫瑰紫等色，有万彩之说。

钧瓷的釉有三个特征：一是窑变，以红蓝色相融形成亮丽的紫红色，是其独有的美色，还有各种色彩的交汇变化。二是由乳光釉，给人视觉上的色彩会随光线变幻不定。三是由于胎体干裂形成沟痕，上釉后，釉流入其中，形成色差，而成如同蚯蚓在泥中行走的痕迹，被称作"蚯蚓走泥纹"。

蚯蚓走泥纹是鉴别宋元真品的方法之一，只有宋元钧瓷上有这样的纹路，现代仿品上也偶见有，但与真品上的"蚯蚓走泥纹"差别很大，仿制不到位，仿得有点过。

④宋元钧瓷多为民用，也烧过贡瓷。

⑤钧瓷：还有广钧（石湾窑）、宜钧（江苏宜兴窑），这两钧都是陶胎；还有炉钧，是景德镇生产。

十、宋代八大窑系　349

龙泉窑系

微观图

①龙泉窑址：在浙江省龙泉市，因宋代属处州，因此也称处州窑、处窑。龙泉窑创烧于晚唐五代，宋末元初达到鼎盛，明代走向衰落，清初康熙时期，主要窑口停烧。江西吉州窑、福建的泉州窑也烧制龙泉青瓷，形成龙泉窑系。龙泉窑虽不在五大名窑之列，但也是名窑，有过辉煌和繁荣。

②胎釉特征：

宋代：胎白中泛灰，细密、胎厚。釉多浅青釉，薄而透明，有较强的光感，最好的是梅子青釉。

元代：胎更厚重，釉多青中泛黄，少肥厚。

明代：胎白中泛灰，细密、厚重，釉色多青翠。

③纹饰特点：以刻划花纹为主，有少量印花、贴花。元代有"八思巴"文装饰。

④宋龙泉以釉取胜，刻、划、印等纹饰装点较少，元、明则相反，元代有黄龙泉之说。元代釉表多冰裂纹，明代没有。元代碗的圈足偏高。

⑤宋龙泉与元、明龙泉的明显区分点：

宋龙泉圈足内的底面是满釉，且是平整光滑的；元、明龙泉的足内底有垫烧痕，有一圈棕色护胎釉（化妆土）。

宋龙泉的圈足矮薄，足尖平切无釉；而元、明正相反，足高厚，足尖有釉。

⑥景德镇的清代仿龙泉器物与宋元龙泉青瓷的明显区别点：景德镇清仿龙泉器物的外表与内里颜色不一样，如炉的内里是亮青白色，盘底釉是亮青白色，而龙泉窑宋、元、明龙泉瓷里外一个色。

清代景德镇仿龙泉青瓷

十、宋代八大窑系

景德镇青白瓷窑系

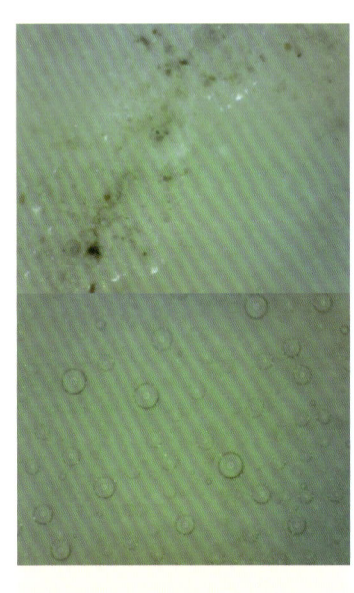

微观图

①青白瓷是汉民族传统制瓷工艺中的珍品，宋代是以景德镇为代表创烧的，釉色介于青白之间，白中透青。最好的是景德镇的"影青瓷"。

以江西景德镇为中心，又有南丰白舍窑、吉安永和窑，湖北江夏的湖四窑，广东潮安窑，福建德化窑、泉州窑、同安窑、南安窑等，形成景德镇青白瓷窑系。现已发现南方有8省区，30余处烧青白瓷，包括湖南、湖北、广西、安徽、广东、福建、江西、浙江。

②装饰方法：多刻花和印花。

元代兼有小边饰的堆塑（见执壶流根部的堆塑，下右图）。

③胎釉特征：

胎：胎质细密呈白色。

釉：釉色青白，透光度好，薄处泛白，积釉处则呈水绿色。当然窑口不同也各有上下之差异，但大体相同。

景德镇南宋中期以后受定窑影响，青白瓷中有很大一部分是仿定窑的盘碗制品，也是覆烧法，口沿是芒口，印花。

 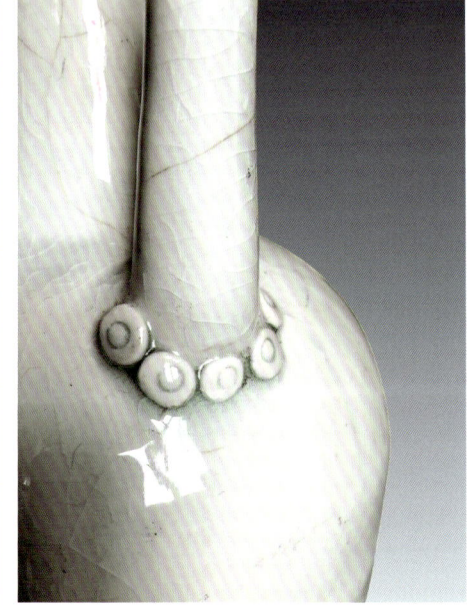

南宋—元影青执壶

352　明清瓷器识真（续篇）

宋影青瓷莲花形托盏

宋仿定窑青白瓷鱼纹碗

十、宋代八大窑系

越窑系

①越窑创烧于东汉，但越窑之名最早文字见于唐代，在陆羽的《茶经》中有载"越瓷类玉邢瓷类冰"。越窑窑址在越州的余姚、上虞一带，越窑系由今浙江余姚、上虞、宁波、绍兴组成。虽说越窑创烧于东汉，但很多资料称原始青瓷就有越窑的影子，也有说河姆渡文化已为越人制瓷艺术开其先河。

②胎釉特征：

胎：胎质细腻，胎色呈灰或灰白色，无杂质，少气孔。

釉：呈青绿色、青黄色，釉面浑厚滋润。

"秘色瓷"就产自越窑，越窑窑址主要指慈溪（原属余姚）上林湖。

隋唐北方窑口青瓷四系莲花尊

北宋越窑盖盒
（学生谢博翰摄于香港收藏家特展）

何谓"秘色瓷"？学术界诸家争论不休。实则，乃唐、五代越窑精品，釉色青绿，呈湖绿色，少量青黄，胎质细腻坚致，为上林湖所产。"秘"即"碧"也，我同意这样的说法。

越窑瓷纹饰：以划花为主，也有印花、刻花、镂雕等，线条简练，往往寥寥几笔就成一朵盛开的荷花，盖盒外表面有一幅风吹浪卷的纹饰。壶、罐多有方形两系、四系，也是其器型特征之一。

唐代诗人陆龟蒙《秘色越器》诗："九秋风露越窑开，夺得千峰翠色来。"

北宋越窑胆瓶
（学生谢博翰摄于香港收藏家特展）

东晋越窑鸡头壶
（学生谢博翰摄于余姚博物馆）

十、宋代八大窑系

建窑黑瓷系

①建窑址：在福建南平市建阳区永吉镇，始建于唐代，盛于宋代，宋末元初衰落，主要窑口停烧。建窑是宋代烧造黑釉茶盏的著名窑场。

建窑系：指仿建窑风格烧制黑釉盏的窑口称为建窑系窑口，南北方包括四川地区都有，如重庆的涂山窑，还有福清窑等。

②建窑黑釉茶盏以兔毫盏最为有名，称为茶之圣器。兔毫盏中又分金毫盏、银毫盏。多见的是银毫盏，金毫盏少见。

毫盏的条纹是釉在烧制中窑变自然形成的，形态各异，同为毫盏也有上下之分。有文载：宋徽宗曾说"玉毫条达者为上"，就是指建窑兔毫盏而言。

③这里展示两件宋代建窑兔毫盏实物图片，是我个人的藏品。（一件真品、一件仿品）

在我看来，其胎质特点明显为紫色铁红胎，表面粗涩，颗粒感很强。仿品却不是，仿品胎表平整光洁，颜色尽管也泛紫，仿得很像真品，但与其品相差太远，一比即可知，特别是缺少真品的颗粒感。

④真品口沿锋利，呈尖状。仿品的口沿呈圆形，仿品不注意这点，即露出破绽。

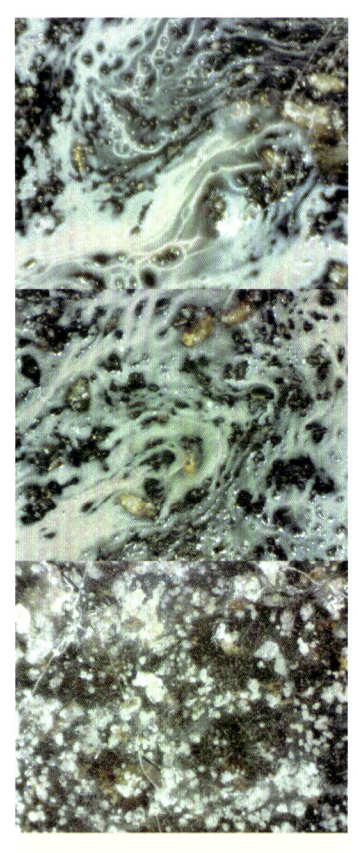

微观图

十一 其他

长沙窑

长沙窑位于湖南长沙北郊 30 余公里的石渚湖至望城铜官镇一带，故又名"铜官窑"或"望城窑"。

长沙窑始于初唐，盛于中晚唐，衰于五代，前后经历 200 多年，距今已逾千年的历史。长沙窑是釉下彩陶瓷的发源地，是与浙江的越窑、河北的邢窑齐名的唐代三大（出口）瓷窑之一。窑址于 1956 年找到，有万件出土器物，种类繁多，造型别致新颖（见图，我学生谢博瀚的藏品）。

唐代诗人李群玉在《石渚》一文中这样描述"长沙窑"窑场生产场景："古岸陶为器，高林尽一焚。焰红湘浦口，烟浊洞庭云。"

从本书中这件实物照片上可见其有唐代壶的独特造型。平砂底是隋唐的器物底面的特征，堆塑与其釉下褐彩彩绘有长沙窑制品的特有色彩、堆塑技法。特别是从其微观图上可以看到细密的冰裂纹是突起的，就是说冰裂纹有立体感，这一点是鉴别真品与仿品的重要看点，唐三彩的冰裂纹也是这样。仿品的冰裂纹没有立体感，只是细细的冰裂纹，不突起。

本书中的这件双系执壶高 23 厘米，口径 10.2 厘米，是一件完美的唐代长沙窑实物标本和收藏品。

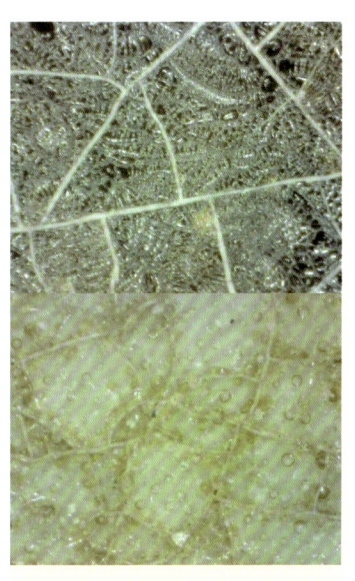

微观图
有立体感、凸起的冰裂纹。

唐三彩、辽三彩

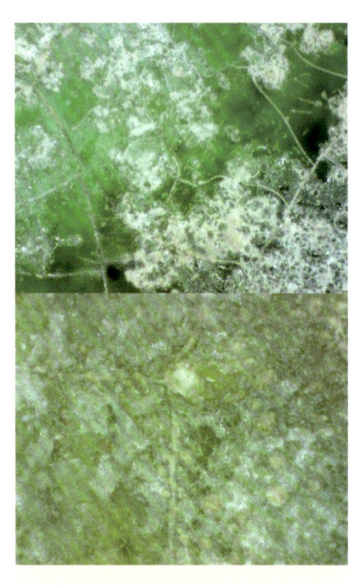

微观图

1.唐三彩是低温铅质彩釉陶器，彩釉有黄、绿、白、褐、蓝、黑等。初唐、盛唐、中晚唐都有生产。

①真品：白色黏土做胎（陶胎）。

　　　　主要做随葬品，一小部分做生活用品。

　　随葬品：700℃~800℃；

　　实用器：900℃~1050℃。

　　胎质：白中泛浅红、浅黄，胎质显疏松。器物露胎处有风化现象。

　　　　釉表有开片，开片特别细密、均匀。显微镜下开片有立体感（见图）。

②仿品：多为瓷胎或以白石膏做胎。

　　　　胎质细腻，无风化现象。

　　　　釉色过于艳丽、刺目。

　　　　釉表开片大、不均匀，显微镜下无立体感。

③产地：陕西铜川、西安，河南巩县。

④相类似的三彩瓷：辽三彩。

　　　　日本生产有奈良三彩。

　　　　朝鲜有新罗三彩。

360　明清瓷器识真（续篇）

2. 辽三彩：

①产地：辽宁辽阳市、内蒙古赤峰市。

②辽三彩胎质细软，呈淡红色，少量呈淡黄色。

③胎上挂化妆土，再施釉。

④有多彩、双彩、单彩之分。

⑤器型有契丹民族风格。

⑥色彩以黄、绿、白为主，白釉、绿釉色微闪黄。

⑦施釉较薄，釉层易脱落，一般底足无釉。

⑧器型多为日用品：如穿带壶、兔形壶、龟形壶、鸡冠壶及各种盘类，还有瓷枕。

3. 唐三彩与辽三彩的区别：

①唐三彩施釉洒脱，任彩釉流淌，而辽三彩施釉不交融，少流淌；

②唐三彩有蓝色，辽三彩无蓝色。

仿品

20 世纪 70 年代毛主席 "咏梅" 诗句图纹茶壶

高: 18 厘米　　**口径**: 8.2 厘米　　**足径**: 8 厘米

　　藏品的价值体现在真；藏友的人格体现在善；收藏中净化了心灵，体现了美。这三点构成了"真善美"。这件写有毛主席"咏梅"诗句、绘有梅花的茶壶便体现了"真善美"。

　　诗句美、绘画美，茶壶的器型也很美。这是一件 20 世纪 70 年代的制品，时至今日，岁月也过去了近半个世纪。加上伟人的诗句、精美的绘画，其不仅是一件精美的艺术品，也是一件值得收藏的收藏品了。

　　壶表的纹饰不是手绘，是批量生产的贴花印（见微观图）。虽是如此，该器物也很难得，很珍贵。这件精美的茶具，再经往后几代人的有序传承，将是一件上好的古董。

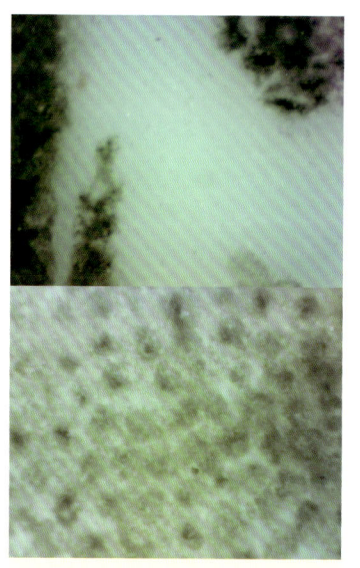

微观图

362　明清瓷器识真（续篇）

2016 年徐德亮为作者画瓷
——花鸟杯

高：6.8 厘米　　**口径**：8.3 厘米　　**足径**：6.5 厘米

徐德亮是位当代的多艺才子，2016 年为我在窑厂绘画烧制了这件青花釉里红花鸟杯，我很是看好，爱不释手，这里特纳入我的第七本书中，以作纪念。

徐德亮是一位多艺才子，他是北大毕业的学子，不仅是相声演员，还是作家、画家。他的话剧处女作《天命》说的是民国年间有关艺术的那些事，已登陆天桥剧场。徐德亮画猫有一绝，已有专集出版，还送了我一册。我跟徐德亮认识已有近十年了，是在北京电视台《拍宝》节目组一块做节目认识的。这也是缘分，我们之间是忘年交了，以这件瓷杯做个纪念和见证吧。

微观图

十一、其他

后　记

我这本书的出版，得到了学苑出版社及社会各界朋友的支持与帮助，这里落上一笔，表达我真诚的谢意。他们是学苑出版社原社长兼总编辑孟白，现任社长洪文雄，编辑齐立娟、郭人杰，为我这本书的出版精心安排，付出了太多的辛苦。特别要感谢古玩行泰斗级专家，我的指路老师耿宝昌先生，为我的收藏与著书多次题字题写书名，耿老的书法刚正柔润，透出仙气，飘散古香，提升了拙著的分量。

感谢为拙著提供实物资料的收藏家朋友们，他们是汪玉清、李培良、邓博、闫继忠、谢博瀚、芦宝明、梁峰、王尚、周佩、石磊、朱杰、陈笑、史宇佳、耿昊、龚辰、李威、张启发、李美顺、刘北、刘彩会、王浩堃、何文胜、赵梦龙、李晶、贺晓雷、张一行、高峰、李莉、郭小宝、何立辉、金建国等，还有众位没列上名字的藏家，谢谢了，谢谢了。

特别还要一提的是，感谢朱兵、龚辰、耿昊、王佳宁为我手写的书稿打印了几十万字，工作量之大，辛苦辛苦，感谢感谢。

同时说明，由于本人知识面有限，书中所写内容未必全面和妥帖，如有错漏、谬误，还望同行与读者批评指正，我愿与大家讨论，以求从中得到提高。还是我常说的那句话："三人同行都是我师。"我要在历练中学习，在学习中历练。

朋友们，我想我们都是"不求名震八方，也不要臭名远扬，只求快乐安康，玩好收藏"。蓝天再高也在眼里，大海再阔也有边底，收藏的情趣和藏友间的情谊可是无边无际。

有人说："人生就像一架飞机，飞得高飞得远固然重要，但能安全着陆更重要。"我很同意这样的说法，我已是八旬开外的老者，我要走好余生，到那时给自己的一生画上一个圆满的句号。

李臣
2020 年 3 月 28 日
于北京